岩波文庫

38-104-1

福沢諭吉の哲学

他六篇

丸山眞男著
松沢弘陽編

岩波書店

凡　例

一　本書は、著者の福沢諭吉についての論説七篇を集めたものである。

一　本文の底本には『丸山眞男集』(全一六巻別巻一、一九九五―九七年、岩波書店刊)を用いた。ただし、読みやすさを考慮して、適宜、振り仮名を増やし、また、書名、新聞・雑誌名に付す記号は『　』に統一した。また、底本に見られた、引用文の誤り、固有名詞の誤記など若干は、特に示すことなく訂正した。

一　本文中の＊は、その個所について巻末に編者による注を付したことを示す。

一　底本とした『丸山眞男集』の凡例を左に掲げる。

一　本集は、従来発表された著者の論文・講演・談話等を、長短にかかわらずすべて発表年代順に編成したものである。ただし、著者を囲む会の記録やアンケート回答等は編年をはずし、第十六巻雑纂に一括収録した。

一　収録作品の底本としては、著者自身の著書に収められているものはその最新版によった。それ以外は原則として初出によったが、編纂物・雑誌等に再録されたものは、異同を精査したうえで底本を決定した。

一　本文はすべて新字体・新仮名遣いで統一した。引用史料についても新字体に改めたが、仮名遣いは底本どおりとした。

一　振り仮名は、難読と思われるものに適宜付した。その際各作品での初出に付すことを原則とした。なお底本に存する振り仮名と区別することはしなかった。

一　句読点は底本どおりを原則としたが、初出の新聞・雑誌を底本とする作品については、一部加除した場合がある。

一　書名・史料名等に付する引用符(「　」『　』など)やその他の記号類の使用法は、各作品毎に統一した。

一　本文中〔　〕で表示したものは、本集編集にあたって編集者が付した注記である。

目次

福沢諭吉の儒教批判

一　まえがき

幕末から明治初期にかけての最大の啓蒙思想家、福沢諭吉がその「洋学」を以て一方新日本建設の素材となるべき欧州市民文化の移入普及と、他方国民に深く根を下した封建意識の打破とに、渾身《こんしん》の力を注いだとき、そうした彼の意図の前に最も強靭《きょうじん》な障壁として立ちはだかったのは、実に儒教思想であった。むろん一つの纏った思想体系としての儒教が我が国民の間にどれ程の広汎な範囲に於て受容され、その日常生活に対して実質的にどれ程の規制力を持ったかという事になると、儒教の最盛期とされる徳川時代でもかなり問題であり、また思想界のみに就いて見てもそれが殆《ほとん》ど独占的地位を占めたのは徳川前期だけであるが、儒教の強力性はその様な体系としての影響力にあるのではなく、むしろ儒教の諸々の理念が封建社会の人間にとっていわば思惟範型(Denk-modelle)となっていたという点に存する。例えばこの時代には大名は広く「諸侯」と呼ばれ、同じく家老は「大夫《たいふ》」、一般武家は「士」と呼ばれた。これは元来儒教の前提となっている周代の天子・諸侯・卿・大夫・士・庶民という身分を日本封建制のそれに当てはめたところから生じた呼称であるが、かく当てはめたことの歴史的由来、乃至《ないし》、かく当てはめる事の妥当性はどうであろうとも、一旦かかる呼称が社会的に普及すれば、封建的身分関係が儒教的範疇《はんちゅう》を視座として認識されることが次第に慣習的となり、それに応じて五倫五常という如き儒教倫理が殆ど無意識的にやがて一切の社会関係の観念的紐帯《ちゅうたい》として通用するに至ることはきわめて自然である。現実の封建主従関係は一定の歴史的＝社会的状況から生れたもので、儒教はその形成乃至発展に、よし現実的には全く関与しなかったとしても、そのことはそれがあくまで儒教的「君臣」の眼から眺められ、上下の礼とか貴賤の名分とかの儒教的理念を通じて観念されることを妨げるものではない。親子関係や夫婦関係についても同様である。もしひとが近世儒教を包括的に封建的イデオロギーと呼ぶならば、それは儒教がこうした視座構造(1)(Aspektstruktur)をなしていたという意味に於てのみ正当な規定といいうる。恰《あたか》もここに「古習の惑溺を一掃して西洋に行はるる文明の精神を取」(文明論之概略、巻之一)ろうとする諭吉にとって儒教が最大の障害をなした所以《ゆえん》があった。

けだし学問的対象としての儒教の如きは到底《とうてい》その論理的精緻と体系的整序性に於て近代科学の前に堪ええないであろうから、さほど問題とするに足りない。又儒教が単に封建支配者の上からの説教にとどまり、或《あるい》はなんらかの制度的表現を持っただけなら、そうした支配者の排除乃至は制度の消滅とともに、その影響も程なく薄れるであろう。しかしひとが数百年に汎《わた》って慣れて来た思惟範型は殆ど生理的なものとなっていて、たとえそれが本来的に適応した対象――この場合は封建社会――が消滅した後でも、容易に拭い去る事は出来ないからである。諭吉が一方に於て、「徳川の治世三百年の其間《その》に儒者は直に世事に当るを許さず、唯僅《ただ》に学校教授の用に充《あつ》るのみにして学問を軽んずるの世に学校の教授は最も無力なれども封建の大勢は儒者を容《い》れず、社会緊要の大事は武人と俗吏《ぞくり》との司《つかさど》る所と為《な》りたるも亦《また》以て儒教の勢力の微々たるを徴するに足る可《べ》し」(徳教之説、全集九)として儒教の政治的社会的影響力について消極的見解を持しながら、他方明治三十年に及んでなお「今世の人が西洋文明の学説に服しながら尚《な》ほ其胸中深き処に儒魂を存」する事を指摘して、「儒魂の不滅」を痛歎せねばならなかった(福翁百話)のはなによりもよくその事を示している。

こうして「独立自尊」の市民的精神のための諭吉の闘争は必然に儒教乃至儒教的思惟に対する闘争と相表裏することとなった。「日本国中の漢学者は皆来い乃公《おれ》が一人で相手にならうといふやうな決心」で「腐儒の腐説を一掃して遣《や》らうと若い時から心掛け」(福翁自伝)て以来、「我輩の多年唱道する所は文明の実学にして支那の虚文空論に非《あら》ず、或る点に於ては全く古学流の正反対にして之《これ》を信ぜざるのみか、其非を発《あば》き其妄を明《あきらか》にして之を擯《しりぞ》けんとするに勉《つと》むる者なり。……古来の学説を根柢より顚覆《てんぷく》して更らに文明学の門を開かんと欲する者なり。即ち学問を以て学問を滅《ほろぼ》さんとするの本願にして畢生の心事は唯こゝに在るのみ」(福翁百話)という晩年の告白の示す様に、反儒教主義は殆ど諭吉の一生を通じての課題をなしたのである。しかしやや立入って彼の儒教批判を跡づけて行くと時代の推移による自《おのずか》らのニュアンスを見出すに難《かた》くない。その推移を通じてわれわれは明治日本に於ける「文明開化」の漸次的な浸透を察知すると共に、偉大な社会的変革に際して旧社会のイデオロギーが新時代の意識の裡《うち》に如何《いか》に咀嚼《そしやく》されて行くかの好個《こうこ》の範例をも見うるわけである。以下に於ては、ほぼ明治十四・五年を境として前期と後期に大別しつつ、その各々の時代に於ける儒教批判の態様とその推移を、概観してみよう。

二　前半期の儒教批判

前期は諭吉が『西洋事情』『学問のすゝめ』『文明論之概略』等いずれも一世を震撼した代表的名著を以て啓蒙思想家としての彼の地位を不動ならしめた時代で、諭吉の生涯のうち最も棘に満ちた、しかしそれだけに最も多彩な面を形づくっている。この時代に於ける諭吉の活動が儒教に対する闘争を最大の課題とし、いな殆ど唯一の目標としていた事は自伝からも知られるが、就中《なかんずく》、明治十五年に於ける彼の次の様な回顧に最も集約的に表現されている。

「此《この》十五年の間を顧《かえりみ》るに我輩《わがはい》の思想に於て其《その》方向を二段に分て見る可《べ》きものあり。蓋《けだ》し初段は掃除破壊の主義にして第二段は建置経営の主義なり。掃除破壊とは何ぞや、当時維新の初に際して天下の形勢を察するに人民の無気力なること甚《はなはだ》し。農商の輩は依然として旧の如く俗に所謂《いわゆる》、素町人土百姓にして固《もと》より歯牙に留るに足らず。少しく上て士族学者と称するものにても、其心事の卑屈なる誠に見るに堪へざる者多し。数百年来儒者の教を以て育したる此士君子《しくんし》にて斯《かか》る有様なりとは畢竟《ひっきょう》、儒流の教育は頼むに足らず。儒流頼むに足らざれば儒者の主義中に包羅する封建門閥の制度も固《もと》より我輩の敵なり、之も破壊せざる可らず、と覚悟を定めて専ら儒林

を攻撃して門閥を排することに勉めたり」(掃除破壊と建置経営、全集二十巻)

すなわち諭吉にとって儒教攻撃は、彼が「親の敵《かたき》」とまで憎悪した封建門閥制度の徹底的掃蕩《そうとう》の問題と一にして二ではなかった。そこでこの期に於ける彼の批判はほぼ典型的な「イデオロギー暴露」の形態をとることとなるのである。「イデオロギー暴露」は主として新たなる社会層の勃興期《ぼっこうき》にあたって、その思想的選手が旧来の社会秩序に内在している諸々《もろもろ》の理念を批判する様式であって、その方法はさまざまであるが、(一)従来絶対的に或は固定的に思惟され来《きた》った社会関係の変動性或は偶然性を指示する事によって、そうした伝統的思惟そのものを相対化するとか、或は、(二)特定の理念の本来的意図と実際的効果とのギャップを指摘する事によって、之を戯画化するとか、或は、(三)そうした理念乃至思惟様式をば、それを主張ないし採用する主体的人格の特定の意欲から説明し、その社会的役割を指摘する、とかいうのが主要な形態で、要するに思想をその論理性よりはむしろその機能性に於て問題とする所にその特徴がある。『学問のすゝめ』や『文明論之概略』の読者はその様な立場からの儒教批判に頻繁に遭遇するであろう。そこに俎上《そじょう》に載《の》せられたのは当然に、封建社会の思惟範型にまで成熟している様な儒教理念であった。その一例として、まず所謂《いわゆる》君臣上下の倫に関する彼の説を挙げてみよう。

「支那日本等に於ては君臣の倫を以て人の天性と称し、人に君臣の倫あるは猶《なお》夫婦親子の倫あるが如く、君臣の分は人の生前に先《ま》づ定たるものゝやうに思込み、孔子の如きも此惑溺《わくでき》を脱すること能《あた》はず……立君の政治を主張するものは、先づ人性の何物たるを察して後に君臣の義を説き、其義なるものは果して人の性に胚胎したるもの歟《か》、或は人の生れて然る後に偶然の事情に由て君臣の関係を生じ此関係に就ての約束を君臣の義と名《なづ》くるもの歟、事実に拠て其前後を詳《つまびらか》にせざる可らず。虚心平気深く天理の在る所を求めなば、必ず此約束の偶然に出でたる所以を発明す可し。既に其偶然なるを知らば又随《したがい》て其約束の便不便を論ぜざる可らず。事物に就て便不便の議論を許すは即ちこれに修治改革を加ふ可きの証なり。修治を加へて変革す可きものは天理に非ず。故に子は父たる可らず、婦は夫たる可らず、父子夫婦の間は変革し難しと雖《いえ》ども、君は変じて臣たる可し。湯武の放伐即是なり。或は君臣席を同ふして肩を比す可し。我国の廃藩置県即是なり。是に由て之を観れば立君の政治も改む可らざるに非ず。唯之を改ると否とに就ての要訣《ようけつ》は、其文明に便利なると不便利なるとを察するに在《あ》るのみ」(文明論之概略、巻之一)

これは君臣関係(ここではむろん封建的なそれ)の変易性を事実的に証示して、君臣の義という理念に内在せる先験的意味(これは五倫五常を本然の性《せい》と等置する朱子学に於てとくに鮮明に表われる）を否定したもので、上述の第一の形態の批判である。また所謂上下貴賤の名分という理念は封建階序制の最も重大な観念的紐帯となっていただけに、様々の方向から論じられている。例えば

「抑《そもそ》も此名分の由て起る所を案ずるに、其形は強大の力を以て小弱を制するの義に相違なしと雖ども、其本意は必ずしも悪念より生じたるに非ず。畢竟《ひつきよう》世の中の人をば悉皆《しつかい》愚にして善なるものと思ひ、これを救ひこれを導きこれを教へこれを助け、只管《ひたすら》目上の人の命に従て、かりそめにも自分の了簡を出さしめず……一国の政事も一村の支配も店の始末も家の世帯も上下心を一にして、恰《あたか》も世の中の人間交際を親子の間柄の如くに為《な》さんとする趣意なり……扨《さて》今一国と云ひ一村と云ひ政府と云ひ会社と云ひ、都《すべ》て人間の交際と名《なづ》くるものは皆大人と大人との仲間なり。他人と他人との附合なり。此仲間附合に実の親子の流儀を用ひんとするも亦《また》難きに非ずや……

　右の如く上下貴賤の名分を正だし唯其名のみを主張して専制の権を行はんとするの源因よりして、其毒の吹出す所は人間に流行する欺詐《ぎさ》術策の容体《ようだい》なり。此病に罹《かか》る者を偽君子と名《なづ》く。譬《たと》へば封建の世に大名の家来は表向皆忠臣の積りにて、其形を見れば君臣上下の名分を正だし、辞儀をするにも鋪居《しきい》一筋の内外を争ひ、亡君の逮夜《たいや》には精進を守り、若殿の誕生には上下《かみしも》を着《ちやく》し、年頭の祝儀、菩提所《ぼだいしよ》の参詣、一

人も欠席あることなし。其口吻《こうふん》に云く、貧は士の常、尽忠報国、又云く、其*食を食《は》む者は其事に死すなど丶、大造《たいそう》らしく言ひ触らし、すはと云はゞ今にも討死せん勢にて、一通りの者はこれに欺《あざむ》かる可き有様なれども、窃《ひそか》に一方より窺《うかが》へば果して例の偽君子なり……其最も著しきものを挙て云へば、普請奉行が大工に割前を促《うなが》し、会計の役人が出入の町人より附届《つけとどけ》を取るが如きは三百諸侯の家に殆ど定式《じょうしき》の法の如し。旦那のためには御馬前に討死さへせんと云ひし忠臣義士が其買物の棒先きを切るとは余り不都合ならずや。金箔付の偽君子と云ふ可し……畢竟此偽君子の多きも其本を尋れば古人の妄想にて、世の人民をば皆結構人《けっこうじん》にして御し易きものと思込み、其弊遂に専制抑圧に至り、詰る所は飼犬に手を噛まるゝものなり。返す〴〵も世の中に頼みなきものは名分なり。毒を流すの大なるものは専制抑圧なり。恐る可きに非ずや」(学問のすゝめ、十一編)

これは名分の「本意は必ずしも悪念より生じた」のではないに拘《かかわ》らず、その実際的結果に於て偽善を生む次第を述べているのであるから、明かに第二の批判形態に属する。

之に対し、

「今若《も》し……人たる者は理非に拘らず他人の心に従て事を為すものなり、我了簡《りょうけん》を出すは宜しからず、と云ふ議論を立る者あらん。此議論果して理の当然なる乎《か》……

仮に其一例を挙て云はん。禁裏《きんり》様は公方《くぼう》様よりも貴きものなるゆへ、禁裏様の心を以て公方様の身を勝手次第に動かし、行かんとすれば止れと云ひ、止まらんとすれば行けと云ひ、寝るも起るも飲むも喰ふも我思ひのまゝに行はるゝことなからん。公方様は又手下の大名を制し、自分の心を以て大名の身を自由自在に取扱はん。大名は又自分の心を以て家老の身を制し、家老は自分の心を以て用人《ようにん》の身を制し、用人は徒士《かち》を制し、徒士は足軽を制し、足軽は百姓を制するならん……斯《かく》の如きは則ち日本国中の人民、身躬《みず》から其身を制するの権義なくして却《かえっ》て他人を制するの権あり。人の身と心とは全く其居処を別にして、其身は恰《あたか》も他人の魂を止る旅宿の如し……奇なり妙なり又不可思議なり、これを天理人情と云はんか、これを文明開化と云はんか……数千百年の古《いにしえ》より和漢の学者先生が、上下貴賤の名分とて喧《やかま》しく云ひしも、詰る処は他人の魂を我身に入れんとするの趣向ならん。これを教へこれを説き、涙を流してこれを諭《さと》し、末世の今日に至ては其功徳も漸く顕《あらわ》れ、大は小を制し強は弱を圧するの風俗となりたれば、学者先生も得意の色を為し……周の世の聖賢も草葉の蔭にて満足なる可し」(学問のすゝめ、八編)

という名分批判は、名分を説く「学者先生」の意図を問題としている意味に於てむしろ第三の形態に近いであろう。とくにこの様に儒教そのものよりは、是をその主体に関係づけて儒者の社会的機能を暴露する方法は、この期の諭吉にとって特徴的であって、嘗《かつ》て彼と同郷の儒者で父百助の親友たりし中村栗園が彼に一書を呈して、彼の儒教排撃を暗に警《いまし》めたとき、之が返書に「生は儒の道を喜ばざるに非ず、当時儒者流の人を喜ばざりしなり」(中村栗園先生に答、明治一一年、全集四)と答えているのは、諭吉の当時の意図の所在を示すものとして興味深い。『文明論之概略』に於ける次の様な有名な一節は実にこの第三の方法からの儒教批判の典型的なものである。

「西洋諸国の学問は学者の事業にて、其行はるゝや官私の別なく唯学者の世界に在り。我国の学問は所謂治者の学問にして恰も政府の一部分たるに過ぎず。試に見よ、徳川の治世二百五十年の間、国内に学校と称するものは本《もと》政府の設立に非ざれば諸藩のものなり。或は有名の学者なきに非ず、或は大部の著述なきに非ざれども、其学者は必ず人の家来なり。其著書は必ず官の発兌なり。或は浪人に学者もあらん、私の蔵版もあらんと雖ども、其浪人は人の家来たらんことを願て得ざりし者なり。其私の蔵版も官版たらんことを希《ねご》ふて叶《かな》はざりし者なり……其趣を形容して云へば日本の学者は政府と名《なづ》る籠の中に閉込められ、此籠を以て己が乾坤《けんこん》と為し、此小乾坤の中に煩悶《はんもん》するものと云ふ可し……斯の如く限ある籠の中に限なき学者を生じ、籠の外に人間世界のあるを知らざる者なれば、自分の地位を作るの方便を得ず、只管《ひたすら》其時代の有権者に依頼して何等の軽蔑を受るも嘗《かつ》て之を恥るを知らず……政府専制、よく人を束縛すと云ひ、少しく気力ある儒者は動《やや》もすれば之に向て不平を抱く者なきに非ず。然りと雖どもよく其本を尋れば、夫子自から種を蒔て之を培養し其苗の蔓延するがために却て自から窘《くるし》めらるゝものなり。政府の専制、これを教る者は誰ぞや。仮令ひ政府本来の性質に専制の元素あるも其元素の発生を助けて之を潤色するものは漢儒者流の学問に非ずや。古来日本の儒者にて最も才力を有して最もよく事を為したる人物と称する者は、最も専制に巧にして最もよく政府に用ひられたる者なり。此一段に至ては漢儒は師にして政府は門人と云ふも可なり。憐《あわれ》む可し、今の日本の人民誰か人の子孫に非ざらん。今の世に在て専制を行ひ又其専制に窘めらるゝものは独《ひと》り之を今人の罪に帰す可らず、遠く其祖先に受けたる遺伝毒の然らしむるものと云はざるを得ず。而して此病毒の勢を助けたる者は誰ぞや、漢儒先生も亦預て大に力あるものなり。(学問に権なくして却て世の専制を助く)」(巻之五)

むろん、ここに見る如く近世儒教を以て悉《ことごと》く封建専制を「潤色」したものとし、「漢儒先生」がその「勢を助けた」と断ずるのは表現苛酷に失するのみならず、歴史的にも必ずしも正確ではなかろう。儒教的思惟は冒頭に述べた様に、そうした特定人格の意欲乃至利害心理よりは遥かに深く当時の人間の視座構造にまで喰い入っていたのである。しかしこうした批判の「行き過ぎ」はあらゆる転換期に於けるイデオロギー暴露に必然的に随伴する現象であって、むしろその故にこそ、それは一定の歴史的役割を果しえたともいえるのではないか。

この時代の諭吉の儒教批判はなお様々の論点に就いて数多く存する。しかしそれを一々紹介することは到底紙数が許さないから、ここでは以上の三、四の例を以て、前期儒教論の大凡《おおよそ》の態様を知るだけにとどめて置いて、次に後期に移ることにするが、その前に補註的に二つの事を付加えて置こう。

その一は諭吉の儒教批判はとくに前期に於て、峻烈を極め、筆致が寸毫《すんごう》も仮借せざる激しさを帯びているが、それは往々政治的反対者の攻撃に見られる様に対象の知識に乏しい頭ごなしの所論ではなく、儒学の殆ど一切の経書典籍に対するかなり高度の理解の上に立脚していたことである。貧窮の下級武士の家に生れ、間もなく父を失った諭吉は幼時を内職仕事に追われ、漢学塾に通い始めたのは普通より遅れて十四、五歳の頃からであるが、それより安政元年、二十一歳にして長崎に遊学するまでの漢学の修業がどの様なものであったかは、彼の自伝に記す所によって窺《うかが》い知られる——

「……塾も二度か三度か更《か》へた事があるが、最も多く漢書を習たのは白石《しらいし》と云ふ先生である。……白石の塾に居て漢書は如何なるものを読だかと申すと、*経書を専《もっぱ》らにして論語孟子は勿論《もちろん》、すべて経義の研究を勉め、殊に先生が好きと見えて詩経に書経と云ふものは本当に講義をして貫て善く読みました。ソレカラ蒙求《もうぎゅう》、*世説《せせつ》、*左伝、戦国策、老子、荘子、と云ふやうなものも能く講義を聞き、其先きは私独りの勉強、歴史は史記を始め*前後《ぜんご》漢書《かんじょ》、晋書《しんじょ》、*五代史、*元明史略《げんみんしりゃく》と云ふやうなものも読み、殊《こと》に私は左伝が得意で、大概の書生は左伝十五巻の内、三・四巻で仕舞《しま》ふのを、私は全部通読凡《およ》そ十一度《た》び読返して面白い処は暗記して居た。夫れで一ト通り漢学者の前座ぐらゐになつてゐた」(福翁自伝)

前にも一言した様に、*徳川時代を通じて儒教はその個々の範疇が思惟範型となるまでに常識化していながら、いな、むしろあまりに常識化していたが故に、士族の本格的な儒学の知識はきわめて低かった事を考慮すれば、諭吉のそれは右に見らるる限り、一般的教養の程度をはるかに越えていたという事が出来る。諭吉の儒教批判が他の単なる洋学者よりも鞏固《きょうこ》な理論的整備を具《そな》え、それだけ深刻な影響力を発揮しえたのは怪しむに足りない。彼が自ら儒教の「獅子身中の虫」(福翁自伝参照)を以て任じたのもあながち不遜ではなかった。

その二は、諭吉の儒教排撃はむろん洋学を武器としたけれども、飽《あく》まで国民的自主性の立場を失わず、却《かえ》って終始熾烈《しれつ》な対外意識によって貫かれていたことである。これは彼の反儒教主義が「独立自尊」の反面であり、市民的自由のための彼の奮闘も畢竟《ひっきょう》、「一身独立して一国独立す」(学問のすゝめ)といい、「一国の独立は国民の独立心から湧て出てることだ、国中を挙げて古風の奴隷根性では迚《とて》も国が持てない」(福翁自伝)という動機に発している以上むしろ当然であった。

　周知のごとく、幕末から明治初期にかけての我国をめぐる国際関係は容易ならぬ形勢を妊《はら》んでいた。北米合衆国をはじめ、英・露・仏等諸外国は相競って極東の一島国の扉を叩き、二百年の間固く彼等に閉されていた市場の開放を求めて止まず、遂にこれが徳川封建制崩壊の一契機となったことは敢て縷説《るせつ》するまでもない。維新開国後の日本も、漸く帝国主義国家としての相貌を露わにしつつあった列強の圧力を絶えず身近に感じねばならなかった。いわゆる攘夷論はそうした歴史的段階に於ける国民意識の爆発的表現であるが、盲目的な排外主義者らと身を以て抗争した諭吉も、強烈な国民的自覚に於て彼等に勝るとも劣らなかったのである。彼によれば「外国に対して我国を守らんには自由独立の気風を全国に充満せしめ国中の人々貴賤上下の別なく其国を自分の身の上に引受け、智者も愚者も目くらも目あきも、各《おのおの》其国人たるの分を尽さざるべからず」(学問のすゝめ、三編)。しかるにまさに貴賤上下の別を絶対化し*「民はこれに由らしむべしこれを知らしむ可らず、世の中は目くら千人目あき千人なれば、智者上に在て諸民を支配し上の意に従はしめて可なり」という「孔子様の流儀」では「此国の人民、主客の二様に分れ、主人たる者は千人の智者にて、よきやうに国を支配し、其余の者は悉皆何も知らざる客分なり。既に客分とあれば固《もと》より心配も少なく、唯《ただ》主人にのみ依りすがりて身に引受ることなきゆゑ、国を患《うれ》ふることも主人の如くならざるは必然」(同上)である。むしろ「此時に当て日本人の義務は唯この国体を保つの一箇条のみ。国体を保つとは自国の政権を失はざることなり。政権を失はざらんとするには人民の智力を進めざる可らず……智力発生の道に於て第一着の急須は古習の惑溺《わくでき》を一掃して西洋に行はるゝ文明の精神を取るに在り。陰陽五行の惑溺を払はざれば窮理の道に入る可らず……既に此惑溺を脱して心智活潑の域に進み、全国の智力を以て国権を維持し、国体の基初《はじめ》で定《さだま》るときは又何ぞ患る所かあらん」(文明論之概略、巻之一)。ひとはこの一連の文の中に容易に「国権」主義―反儒教主義―文明開化主義の必然的連関を読み取ることが出来よう。

三　後半期の儒教批判

後期は諭吉が主として時事新報によって活躍した時代で、明治十五年頃から晩年までである。前期の著作論文が広く解すれば殆ど全部儒教的思惟の克服に関連しているのに比べれば、この時代には彼の関心はヨリ多角的となり、旧《ふる》きものとの闘争よりは新しきものの育成への努力が前面に出て居るため、儒教の問題はただ、その後も教育・文化乃至社会思潮の上に封建的反動が頭を擡《もた》げた限りに於て、その都度これが反撃に関連して取り上げられたにとどまる。従って後期の儒教批判はどちらかといえば間歇《かんけつ》的で、ある特定の時期の論著に集中的に現われている。とくに著しいのは、明治十四・五年以後の二、三年間と、明治三十年前後の数年間とである。是は夫々《それぞれ》特殊な情勢を背景にもっている。まず前者から説こう。明治十二・三年から国会開設願望の形に於て全国的に捲き起された自由民権運動は、十四年七月、北海道開拓使官有物払下問題を契機としてまさに沸騰点に達した。この勢に驚愕狼狽《きょうがくろうばい》した政府部内の保守派は一方かの国会開設の勅諭を奏請すると共に、他方大隈参議を先頭とする進歩的官僚を一斉に廟堂から放逐した。いわゆる明治十四年十月の政変が是《これ》である。かくて体勢を強化した薩長政権は猛然と攻勢に出で、自由・改進両党の結成に対しては立憲帝政党なる御用党を以て抗し、集会条例の改正(十五年六月)、請願規則の発布(同年十二月)、新聞紙条例及び出版条例の改正(十六年四月及び六月)によって民権運動を極力弾圧しつつ、進んで教育方針をも一変し、外教科書の検閲を厳重に行い、儒学者を全国官公立学校に配して四書五経を講ぜしめ、外国語の教授を廃する等、大規模に復古教育を実施した。(2)諭吉は民権運動については漸進論者で、むしろ一部の粗暴矯激《きようげき》な行動を「駄民権説」*として排撃していたのであるが、当時の政治熱を以てひたすら「洋学」の責に帰する如き風潮にもとより黙する能わず、「西洋の学問も……唯学問の皮のみを学びて其正味を学ばざれば或は軽躁の毒に中《あた》ることもあらん」「然らば其罪は単に西洋学に在らずして我国人が西洋を学ぶに深からざるに在るのみ」(通俗道徳論、全集十)として洋学を擁護すると共に、転じて果して儒教復活によって過激なる言論行動を抑制しうべきやを問題にし、「見よ、今日新聞紙に演説に前後の考もなく叨《みだ》りに暴論怪説を吐き、世人に嫌悪せられ又法律に触る者は、儒者の言ふが如く必ずしも洋学者にあらずして却て無学無識の徒に多く、然《し》かも少小の時より専《もっぱ》ら主義の空漠たる和漢の書を読むのみにして洋書を解するが如き緻密《ちみつ》なる脳力に乏しく、唯漠然たる漢儒者流の気象を学で、口を開けば則ち天下国家と云ふが如き放縦磊落《らいらく》たる書生中に最も多かるべし」(文学会員に告ぐ、全集二十)と逆襲し、かくて明治八年「儒教流の故老に訴へ」る目的で著《あら》わされた『文明論之概略』以来、しばらく遠ざかっていた儒教批判に再び筆鋒を向けることとなったのである(明治十五年頃を以て前後二期の境としたのはこの理由による)。「儒教主義」(全集九)、「儒教主義の成跡甚だ恐る可し」(全集八)、「急変論」(全集八)、「徳教之説」(全集九)、「学校停止」(全集八)、「惑溺は酒色のみに非ず」(全集八)、「仁義礼智孝悌忠信」(全集八)、「漢学の中日和《なかびより》」(全集八)、「チョン髷ばかりは」(全集九)、「疫はらひましよ御疫はらひましよ」(全集十)、「極端論」(全集八)、「復古の御代」(全集八)、「我文明は退歩するものには非ずや」(全集九)、「儒教豈唯道徳のみならんや」(全集八)、「漢学の主義其無効なるを知らざる乎」(全集八)、これらは悉《ことごと》く諭吉が明治十五—十七年頃の時事新報の紙上に於て、或は正面から社説を通じ、或は彼の得意とする「漫言」という側面攻撃によって、儒教復活反対のために張った論陣である。

明治三十年前後の集中的な儒教批判は条約改正問題に関係している。井上案・大隈案・青木案と幾多の波瀾曲折を経た不平等条約の改正問題は陸奥外相の下に漸《ようや》く実を結び、二十七年から三十年の間に於て関係十五ケ国との間にすべて新条約が締結され、三十二年を期して実施されることとなった。しかるにこの条約改正交渉過程に於て、国粋主義者から外人の内地雑居に反対する声が起り、これが藩閥政府攻撃の好題目を待ち構えていた民権派の忽《たちま》ち利用する所となって、現行条約励行論として政治問題化し、排外思潮が急激に国内に蔓延した。諭吉はかかる情勢が継続したまま改正条約実施さるるときは、外人との間に如何なる不祥事の勃発するも計られずとして、極力民間の排外論を戒めると共に、かかる排外論の勃興は畢竟、かの明治十四年政変後に於ける政府の儒教主義教育の効果の漸く顕われたものに外ならずとの立場から、政府の責任をも追及し、儒教思想と排外主義との必然的連関につき各方面から論証する所あった(「教育流毒の結果を如何す可きや」「古毒治療の手段如何」「排外思想の系統」「排外思想と儒教主義」「儒教主義の害は其腐敗に在り」「儒教復活の責は今の当局者に在り」「文明の政と教育の振作」等々(いずれも全集十六所収)。さらに同時期の主要内容をなしているものに儒教の婦人道徳の問題がある。儒教倫理に内在する男尊女卑に就いては諭吉は夙《つと》に明治三年、「*中津留別之《なかつりゅうべつの》書《しょ》」に「孔子様は世の風俗の衰るを患て春秋を著し夷狄だの中華だのとやかましく人を褒たり誘りたりせられしなれども、細君の交易はさまで心配にもならざりし哉、そしらぬ顔にてこれを咎《とが》めず。我々共の考えには些《ち》と不行届のよふに思はるゝなり」として以来、その後の著述に於ても屢々《しばしば》指摘を怠らなかったが、いまや条約改正実施を目前に控え、「男尊女卑の弊風は依然改まらず、実際に一夫多妻の陋習が公然行はれつゝある日本社会の現状を此儘《まま》にして、其醜態を外国人の面前に暴露するは文明国の体面上何としても忍びない」(石河幹明、福沢諭吉伝、昭和七年、第四巻、一七三頁)という考慮から、恰《あたか》も民法親族相続篇の発布を機とし、旧観念の根本的批判の上に新婦人道徳を築き上げようと志した。かくて批判の対象として取り上げられたのが儒教的女性倫理の典型的なるものとしての*『女大学』であった。明治三十二年発兌《はつだ》にかかる*『女大学評論』こそは、はからずも諭吉の四十年に及ぶ文筆活動に終止符を打つ著作となったのである。

後期の儒教批判を全体的に通観すると、前期との対比に於て、批判様式の穏和化と批判範囲の局限性ということが感じられる。前期の諭吉は滔々《とうとう》たる儒教的思惟の真只中に置かれていた。彼には敵を見分ける余裕もない。力の限り太刀を振回して当るを幸い切伏せ、何としてでもこの囲を破らねばならない。批判は必然に徹底的となりかつ対象の全面に及ぶ。しかるに後期に於てはもはや事態は異る。彼は既に「文明開化」の陣地を擁し、時折執拗に逆襲し来る敵をその都度《つど》撃退すれば足りる。彼はより冷静に儒教思想を分析して、その中の「敵性」分子と然らざるものとを判別する。かくて「我輩が只管《ひたすら》儒教主義を排斥せんとする所以《ゆえん》のものは決して其主義の有害なるを認めたるが為めに非ず。周公孔子の教は忠孝仁義の道を説きたるものにして一点の非難もなきのみか寧《むし》ろ社会人道の標準として自から敬重す可きものなれ」といわれ、ただ「其主義の純粋無垢なるに拘はらず腐敗し易《やす》き性質を具へて、今は全く本来の本性を一変して腐敗の極に達したる其害毒を認むる」が故に排撃するという態度の余裕が生れて来る(儒教主義の害は其腐敗にあり、全集一六)。こうした推移が著しく現われるのは儒教の歴史的妥当性の問題である。イデオロギー暴露の一形態として、観念の相対性の指摘が前期の儒教批判に存することは前述したが、そこでの相対性とはいわば虚偽性にほかならなかった。君臣の倫を人の本性とする観念はそれが現実に照応していないという意味でまさに「イデオロギー」として取扱われる。虚偽性の摘発に急なる批判はその観念が一定の歴史的なレーゾン・デートルを持ったことをも無視しがちである。ところが後期に至ると、相対性の指摘はむしろ儒教思想を歴史的に位置づけ、一定の歴史的社会構造との照応性を示すという方向で行われる様になる。例を挙げよう。明治八年著『文明論之概略』に於ては「孔孟の用ひられざるは諸侯の罪に非ず、其時代の勢に妨げられたるものなり……周の時代は孔孟に適する時代に非ず。孔孟は此時代に在て現に事を為す可き人物に非ず。其道も後世に於ては政治に施す可き道に非ず……後の学者孔孟の道に由て政治の法を求る勿《なか》れ」として儒教政治思想は、後世はもとより、周時代に於ける妥当性も否定されているのに対し、明治十六年「儒教主義」(全集九)に於てはこう述べられている。

「支那国にて周代の世に修身斉家治国平天下《しゅうしんせいかちこくへいてんか》と四層の段階を分ち、修身第一にして斉家これに次ぎ、夫より治国となりて最後に平天下を置きたるは、実に当時の社会に於て已み難き自然の結果一概には擯斥《ひんせき》し難き理由なきに非ず。其次第如何と云ふに元来周代社会の治安は内より成て外に及び……内部より層々輪をなして次第に四方に広がれども、其広がるに従ひ次第に稀薄となりて……所謂王化及ばざるの夷狄に至て止《や》み、憂患外に在らずして安危内に存する者なれば……この中央部をば最も堅固に構へざる可らず。而して之を堅固になさんには、此中央部の人に其身を修め其家を斉《ととの》へ各々その本分を守らしむるを第一肝要の儀と為すは実際已《や》み難き次第なり……是故に修身斉家治国平天下と順次に四層をなし来りて、道徳に政治を配剤したる儒教主義は誠に周公孔孟の時代に適合したる教にして此時代には此主義なかる可らず」云々

ここでは周代社会構造と儒教思想構造との照応関係が明白に容認され、しかもまさにそのことによって「全体周公孔孟の古代と今年今月の社会とは其組立表裏悉く転倒したるが故に、其古代の儒教主義が此今代の社会に適合す可き理由なき次第なり」(同上)として儒教の現代への非妥当性が結論されるのである。後期に於ける儒教思想批判の中では最も峻烈なる『女大学評論』に於ても、諭吉は女大学の倫理が「封建社会の秩序に適合」して居り、「其所論今日より見ればこそ奇怪なれども当年に在ては怪しむに足らざる事を付加するのを怠ってはいない。そこに前期に於ける「イデオロギー曝露」から、ヨリ非政治的な「イデオロギー論《レーレ》」にまでの成熟が窺われるのである。

四　あとがき——日清戦争と儒教批判

最後にこれは直接儒教批判の問題ではないが、それと不可分の関係にある朝鮮改革問題及びそれを契機として起った日清戦争に対する諭吉の所論を一言述べてこの稿を閉じ

ることとする。攘夷主義乃至排外主義的思潮に対しては終始一貫抗争した諭吉も、対朝鮮・支那の外交問題に関しては是《これ》また終始一貫、最強硬の積極論者であった。この二つの表見的には矛盾する態度を諭吉の心裡に於て一つの統一的な志向にまで結び付けていたものが外ならぬ彼の反儒教意識であったということは注意されていい。諭吉が我国に於ける攘夷排外の気風を儒教思想の属性と見たことは既に述べたところであるが、こうした見解は元来、日本儒教の母国としての支那・朝鮮の歴史的現実から得られたものであった。そのことは夙《つと》に慶応年間、彼が「江戸中の爺婆を開国に口説き落さん」とて書いた『*唐人往来』の中に支那を批判して、「兎《と》角《かく》改革の下手なる国にて千年も二千年も古の人の云ひたることを一生懸命に守りて少しも臨機応変を知らず、むやみに己惚《うぬぼれ》の強き風なり。其証拠には唐土《もろこし》、宋の時代より北方にある契丹、或は金、元などと云ふ国を夷狄々々と唱へ、そのくせ夷狄と師《いくさ》をすればいつも負けながら蔭では矢張《やは》り畜生同様に見下し、己が方には何の改革も為さず備もせず」として阿片戦争及び一八五八年の対英仏事件等に言及し、「己が国を上もなく貴き物の様に心得て更らに他国の風に見習ひ改革することを知らざる己惚」を戒めたところに早くも示されている。下って明治十七年、朝鮮の甲申《こうしん》政変に際しても、諭吉は例の漫言を以て、「*……拍子そろへて支那朝鮮、周公孔子の末孫が、久留兵衛どんに撃立てられ(一八八四年仏清事件に於ける仏蘭西提督クルベーを指す――筆者）、内の焼けたも苦にならず、隣に出す痩腕を、頼む飴屋の事大党（清国と事大党との結託を意味す――筆者）……*慶祐宮の刀風《たちかぜ》は、六個《むつ》の首《あたま》を吹飛ばし、側杖《そばづえ》喰ひし日本人、あとの始末は如何ならん、是も儒の字の御利益か、アナ恐ろしの周公や、ヤレ恨めしの孔子様、あなたの教に首ッたけ、かぢりついたる其の首は、ころりと落ちて国も亦《また》、ころりと倒れん其様は、余所《よそ》ながらにてもお気の毒」云々と諷して、この隣国の情勢のうちに、恰も前述した明治十五年来の我国の儒教復活に対する生きた警告を見出している。そうして朝鮮王族の背後にあって終始排外守旧熱を鼓吹していたのが、かの山林隠逸の儒生であったという事実はますます諭吉のこうした見解を強めたにちがいない。かくて支那朝鮮は彼が歴史的必然と信じた文明開化の世界的浸潤に抵抗する保守反動勢力の最後の牙城と映じたのである。されば朝鮮の近代化運動への我国の後援をめぐって、対清関係が漸く悪化するや、従来の国内儒教思潮に対する諭吉の抗争の全エネルギーは挙げて、儒教の宗国としての支那に対する敵対意識に転じて行ったことはきわめて自然であった。明治二十七年六月十二日東学党の乱に対応すべく日本出兵の議が決したとき、諭吉は翌日の時事新報の社説に於て「彼等の驚駭《きょうがい》想《おも》ふ可し」（全集十四）と題し、開設早々の議会に於ける朝野の激烈なる政争を以て日本の国内分裂と見た支那の短見を嗤《わら》い、次の様に論じた。

「国会開設は即ち立憲政治にして言論の自由は其政治の本色なり。日本の国会は苟《いやしく》も帝室の尊厳を犯さゞる限り、如何なる事を議し如何なる事を論ずるも自由自在にして毫《ごう》も制限せらるゝ所なし。政府の政略を攻撃し当局者を罵《ののし》り倒すが如き、尋常の事にして敢て奇と為《す》るに足らざれども、君臣の分、上下の別など幾千百年儒教主義の紋切形に脳髄を刻まれたる支那人等の眼より見れば、是れぞ所謂処士の横議なるものにして紀綱紊乱《びんらん》の極と認めざるを得ず。……然るに其亡国の政府が今回の事件には廟議即決して出兵の計画甚だ盛なりと云ふ、……彼等の驚駭も決して無理にあらず。周公孔子の末流が化石の如き脳髄を以て漫に今世の観察を逞ふし、自から事の真相を誤りながら、今に至りて遽《にわか》に狼狽するとは唯失笑に堪へざるのみ……内の政治に就ては千万無量の反対攻撃あるも一旦急要の場合には一令の下に陸海幾万の兵を動かすこと甚だ自由なり。自から是れ憲法の規定する所にして立憲政治の本色なり。誠に睹易き事実なれども儒流国人の知る所に非ず。今日と為りては彼等も自から自家の無智無学を悔ゆるの外なかる可し」

ここに諭吉が嘗て『学問のすゝめ』や『文明論之概略』に於て過去の日本に向けられた峻烈な批判がそのまま支那を対象として複写されているのを見出すに難くないであろう。従って朝鮮の改革に就いても彼は、「*朝鮮の改革は支那儒教の弊風を排除し文明日新の事を行ふもの」であるから、「*改革の当局者は彼我両国の為めのみならず、世界共通の文明主義を拡張するの天職を行ふものと心得て終始するの覚悟肝要なる可し」と激励し、日清間の戦闘進展するに及んで、「*今度の戦争は日清両国の争とは云ひながら事実に於ては文野明暗の戦にして其勝敗の如何は文明日新の気運に関する」となして北京を衝《つ》くまで断固兵を罷《や》めざることを主張し、終始輿論の最強硬陣営をリードしたのである。諭吉に於ける独立自由と国権主義との結合が反儒教主義を媒介にしていたということは日清戦争が最も明確な形で証明したということが出来る。

（1）　*思惟範型といい視座構造といい、いずれもカール・マンハイムの用語である。その大意についてはK. Mannheim, Wissenssoziologie, in "Handwörterbuch der Soziologie," 1931, S. 662, 663 参照。ただし筆者はここで必ずしも厳密に知識社会学の規定に従ったわけではない。

（2）　政変後間もなく文部卿福岡孝弟《たかちか》は府県学務官を召集して、「教育には碩学醇儒にして徳望あるものを選用し、生徒をして益々恭敬整粛ならしむべく、修身を教授するには必ず皇国固有の道徳教に基きて儒教の主義に依らんことを要す」云々と訓示している(西園寺公望、明治教育史要、開国五十年史、上、明治四〇年、所収に拠る)。

（東京帝国大学学術大観、一九四二年、東京帝国大学編刊）

（後　記）

『東京帝国大学学術大観』というのは、「紀元二千六百年記念事業」の一環として、東大が、各学部各講座の歴史的由来と研究現状を報告する目的で編纂したもので、法・経両学部がそのうちの一巻にまとまっている。ところが、法学部教授会でこの計画が大きな論議を呼びおこした。果して各講座の歴史について客観的な叙述ができるか、たとえば憲法講座については天皇機関説問題を避けて論ずるわけには行かないが、現在の時局の下で客観的叙述が可能とは思われない、という趣旨の根本的な疑問が提出されたのである。そうして、論議の末に、教授・助教授各自が自由にテーマを選び、論文を執筆するということでおさまった（経済学部教授会でも同様な疑問からして、元来の趣旨と異って論文集を出すことになったように聞いている）。『学術大観』で、大部分の学部篇が講座の由来と現状を述べているのに対し、法・経学部篇が少数の例外を除いて、単なる論文の寄せ集めになり、全体としての体裁が一貫していないのは、右のような事情に基づく。けれども企劃を論文集に変更してみたところで、全体の分量は動かすわけに行かぬので、結局、一人に割当てられた制限は、組み一〇頁以内というきびしさであった。私の場合、この本文のあとに、諭吉の反儒教主義との関連でいわゆる「脱亜論」に論及した一節があったが、前記の枚数制限のために、この部分を削除して提出したのが本稿である。

（一九七六年『丸山眞男集』第二巻）

福沢*に於ける「実学」の転回
――福沢諭吉の哲学研究序説――

まえがき

福沢諭吉は日本のヴォルテールといわれる。我国に於て「啓蒙」を語ることは即ち福沢を語ることであるといっても過言でない。維新直後、彼が『西洋事情』や『世界国尽』や『西洋旅案内』や『学問のすゝめ』等の矢継早《やつぎばや》の著作を以て急速に新時代の精神的指導者の地位を占めてから今日までほぼ八十年、その間福沢精神は必ず啓蒙への要望と結びついて回顧された。大西*祝《はじめ》が『国民之友』三六二号に於て「一時勃然として起こりし啓蒙的思潮が未だ其の成し遂ぐべき事の半ばをも成し遂げざるに、既に早く歴史的回顧を事とし、歴史の連鎖を破ることを以て何物よりも恐るべき事となし、歴史に拘泥《こうでい》するを以て国家に忠なるものと誤想し、而《しか》して此の誤想が近時如何に我が教育界を固陋《ころう》頑迷偏狭の弊に陥らしめたるぞ。（中略）予輩は此の点より見て維新以後の啓蒙的思潮が今一層の革命的精神を以て猛進せざりしことを悲《かなし》まずんばあらず。今日に至るまで福沢翁が尚《なお》当年の啓蒙的思潮の精神を持続し特に最近再び其の声を大にして此の精神を鼓舞せんとせらるるを見ては、予輩は翁に対して同情を寄せざるを得ず。何ぞ歴史的差別と歴史的連鎖とに拘泥して革新進取の気象を失へることの甚しきや。何ぞ文学、哲学、宗教、道徳、義理、人情に於ける非歴史的なる一大方面を掲ぐることの衰へたるや」と叱呼したのは福沢が輝かしい生涯の幕を間もなく閉じようとする明治三十年である。下って、大正の初年にも、田中王堂は「我が同胞に依つては、未だ、啓蒙運動の意味が十分に理會されて居《お》らぬ。……我が同胞が啓蒙運動の意義を納得し、其れの洗礼を受けない間は、彼等は到底、如何なる事をするにしても、十分な文明の国民とは為り得ないものである」ことを警告し、その著*『福沢諭吉』の第一章に「福沢に還《かえ》れ」という標語を冠した。そうして、今次の惨澹たる敗戦によって、日本の維新以来歩み来ったいわゆる「近代化」の道程がいかに歪曲《わいきょく》されたものであったかが白日の下に曝《さら》され、ひとびとが近代的自由を初歩から改めて学び取ることの必要を痛切に意識するに及んで、福沢諭吉はさきごろまでの汚名であった自由主義者乃至《ないし》個人主義的功利主義者という資格に於て、いままた舞台に呼び戻されようとするかの如くである。

「啓蒙」が時代の課題として取上げられる度ごとに、福沢が呼び出されて来たということはむろん当然の理由がある。彼の生涯は著作や教育活動を通じての民衆の「啓蒙」

に捧げられたといいうるし、又彼の思想的立場が広義に於て啓蒙思潮に連《つらな》っていたことも疑いえない。しかし福沢の名がこの様につねに啓蒙と結びつけられて来たことは、他面、福沢の思想の哲学的基盤に対する立入った吟味を妨げる結果となったことも否定出来ないのである。

啓蒙思想に於ては最も重要であり、最も光彩を発揮するのはその置かれた歴史的現実に対する仮借なき批判の内容それ自体であり、批判の方法的根拠は殆《ほとん》ど問題にならない。そうした点には啓蒙思想はしばしば無反省であり、かえってその克服せんとするアンシャン・レジームの哲学の方が精緻《せいち》である。啓蒙思想は逆にそうした「精緻」さの陰にひそむ反動性を剔抉《てつけつ》しようとするのである。従って福沢が典型的な啓蒙主義者として浮び上って来るときには、ひとびとは、日本の社会的病理現象に対する彼の具体的な批判の適確さと華麗さに目を奪われて、深くその批判の底に流れる思惟方法に注意を向けようとしないのは当然であった。こうして福沢の哲学思想は明治初期の他の啓蒙思想家と無雑作に一括されて、啓蒙的な合理主義だとか功利主義だとか英仏的実証主義だとか漠然たる規定で片附けられてしまったのである。

もとより福沢は狭義の哲学者ではないから、彼の認識論なり価値論なりをそれ自身としてはどこにも提示してはいない。しかし彼の諸著作を仔細に読むと、そこに一貫してある共通の物の見方、価値づけ方が感知されるのである。そうして、それは他の同時代の啓蒙思想家たちと決して単純に同視しえない、きわめて特徴のあるものである。福沢を単に啓蒙的な合理主義乃至は実証主義、功利主義の名で規定し去ることは――こうした規定はむろん全く間違いとはいえないが――そのニュアンスを殺してしまう結果となる。しかもとくに強調したいのは、そうした福沢の「哲学」こそ、彼の掲げた独立自尊の精神を根底から基礎づけていることである。福沢の自由の精神をこの基礎まで掘り下げることによって、彼の問題意識が一般に考えられているよりはるかに深奥なものであった事が理解せられるし、同時に福沢の提出した問題の現代的意義が愈々《いよいよ》切実に我々に迫って来るのである。

本稿はこうした彼の基礎的な思惟方法の分析に入るにさきだって、それへの手がかりとして、まず彼の学問観を解明してみたいと思う。それは福沢に対する広く行われている誤解が、この学問観の把握の仕方に根ざしている様に思われるので、この点を追究して行くことが、福沢の思想を正しいパースペクティヴの下に置くための不可欠の前提となると考えられるからである。

一

福沢が伝統的な学問意識に対して革命的な転回を与えたことは広く承認されている。彼の名声と最もよく結びついている著書が『学問のすゝめ』という標題を冠したことは偶然ではない。この書はまさしく、全く新たなる学問観の提唱であった。しかし問題はその「革命」的転回の意義づけ方にある。それは果していかなる方向からいかなる方向への転回であったか。——

『学問のすゝめ』の初編に有名な学問観が述べられている[1]。

「学問とは、唯むづかしき字を知り、解し難き古文を読み、和歌を楽《たのし》み詩を作るなど、世上に実のなき文学を云ふにあらず。これ等の文学も自から人の心を悦ばしめ随分調法なるものなれども、古来世間の儒者和学者などの申すやうさまであがめ貴むべきものにあらず。古来漢学者に世帯持の上手なる者も少く、和歌をよくして商売に巧者なる町人も稀なり。これがため心ある町人百姓は、其《その》子の学問に出精するを見て、やがて身代を持崩すならんとて親心に心配する者あり。無理ならぬことなり。畢竟《ひつきよう》其学問の実に遠くして日用の間に合はぬ証拠なり。されば今斯《かか》る実なき学問は先《ま》づ次にし、専《もつぱ》ら勤むべきは人間普通日用に近き実学なり」

この様にして、福沢は空疎にして迂遠な漢学や有閑的な歌学に対して、「人間普通日用に近き」実学を対置した。そこにはじめて他人の労働に寄食する生活を前提としていた学問からの解放が宣言され、福沢のいわゆる「自ら労して自ら食ふ」生活の真只中に据え置かれた。そのことの意義は限りなく大きい。しかし福沢のこの文章が天下に喧伝《けんでん》され、「実学」が流行語となり、福沢学が実業学としてのみ普及して行ったことは、同時に、福沢の学問観に於けるもう一つの――むしろヨリ根本的な――「革命」を見失わしめる危険を生んだ。そうして、福沢学全体を卑俗な現実的功利精神と見る俗見も主として、この一文の解釈から醱酵しているのである。

若《も》し福沢の主張が、単に「学問の実用性」「学問と日常生活との結合」というただそれだけのことに尽きるならば、そうした考え方は決してしかく斬新なものではない。この点では福沢は継承者ではあっても断じて革命者ではないのである。いわゆる空虚な観念的思弁を忌《い》み、実践生活(後述する如くその具体的意味内容が問題なのだが)に学問が奉仕すべき事を求めるのは日本人の観念生活に於ける伝統的態度だといっていい。(2) いなむしろ、実践的必要から切り離された理論的完結性に対して無関心なのは東洋的学問の特色とさえいわれている。(3) 「実学」という言葉を盛《さかん》に主唱したのは、儒教思想のなかでも抽象的な体系性を比較的多く具えている、程朱学(宋学)であった。しかもその宋学*が我国に移入されて徳川初期に全盛を誇って間もなく、熊沢蕃山《くまざわばんざん》や山鹿素行《やまがそこう》によって、その観念的思弁的性格を指摘されている。例えば山鹿素行は、正しい学問の筋にかなっていない者は、「たとひ言行正敷《ただしく》身を修《おさめ》、千言万句をそらんじ申候者に而《て》も、是《これ》は雑学に而《て》、聖学之筋にて無之《これなく》候と分明にしれ候」(配所残筆)として、「日用大いにくら」き「文字の学者」を排し、「聖学之筋には文字も学問も不入《いらず》、今日承《うけたまわり》候而《て》今日之用事得心参《まいり》候」(同上)が真の学問なりとしてまさしく是を実学と呼んだ。是を福沢の「実学」と比較せよ。一は「千言万句をそらんじ」ながら「日用大いにくら」き学問に対する攻撃であり、他もまた「唯むづかしき字を知り解し難き古文を読み」ながら「日用の間に合はぬ」学問に対する批判である。もしその「実学」の具体的構造の相違(これこそ後に我々が問題とする点である)を、一応括弧《かっこ》に入れるならば、学問と日常的実践の結合の主張に於て両者は全く軌を一にしている。そうしてこの様な学問に於ける「現実」的傾向は古学*のみならず、「知行合一」を唱うる陽明学より、「学問事業其効を殊《こと》にせず」*(弘道館記)をモットーとする水戸学に至るまで、一貫して流れていたのである。むしろ、吾々は後にそうした「現実主義」がいかに一定の社会体制下にはぐくまれる必然的な意識形態であるかを明《あきらか》にするであろう。

　或は、古学や水戸学で唱える日常的実践はもっぱら武士階級を対象としたのに対し、福沢のそれはなにより庶民への「学問のすゝめ」であったという事が主張されよう。しかし庶民生活と学問との結合という点に於ても主唱者の地位を福沢に帰することは出来ない。周知の如く吾々は心学という先輩をもっているのである。例えば石田梅岩《いしだばいがん》の『都《と》鄙《ひ》問答《もんどう》』を見よう。そこで梅岩は商人に学問は不要だとの俗説に力をこめて抗議している。「学問をさせ候者ども十人が七、八人も商売農業を疎略にし、且《かつ》帯刀を望み、我をたかぶ」るという理由で子供に学問をさせるのを躊躇《ちゅうちょ》している親に対し、梅岩は、それは真実の学問をしないからで、学問とは日常の人倫に外ならず、「家業に疎からず財宝は入を量《はか》りて出すことを知り、法を守りて家を治む」る様になるのが真実の学問だと答えている（都鄙問答）。ここでも、「身代を持崩す」様な学者の学問に対する不信、日常的経済生活への学問の浸透の主張に於て、さきの福沢のテーゼと全く路線を同じくしている。かくして、いわゆる生活から遊離した有閑的学問を排除し、学問の日常的実用性を提唱したという点、及び、学問を支配階級の独占から解放して、之《これ》を庶民生活と結びつけたという点に於ける福沢の努力と事業は、もとより顕著なものがあったとはいえ、そうした方向はアンシャン・レジーム*の学問的伝統に決して無縁のものではない事が知られる。従って、こうした面からのみ福沢の思想を捉えて行くならば、その「実学」はたかだかそうした東洋的な「実用主義」の基底に立って、之を新たなる歴史の段階に適用させたものにとどまるであろう。そこには内在的なものの発展はあっても、なんら本質的に他者への飛躍、過去との断絶は存しないこととなるのである。

福沢の実学に於ける真の革命的転回は、実は、学問と生活との結合、学問の実用性の主張自体にあるのではなく、むしろ学問と生活とがいかなる仕方で結びつけられるかという点に問題の核心が存する。そうしてその結びつきかたの根本的な転回は、そこでの「学問」の本質構造の変化に起因しているのである。この変化の意味を探って行くことが、やがて福沢の実学の「精神」を解く鍵である。

二

すべての時代、すべての社会は、夫々《それぞれ》典型的な学問を持っている。ある時代、ある社会に於て学問の原型とせられるものが何か、ということは、その時代なり社会なりの人生と世界に対する根本的な価値決定に依存している。従って、逆に、そうした中心的学問分野の移動によって、人間の生活態度そのものの変転を知ることが出来る。この意味に於て、福沢の提示した学問と生活の結びつきかたの「革命」性は福沢がいかなる学問を以て典型的学問の「原型」と為したかを見、是をアンシャン・レジーム下に於けるそれと対比させる事によって、なにより、明かとなる。

福沢は自伝の中でこういっている。

「古来、東洋西洋相対して其《その》進歩の前後遅速を見れば、実に大造《たいそう》な相違である。双方共々に道徳の教もあり、経済の議論もあり、文に武におの〱長所短所ありながら、扨《さて》、国勢の大体より見れば富国強兵、最大多数最大幸福の一段に至れば、東洋国は西洋国の下に居《お》らねばならぬ。国勢の如何は果して国民の教育より来るものとすれば、双方の教育法に相違がなくてはならぬ。ソコで、東洋の儒教主義と西洋の文明主義と比較して見るに、東洋になきものは、有形に於て数理学と、無形に於て独立心と此二点である。

……近く論ずれば、今の所謂《いわゆる》立国の有らん限り、遠く思へば人類のあらん限り、人間万事、数理の外に逸することは叶はず、独立の外に依る所なしと云ふ可《べ》き此《この》大切なる一義を、我日本国では軽く視《み》てゐる。是れでは差向《さしむ》き国を開いて西洋諸強国と肩を並べることは出来さうにもない。全く漢学教育の罪である」(傍点筆者)

つまり彼は東洋社会の停滞性の秘密を数理的認識と独立精神の二者の欠如のうちに探り当てたのである。この二者が相互に如何に関連するかということは行論のうちに明らかになろう。差当《さしあた》りここでの問題はヨーロッパ的学問の核心を「数理学」に見出したということである。数理学と彼が云っているのは、厳密にいうと近世の数学的物理学、っまりニュートンの大成した力学体系を指す(他の個所では彼は「東西学の差異は物理学の根本に拠《よ》ると拠らざるとの差異あるのみ」(続福翁百話)という様に単に、物理学という言葉を用いている)。これは福沢に於ていわば学問の学問であり、あらゆる学問の基底であり、予備学であった。「我が慶応義塾に於て初学を導くに専ら物理学を以てして恰《あたか》も諸科の予備と為す」(物理学之要用、全集八)。ところで之に対してアンシャン・レジームに於て学問の中核的地位を占めたのは何であるかといえば、いうまでもなく修身斉家《しゅうしんせいか》の学、すなわち倫理学である。そこでは学とは「教へ」であり、教学が学の本来的なあり方である。そうしてその「教へ」はすぐれて、「道」の教えにほかならぬ。

「道学」が一切の学問の根本であり他の一切の学問は「道」を求めるという目的に奉仕する限りに於て存立を許容される。かくして、宋学なり古学なり、心学なり、水戸学なりの「実学」から、福沢の「実学」への飛躍は、そこでの中核的学問領域の推移から見るならば実に倫理学より物理学への転回として現われるのである。

学問の中心的地位を倫理学より物理学へ移したということは、しからば何を意味するであろうか。それは決して、人生と世界の中心価値を精神より物質へ置きかえたという様な卑俗な「唯物」主義でないのはむろんのこと、単に学問的関心の重点を人倫乃至社会関係から自然界に移したというふうにも理解されてはならない。アンシャン・レジームの学問にもそれなりに形而上学(Metaphysik)もあれば自然学(Physik)もある。「一木一草の理を窮《きわ》める」とは朱子学者の好んで口にするところであった。他方福沢の学問的対象が人文科学よりもヨリ多く自然科学に向けられたとは何人も思わない。むしろ福沢が高く掲げた「独立自尊」の旗幟《きし》はほかならぬ倫理の問題であった。福沢の晩年に、彼の門下が独立自尊主義を要約した二十九条の綱領は、彼の指示によって「修身要領*」と名づけられたのである。福沢にとっては、我国の近代化の課題はなによりも文明の「精神」の把握の問題として捉えられた。「文明の外形」たる物質文明の採用に汲々として、「文明の精神をば捨てゝ問は」ざる当時の文明開化の風潮に対する警告こそが、まさに『文明論之概略』の根本動機ではなかったか。物理学を学問の原型に置いたことは、「倫理」と「精神」の軽視ではなくして、逆に、新たなる倫理と精神の確立の前提なのである。彼の関心を惹《ひ》いたのは、自然科学それ自体乃至その齎《もたら》した諸結果よりもむしろ、根本的には近代的自然科学を産み出す様な人間精神の在り方であった。その同じ人間精神がまさに近代的な倫理なり政治なり経済なり芸術なりの基底に流れているのである。「倫理」の実学と「物理」の実学との対立はかくして、根底的には、東洋的な道学を産む所の「精神」と近代の数学的物理学を産む所の「精神」との対立に帰着するわけである。

三

アンシャン・レジームの学問に於て倫理学が学問の原型をなしたということは、前述した様に、そこで、自然認識が欠如もしくは稀薄であった事を意味するものではなかった。問題はそうした自然が倫理価値と離れ難く結びついて居り、自然現象のなかに絶えず倫理的な価値判断が持ち込まれるという点にあるのである。自然は人間に対立する、外部的なものではなくして、むしろ本質的に精神的なものと考えられる。そうして自然が精神化される事は同時に精神が対象化によって自然化され、客観的自然界のうちに離れ難く編み込まれる結果をもたらすのである。このことを徳川時代の著名な学者の叙述を二つ挙げて例示して見よう。

「天ハヲノヅカラ上ニアリ、地ハヲノヅカラ下ニアリ。已ニ上下位サダマルトキハ、上ハタットク下ハイヤシ。自然ノ理ノ序アルトコロハ此上下ヲ見テシルベシ。人ノ心モ又カクノゴトシ。上下タガハズ貴賤ミダレザルトキハ人倫タヾシ。人倫タヾシケレバ国家ヲサマル」(林羅山、経典題説)

「礼の本源をいはゞ、天高く地ひきくして各《おのおの》その位あり。日月星辰より風雨霜雪草木禽獣等の万物にいたるまで、各々その形色をあらはし、各其分限《ぶげん》かはり、各時節の序あり。是天地万物の上に自然に各高下次第品節わかれたり。即是《すなわちこれ》天地の礼なり。聖人これに法《のっ》とりて礼を作り給へり。礼は序を以て主とすればなり」(貝原益軒、五常訓)

この二つの言説をひきくらべると、論述のはこび方の著しい類似性が容易に感知されるであろう。そこで意図されているのは、共に上下貴賤の差別に基く社会的秩序の基礎づけであり、その基礎づけが共に自然界からのアナロジーに於てなされている。社会的秩序は自然現象の間に見出される整合性との対応のうちにその正当性の根拠を持っている。それは自然の秩序に相即するがゆえに、まさに自然的秩序と観ぜられるのである。しかも重視されねばならぬのは、かくの如く、社会秩序を基礎づけるべき「自然」のうちに実は社会の秩序的価値を最初から忍び込ませていることである。天は高く地は低いことが天地の秩序を成している。故に、人間も是と同じく上下貴賤の関係に於て結びつく時にのみ正しい秩序が保たれる、という論理は、天地を上下関係と見る自然認識の素朴性を全然度外視しても、空間的な意味での上下関係をそのまま価値的な上下(貴賤)関係として妥当させる事によってのみ可能となる。社会的位階観を通じて捉えられた自然によって、ほかならぬ社会的位階が底礎されている。このタウトロギーがタウトロギーとして自覚されないという事がなにより、こうした倫理を成立させている社会関係とそこでの人間意識の特質を示しているのである。

だから、社会秩序を自然現象からのアナロジーに於て基礎づけるというい方も実はこうした論理を正確に表現したものとはいえない。アナロジーは通例、類比されるもの相互の異質性が、使用者に意識されているのに、上の場合では、むしろ自然と社会、自然法則と人間的規範との間に明確な一線が画されず、むしろ逆にある根源的な共通性が前提されているのである。両者はなにか本来的に一なるものの現象的な分化にほかならぬ。社会秩序と自然界との相互的な補強は、この両者の基底にある根源的なものの媒介によって可能となるのである。これがすなわちみち(道)と呼ばれるものである。自然に行われる「道」(天道)と人間関係を支配する「道」(人道)との本質的な同一性の意識がヒエラルヒッシュな社会関係の支柱であり、さればこそそうした社会関係の下に生み出される学問は必然的に「道」学たらざるをえないのである。

この意味に於て、かかる道学の代表としての儒教、就中《なかんずく》それを最も理論的に整備した宋学の思惟方法には、アンシャン・レジーム下の人間と社会と自然の在《あ》り方が見事に浮彫にされている。すなわち、儒教に於ける天人合一は、宋学に於て、太極=理によって根拠づけられ、この太極によって人間と社会と自然はただ一すじに貫通されている。宇宙的秩序を究極的に成立せしめる天理(天道)が人間性に内在しては本然の性となり、社会秩序に対象化されては君臣・父子・夫婦・兄弟・朋友の「倫」となる。従ってそうした社会的秩序の根本規範は人間性にアプリオリに内在するものであるから人間の本来的なあり方はそうした客観的所与としての社会秩序に帰依《きえ》する以外にはありえない。他方、そうした社会秩序は宇宙的世界に連なる事によって永遠の循環のうちに再生産される。人間は社会に繋縛《けいばく》され、社会は自然に繋縛される。しかもその三者を貫く太極乃至《ないし》天理は「*誠は天の道なり」といわれる如く、実に、誠という倫理性を本来的に賦与されているのである。これは自然と人間を貫くいわば根源的倫理性である。従って、一木一草の理をきわめるという自然探究も畢竟《ひっきょう》「*一物おのおの一太極を具《そな》ふ」るが故に意義づけられる。つまり自然的事物のなかに、内在する根源的倫理性を認識することによって、人間関係を規律する倫理(*仁義礼智信)の先天的妥当性を一層確認することが、そこでの自然探究の目的であり、又それ以外であってはならぬ。人間的価値から独立した純粋に外的な客観的自然というものは成立の地盤がないのである。「物理」は「道理」としてのみ自らを顕現する。

　程朱学の基底に横《よこた》わるこの様な思惟傾向は究極に於て、アンシャン・レジームの社会体制とそこでの普遍的社会意識の反映であり、その限りに於て、同時代のすべての学派乃至思潮には学説の相違を超《こ》えた「精神」の問題としては根本的な共通性が見出されるのである。もとよりそうした「精神」の宋学に於ける様な純粋性は徳川時代を通じて必ずしも保たれなかったし、その解体の傾向は徐々ながら進行していたことも、嘗《かつ》て筆者が特殊の側面から指摘した如くである。(4) しかし道の学問が一切の学問のIdealtypusであり、その「道」に於て物理と倫理が、存在的な「法則」と価値的な「規範」とが、微妙に交錯していたという事情はついに根本的な変革を見なかった。そのことは、そうした考え方がいかに根強く、社会体制そのものの構造的特質に根ざしているかを物語るものにほかならない。身分的な位階関係が全社会を貫徹しているところでは、人間は生れ落ちた時から既に一定の社会的位置を指定されて居《お》り、その環境は彼にとって運命的なものにまで固定化される。すべての人間が彼にとっての先天的な位置を「分限」として、遵守《じゅんしゅ》する事が、全社会秩序の安定性の基礎である。生活は伝統と因習の単純なる再生産であり、まさに四季の如く循環的である。ここでは社会は人間によって主体的に担われているのではなくして逆に、所与としての社会秩序への依存性が人間の本来的なあり方である。そうした先天的環境への依存が「価値」であり、それからの離脱がすなわち反価値にほかならぬ。従って、一切のイデオロギーは畢竟「*貧福《ひんぷ》ともに天命なればこの身このままにて足ることの教」(石田梅岩)たらざるをえない。こうした社会体制の下、一定の社会関係の枠の中に生長した人間に、社会秩序と自然秩序の自同性の意識がはぐくまれるのはあまりにも当然といわねばならぬ。その反面彼は彼に与えられた社会的規定(家老であるとか、足軽であるとか、百姓であるとか、町人であるとか)と共にあり、それを離れては存在しないのであるから、個人が社会的環境を離れて直接自然と向い合うという意識は成熟しない事も了承に難くないのである。人間が己《おの》れをとりまく社会的環境との乖離《かいり》を自覚したとき、彼ははじめて無媒介に客観的自然と対決している自分を見出す。社会からの個人の独立は同時に社会からの自然の独立であり、客観的自然、一切の主観的価値移入を除去した純粋に外的な自然の成立を意味する。環境に対する主体性を自覚した精神がはじめて、「法則」を「規範」から分離し、「物理」を「道理」の支配から解放するのである。

四

福沢が「物ありて然《しか》る後に倫あるなり、倫ありて然る後に物を生ずるに非《あら》ず。臆断を以て先《ま》づ物の倫を説き、其《その》倫に由て物理を害する勿《なか》れ」(文明論之概略、巻之一)と断じたとき、それが思想史的に如何《いか》に画期的な意味を持っていたかということは、以上の簡単な叙述からも理解されるであろう。彼は社会秩序の先天性を払拭し去ることによって「物理」の客観的独立性を確保したのであった。上の言は直接には、君臣の倫をアプリオリとする宋学理論に対する駁撃《ばくげき》を目標としているのであるが、それはつまり「物理」精神の誕生が、身分的階層秩序への反逆なくしては可能でない事が福沢に於て明白に自覚されていたからであった。彼が独立自由の精神と数学物理学の形成とをヨーロッパ文明の核心と考えたという事は、いかに彼が近代精神の構造に対する透徹した洞察を持っていたかを如実に示証している。

ヨーロッパに於て精神と自然が一は内的なる主観として一は外的なる客観として対立したのはまぎれもなくルネッサンス以後の最も重大な意識の革命であった。古代に於ても中世に於ても夫々《それぞれ》異った形態に於てではあるが、両者は相互に移入し合った。ここで基底となっていたのは、アリストテレスの質料―形相の階層的論理であった。そうして、それは同時に、スコラ哲学に於て社会的秩序の位階制を基礎づける論理でもあったのである。近世の自然観は、このアリストテレス的価値序列を打破して、自然からあらゆる内在的価値を奪い、之《これ》を純粋な機械的自然として――従って量的な、「記号」に還元しうる関係として――把握することによって完成した。しかも価値的なものが客体的な自然から排除される過程は同時に之を主体的精神が独占的に吸収する過程でもあった。自然を精神から完全に疎外し之に外部的客観性を承認することが同時に、精神が社会的位階への内在から脱出して主体的な独立性を自覚する契機となったのである。ニュートン力学に結晶した近代自然科学のめざましい勃興は、デカルト以後の強烈な主体的理性の覚醒によって裏うちされていたのである。それはデューイがいう様に、理論的に自然に服従することによって実践的に自然を駆使するところの逞《たくま》しい行動的精神であった。(5)

この近代理性の行動的性格を端的に表現するのが、いわゆる実験精神である。近代的な「窮理」を中世的なそれから分つものはまさにこの実験である。理性は単に本質を観想するにとどまらずして、実験を通じて自然を主体的に再構成しつつ、無限に新領域へ前進して行く。そこに近代科学の驚くべき成果が咲き出《い》でたのである。福沢が物理学を学問の「範型」としたということは、つまりこの実験的精神を学問的方法の中核に据えたことにほかならない。「開闢《かいびゃく》の初より今日に至るまで、或《あるい》は之を試験の世の中と云って可なり」(文明論之概略、巻之一)という確信に基いて、福沢はこの実験的精神を単に自然科学の領域だけでなく、政治、社会、等の人文領域にまで徹底して適用したのである。一切の固定的なドグマ、歴史的な伝統、アプリオリとして通用している価値は、峻厳に彼の実験的精神の篩《ふるい》にかけられて、無慈悲にその権威の虚偽性を暴《あば》かれて行った。彼の前には事物であれ制度であれ、その人間生活にとっての「働き」(機能)の検証を俟《ま》たずしてそれ自体絶対的価値を主張しうるものは何一つ存在しなかった。この実験精神に基く機能的な見方については、我々は次の機会に論ずるであろう。ここではただ福沢の物理学主義が実験的精神と不可分であったこと、実験を通じての絶えざる主体的操作の必要が、彼の哲学に於ける著しい行動的実践性を賦与《ふよ》していたことを指摘するにとどめる。同じく自然科学主義の立場に立ちながら、人間主体をば客観的自然の必然的関連のなかに見失ってしまった加藤弘之の合理主義と福沢のそれとを根本的に分つモメントはまさにここにあったのである。

五

「倫理」を中核とする実学と物理を中核する実学とがその根底をなす精神に於ていかに対立するかは以上に於てほぼ明《あきらか》にされたと信ずる。従って、そうした精神の根本的相違はまた生活と学問との結びつき方、生活に対する学問の浸透の仕方にも革命的な転回を与えねばやまない。アンシャン・レジームの学問が畢竟《ひっきょう》社会化された自然と、自然化された社会に内在する「道理」の認識にあるならば、それが目ざしている理想的な境地はそうした自然(社会)秩序との完全な合一以外にはない。だから「聖人は天地と其《そ》の徳を合せ日月と其の明を合せ、四時と其の序を合す」*(太極図説)といわれるのである。そうして人間の価値的序列はこの聖人からのさまざまの偏差として、秩序への帰一の程度に応じて定められる。分限を超えることによって秩序の永劫回帰を擾乱《じょうらん》することが最大の悪である。「秩序の合理主義」(Rationalismus der Ordnung)(6)といわれる儒教はもとより、主として、庶民に呼びかけた江戸心学が行きついた帰結も結局、「何ほど奢《おご》りかざるとも、農人は農人、町人は町人にて等《しな》の踰《こえ》らるゝものにあらず。夫《それ》をしらざるは愚痴なり」*(斉家論、上)、されば、「天下の御政道に背かぬが即ち民の心学なり」*(やしなひぐさ)というところにあったのである。従ってそこでの生活態度を規定するものは、環境としての秩序への順応の原理である。自己に与えられた環境から乖離《かいり》しないことがすなわち現実的な生活態度であり、「実学」とは畢竟こうした生活態度の習得以外のものではない。そこでいわれる学問の日用性とは、つきつめて行けば、客観的環境としての日常生活への学問の隷属へ帰着するのである。ところが福沢に於てはどうか。ここでは生活はなんら客観的環境ではない。「人生の働には際限ある可らず」「人の精神の発達するは、限《かぎり》あることなし。造化の仕掛には定則あらざるはなし。無限の精神を以て有定の理を窮《きわ》め、遂には有形無形の別なく、天地の事物を悉皆《しっかい》人の精神の内に包羅《ほうら》して洩《もら》すものなきに至る可《べ》し」(文明論之概略、巻之三)。物理の「定則」の把握を通じて人間精神は客観的自然を逞《たくま》しく切り開き、之を「技術化」することによって自己の環境を主体的に形成するのである。かしこでは理論の前進が「現実」への顧慮によって絶えずひき戻され、ここでは、逆に、「人間万事学理の中に包摂」されるその日まで、ひたむきに理論が押し進められて行く。かしこでは学問が現実に「順応」せしめられ、ここでは逆に現実が学問によって改変される。「余り理論に傾くときは、空理としてこれを斥《しりぞ》け、絶えず実学の本領に反省せしめることを忘れないのが、東洋の学の風である」(西晋一郎、東洋倫理、八頁)ならば、福沢に於ける実学はむしろ之と真正面から対立し、「如何なる俗世界の些末事に関しても学理の入る可らざる処はある可らず」(慶応義塾学生諸氏に告ぐ、全集十)という立場からして、生活のいかなる微細な領域にも、躊躇《ちゅうちょ》することなく、「学理」を適用して是をすみずみまで浸透させる。理論と現実は実験を通じて絶えず媒介されているから、一見学理の適用不能に見える場合でもそれは「未だ究理の不行届なるものと知る可し」(物理学之要用、全集八)であって、決して中途で理論を放擲《ほうてき》して、「現実」と安易な妥協をしない。従って又福沢の実学は卑俗な日常生活のルーティンに固着する態度とは全く反対に、そうした日常性を克服して、知られざる未来をきり開いて行くところの想像力によってたえず培《つちか》わるべきものであった。だから逆説的にいえば、アンシャン・レジームの学問がなにより斥けるところの「空理」への不断の前進こそが、生活の学問とのヨリ高度の結合を保証すると考えられたのである。福沢が、古事記を暗誦しながら、自己の生計すらたたない様な学問を嘲笑し、「文明男子の目的は銭に在り」(学問の所得を活用するは何れの方面に於てす可きや、全集十二)とまで極言したことからそこに「*かねもうかるの伝授」(脇坂義堂)の発展を見、*「人間は欲に手足のついたるものぞかし」(西鶴)といった江戸町人の俗流功利主義の嫡流とのみ観る[7]ならば、彼が他方に於て、「学問するには其志を高遠にせざる可ら」ざる事を繰返し力説して、あまりに日常的なものへの学問の固着を極力警《いま》しめたこと(例えば、学問のすゝめ、十編)、また彼が、学問の発達のためには、「今の不学なる俗政府」にも「近く実利益を期する」様な寄付金にも頼りえずとし、「爰《ここ》に一種の研究所を設けて、凡《およ》そ五、六名乃至《ないし》十名の学者を撰び、之に生涯安心の生計を授けて学事の外に顧慮する所なからしめ」、研究の方針についても「其成績の果して能《よ》く人を利するか利せざるかを問はざるのみか、寧ろ今の世に云ふ実利益に遠きものを撰んで」研究させる事を提議している(人生の楽事、全集十四)様な態度は全く理解しえぬ事となろう。事実はむしろ福沢が範とした所の「近代物理学」の体系は環境に密着した日常的具体性からは決して生まれないこと、それが感性的な制約を排除した「自由なる精神」の所産であることについて同時代の何人よりも深い理解を持っていたのはこのいわゆる「実利」主義者だったのである。

客観的秩序への順応が人間の本来的な行動様式となるとき、そこに容易に発生するのは経験的な機会主義《オポーチユニズム》である。自己に与えられた状況を「原則」に関係づけて処理するのではなくして、逆にそうした状況に絶えず自らを適合させて行こうとする。「道理」に基くといっても、結局そこでの道理は前述の如く客観的秩序に対象化されているのであるから、具体的に行動の指針となるのは専ら過去の経験の蓄積以外にない。これは狭義の倫理的行為の場合だけでなく、認識活動の場合もそうである。東洋的な学問技術文化の特色が経験の尊重にあるといわれるのはそのためである。ここで「経験」は本来過去的なものとして理解され、また主体が客体から受取るものとして、もっぱら受動的に把握されている。ところが日常的生活経験をいかに累積しても、そこからは法則は生まれない。法則は単なる客体からの経験の受動的な享受のうちに生み出されるのではなく、前述した如く、主体が「実験」を以て積極的に客体を再構成して行く処《ところ》に成立つ。近代的な「経験」概念はかかる能動的なモメントを含み、従ってまた過去的なものよりはむしろ未来的な展望性をはらんでいるのである。錯雑した経験的現実をば実験を通じて「法則」にまで抽象することによって、未来への予測と計量が可能となる。福沢が西洋医と漢方医の根本的相違を述べて、一が「真理原則」に依拠するのに対して、他はもっぱら「偶然の熟練に由来」し、従って、前者の技術が普遍性と伝播性を持つのに対し、後者のそれは一代限りに終ってしまって発展性に乏しい事を指摘し(医説、全集十二)、また、「慶應義塾學生に告ぐ」と題する一文(全集十一)に於ても、支那や日本で、「天然の物に人為の変形を施し、以て人事の用に供し」鉄から刃物をつくり、木石を切て家を建てる等々、の技術は「其成跡を見れば皆物理に拠《よ》らざるはなしと雖《いえど》も、其これに拠るや学問上の真理原則を弁へて然るに非ず、唯偶然の僥倖に得たる所を其まゝに利用し、夢中の練磨を重ねて夢中に改良したるものなれば、如何に成跡の美あるも学問上より視るときは更に頼むに足らずして、真実の改良進歩は望む可らざることと知る可し」と東洋的な手ばなしの経験主義を批判しているとき、彼はまさしく東洋学と西洋学の方法論的相異の底にひそむ二つの生活態度の対立に注目したのである。福沢は数学と物理学を以て一切の教育の根底に置くことによって、全く新たなる人間類型、彼の所謂《いわゆる》「無理無則」の機会主義を排してつねに原理によって行動し、日常生活を絶えず予測と計画に基いて律し、試行錯誤(trial and error)を通じて無限に新らしき生活領域を開拓して行く奮闘的人間――の育成を志したのであった。

六

以上に於て福沢に於ける「実学」の転回が、人間精神のどの様な革命を内包していたかについての一応の検討を終えることとし、最後に是《これ》に接続する一つの問題を提起して本稿を閉じることとしよう。福沢は上述の如く、近代自然科学をその成果よりはむしろそれを産み出す「精神」から捉えて行った。人間の主体的自由と物理学的自然とはかくして相互に予想し合うところの両極として認識せられた。それは近代精神の形成過程に対するたしかに深い洞察ではあった。しかし我々はヨーロッパ思想史に於てこの両極の結合がやがていたましく崩壊して行く過程を知っている。機械的自然は人間の主体性の象徴たることから転じてやがて人間を呑みつくすところの無気味なメカニズムとして映ずる様になった。人間は宇宙の精密な因果的連鎖のなかの無力な微粒子として自らを意識した。啓蒙期に於ける科学的進歩の無限性の楽天的信仰は恐るべき幻滅と宿命感に取って代られた。進化論の教えた自然淘汰はこの幻滅を決定的にした。科学は人間生活を解放するかわりに是に重苦しい圧力として作用した。人はあらゆる内在的価値や意味をはぎとられた機械的自然の冷酷に堪えきれなくなり、やがてラスキンの浪曼《ロマン》主義やトルストイの田園讃美の懐に逃げ込んだ。この自然科学的世界像の意味変化が正当であるかないかという事はここで論ずべき限りではない。要は福沢が果してこの近代精神の一極たる科学主義に内在する問題性に果して、またいかなる程度まで対決していたかという事である。福沢は人間生活を有形の事物と無形の人事(例えば政治・経済・文学等)に分け、「物理学」の適用を一応前者に限定しつつも、後者の領域も究極的には因果の法則に支配されるという見地からして、やがて人智の発達と共に、一切の生活領域に自然科学的な計量性が可能になる事を期待していたらしい。その限りに於て彼はまがう方なき啓蒙の子であった。啓蒙的合理主義に共通する科学と理性の無限の進歩に対する信仰はまた彼のものであった。しかし他方に於て彼は「凡《およ》そ人たるものは理と情との二つの働に支配せられて、然《し》かも其《その》情の力は至極強大にして理の働を自由ならしめざるの場合多」く、「左《さ》れば斯《かか》る人情の世界に居ながら、唯一向に数理に依て身を立て世を渡らんとするは甚だ殺風景にして、迚《とて》も人間の実際に行はれ難《がた》」(通俗道徳論、全集十)いという様な趣旨も屢々《しばしば》叙べている事も看過《かんか》してはならない。こういう現実の非合理性の強力な支配に面して、福沢の実際的処理の仕方は「少しづゝにても人情に数理を調合して社会全体の進歩を待つの外ある可《べか》らず」(同上)という漸進主義であった。これは啓蒙的合理主義の立場からすれば甚だ不徹底の譏《そしり》を免れ難い。ところが彼の社会批判をやや仔細に検討して行くと、同じ様な非合理的現実との「妥協」的態度は到る処にあらわれているのである。多くの啓蒙主義者とちがって、福沢は政治的乃至《ないし》社会的変革に於ては「急進」論を「急退」論と並べて排している。自由民権論に対する福沢の周知のごとき官民調和論はその最も顕著な表現にほかならない。こうした福沢の「現実」的態度は如何に理解さるべきか。もし福沢の立場が単なる科学主義や啓蒙的合理主義に尽きているならば、これは福沢の「原則」と彼の生活との間に多かれ少かれ乖離《かいり》が存在することを意味する。機会主義を排して、原理原則に生きよという主張は、彼自らの手に於て大きく破られている事になる。しかし、ひたすら数理に依拠する生活態度に対し、「殺風景」という感覚を持つという事自体、既に彼が単純な抽象的合理主義の立場を超えている事を示していないだろうか。若《も》しそうなら、上の様な現実的態度は決して単なる妥協ではなくして、彼の「原則」のなかに位置を占めねばならない。それでは非合理的現実の承認は、他方に於ける物理学主義と一体どの様な牽連を持つのか。それは嘗《かつ》ての心学的な現実主義といかに区別されるか。福沢が最後まで科学的決定論の陰惨な泥沼に陥らなかった事も、どうやらこの問題に関係がありそうである。ここに我々は漸く彼の「哲学」の内奥に足を踏み入れたわけである。本稿の目的はこの戸口にまで道をつける事にあった。問題の核心については、筆を改めて論じたいと思う。

(1) 以下彼の文章には便宜上句読を附した。なお引用文の傍点は別段の指示なき限り、筆者が附したものである。

(2) この点につき、例えば長谷川如是閑『日本的性格』参照。

(3) 「一般に東洋にて学といふは実学であつて、たゞの理論でない。実学とは宗教・道徳・政治等現実の人生問題を現実の立場から講究する意味であつて、理論的構造の完結を必須とするものではない」(西晋一郎、東洋倫理、八頁)。

(4) *「近世儒教の発展における徂徠学の特質並にその国学との関連」(国家学会雑誌、第五四巻二・三・四・五号)及び「近世日本政治思想に於ける「自然」と「作為」」(同誌、第五五巻七・九・十二号、五六巻八号)。ここで筆者は自然法則＝社会規範＝人間性の朱子学に於ける連続性が漸次に解体して、各自の独自性が意識されて行くと共に、規範の妥当性の限界が自覚される過程を追究した。それは徳川時代に於ける近代的精神の萌芽を探らんがための微視的な観察であり、之に対して本稿に於ける論述は、アンシャン・レジームの精神についての巨視的なそれである。程朱学を以てそうした精神を「代表」させたのは近代精神との対照をなるべく明瞭ならしめるためにほかならぬ。念のため一言する。

(5) John Dewey, Reconstruction in Philosophy, 1920, p. 53 以下参照。

(6) Max Weber, Konfuzianismus und Taoismus (in, Gesammelte Aufsätze zur Religionssoziologie Bd. 1, S. 457).

(7) 例えば、和辻哲郎教授は、『学問のすゝめ』を以て「功利主義的個人主義的思想の通俗的紹介に過ぎ」ぬと観る立場から「明治の先覚者たる福沢の思想がその本質に於て井原西鶴や三井高房や石田梅岩のそれと毫も変るところのないのは当然である」と断ぜられる(現代日本と町人根性、続日本精神史研究、所収、傍点筆者)。なお教授のこうした規定が町人根性を以て、欧州ブルジョア精神と「本質を同じくする」という見解から導き出されていることは注意せられていい。そこで教授が依拠されるのは、*ゾンバルトが援用している例のアルベルティ家文書である。

(東洋文化研究、三号、一九四七年三月、日光書院『丸山眞男集』第三巻)

福沢諭吉の哲学
――とくにその時事批判との関連――

まえおき

本稿は、実質的には『東洋文化研究』第三号に掲載した拙稿「福沢に於ける「実学」の転回」の続編であり、さきの所論が福沢哲学への序論であるのに対して、いわば本論という関係に立っている。従って、本稿の読者に対しては、この前論文を併せ読まれんことをお願いしたい。私がいかなる意味において福沢の「哲学」を問題にするか、ということも前稿のまえがきで触れて置いたから再説するのを避ける。ここではただ本稿の理解の上に最小限度に必要な限りでの二、三の前提を述べて置こう。

第一に、本稿の意図は福沢の多方面にわたる言論著作を通じてその基底に一貫して流れている思惟方法と価値意識を探り出し、それが彼の政治・経済・社会等各領域の具体的問題に対する態度と批判の方向をいかに決定しているかということを究明するにある。従ってそうした目的のためには自から、彼の表面に現われた言説そのものよりも、そうした言説の行間にひそむ論理をヨリ重視することとなる。とくに福沢の様にその方法論なり認識論なりを抽象的な形で提示することのきわめてまれな思想家の場合には、その意識的な主張だけでなく、しばしば彼の無意識の世界にまで踏み入って、暗々裡に彼が前提している価値構造を明るみに持ち来さねばならない。そのために私は彼の論著を一度バラバラに解きほぐして再構成する方法を採らざるをえなかった。それが果してドグマティックな帰結に導きはしなかったかということは、ひとえに読者の批判に委ねるほかない。ただ本稿が福沢の生涯にわたるきわめて奔放かつ多彩な時事批判の思想的「軌跡」をいくらかでも明らかに為《な》しえたならば私の目的は達せられるのである。

従って第二に、本稿は福沢の生涯を通じて一貫した思惟方法を問題とし、彼の思想の時代的な変遷や推移はそれ自体としては取り上げられていない。福沢の思想や立場にももとより時代に応じての発展もあり変容もあった。そうした変化はある場合には、彼の基本的な考え方にも拘らず起った変化であり、他の場合には、基本的な考え方ゆえに起った推移である。後の場合は当然本稿のテーマに触れてくるわけであるが、前者の場合は一応本稿の視野の外に置いた。福沢が後期において初期の立場から転向して反動化したという見解がひろく行われている。この見解が果して、また、いかなる限度において正当であるかということはそれ自体きわめて興味ある問題であるが、ここでは直接それを取り上げるとあまり論点が多岐にわたるので、他日の機会を俟《ま》つこととした。

最後に注意して置きたいことは、本稿では福沢の思想に対して欧米の学者や思想家の及ぼした影響については、ごく簡単に触れるにとどめ、一まず彼の思想構造を全体として*geschlossen なものとして取扱ったことである。これについては或《あるい》は異論があるかもしれない。福沢をもって単なるヨーロッパ文明の紹介学者とし、彼の思想が欧米学者の著書からの翻訳にすぎないとしてその独創性を否定する見解は古くからある。この見解に対しては、まず、そのいうところの「独創性」とは、具体的に何を意味するかが反問されねばならない。もし独創性ということが、いかなる先人の思想からも根本的な影響を受けずに己《おの》れの思想体系を構成したという意味ならば、福沢は到底《とうてい》独創的思想家とはいわれない。しかし果して何人の思想家や哲学者がかくの如き意味で独創的な名に値したであろうか。一個独立の思想家であるか、それとも他人の学説の単なる紹介者乃至《ないし》解説者であるかということは、他の思想や学説の影響の大小によるのではなく、むしろ彼がどの程度までそうした影響を自己の思想のなかに主体的に取り入れたかということによって決まるのである。そうしてこの意味においては福沢の思想と哲学はまぎれもなき彼自身のものであった。例えば『学問のすゝめ』がウエイランドの*"Elements of moral science" の圧倒的な影響の下に成り、『文明論之概略』の所論の背景にバックルの"History of civilization in England"やギゾーの"Histoire de la civilisation en Europe"が大きな存在となっていることは福沢自らの認めている如くである。

しかしギゾーやバックルの影響を強く受けたのは福沢だけでなかった。これらの歴史家の著作は明治初期の啓蒙思想家をはぐくんだ共通の土壌であった。加藤弘之然《しか》り、田口卯吉然りである。しかも福沢の思惟傾向になにゆえに彼等のいずれにも見られぬ独自の色彩が生れたかということこそが問題なのである。福沢がいかにそれら西欧学者の所説や史論を自家薬籠中《じかやくろうちゆう》のものとし、完全にそれを彼の国と彼の時代の現実に従って、自己の立場の中に溶解したかということは、彼此の著作を細密に点検すればするほどますます深く納得されるであろう。こうした研究もそれ自体独立のテーマに値する問題であるがこれも別の機会に譲り、本稿ではただ叙述の際に直接にこれらの学者の影響に出ていると思われるものを註で一、二指摘するにとどめた。

一

福沢の厖大《ぼうだい》な言論著作は周《あま》ねく知られている様にその殆《ほとん》どがきわめて具体的な時事問題に対する所論であり、ほぼ純粋な理論的著作としては僅に『文明論之概略』を挙げうるにすぎない。我々の考察方法はまえおきで述べた様に、彼の思想が真向から理論的な形で提示されているかどうかには必ずしも拘泥《こうでい》しないのではあるが、なんといっても、此《この》書は彼の基本的な考え方を最も鮮明に示す著作であり、その意味において、われわれもまず、ここに現われている思惟方法の分析を手がかりとして彼の思想構造の内面に立ち入って行くこととしよう。

『概略』はこうした書出しで始まっている。(1)

「軽重、長短、善悪、是非等の字は、相対《あいたい》したる考より生じたるものなり。軽あらざれば重ある可《べか》らず、善あらざれば悪ある可らず。故に軽とは重よりも軽し、善とは悪よりも善《よ》しと云ふことにて、此《これ》と彼と相対せざれば軽重善悪を論ず可らず。斯《かく》の如く相対して重と定《さだま》り善と定りたるものを議論の本位と名《なづ》く」

『学問のすゝめ』の劈頭《へきとう》をなす「天は人の上に人を造らず人の下に人を造らず」という文字が広く天下に喧伝《けんでん》され、殆ど福沢イズムの合言葉となっているのに比べると、この『概略』の方の書出しはあまり知られていないし、この書の数多い読者も第二章「西洋の文明を目的とする事」あたりから以下は注意して読んでもこの言葉ではじまる第一章はややもすると軽い前置きの様なつもりであっさり読過してしまう。そのためか、この言葉が福沢の全思想構造のなかでどの様な意味を持っているかという事、更に、何故福沢は『概略』において時代に対する彼の積極的主張を展開するに先立って、この章の標題が示す様に「議論の本位を定る事」の必要を説いたかというような問題が従来あまり反省せられていない様に思われる。しかし実は『概略』のなかで展開せられているさまざまの論点の伏線は悉《ことごと》くこの第一章に張られているのであり、その劈頭のテーゼは、恰《あたか》も「天は人の上に……」の句が『学問のすゝめ』全体の精神の圧縮的表現であるのと同様に、『概略』を貫く、いな、ある意味では福沢の全著作に共通する思惟方法を最も簡潔に要約しているのである。

まずこのテーゼの意味するところを最も広く解するならば価値判断の相対性の主張ということに帰するであろう。福沢によれば事物の善悪とか真偽とか美醜とか軽重とかいう価値判断はそれ自体孤立して絶対的に下しうるものではなく、必ずや他の物との関連において比較的にのみ決定される。我々の前に具体的に与えられているのは、決して究極的な真理や絶対的な善ではなく、ヨリ善きものとヨリ悪しきものとの間、ヨリ重要なるものと、ヨリ重要ならざるものとの間、ヨリ是なるものとヨリ非なるものとの間の選択であり、我々の行為はそうした不断の比較考量の上に成立っている。従ってまた、そうした価値は何か事物に内在する固定的な性質として考えらるべきではなく、むしろ、事物の置かれた具体的環境に応じ、それがもたらす実践的な効果との関連においてはじめて確定されねばならぬ。具体的状況を離れて抽象的に善悪是非をあげつらっても、その議論は概ね空転して無意味である。例えば「城郭は、守る者のために利なれども、攻る者のためには害なり。敵の得は味方の失なり。往者の便利は来者の不便なり。故に是《これ》等《ら》の利害得失を談ずるには、先《ま》づ其《その》ためにする所を定め、守る者のため歟《か》、攻る者のため歟、敵のため歟、味方のため歟、何《いず》れにても其主とする所の本を定めざる可らず」(概略、巻之一)。議論の本位を定めるとはすなわち、この様に問題を具体的状況に定着させることにほかならない。

　この様な考え方が『概略』の骨子をなす主張といかに関連するかは追々述べるとして、ここで注意したいのは、こうした価値を具体的状況との相関において決定する考え方は決してその場の思い付といったものではなく、福沢の考え方のなかに繰返し繰返し色々のヴァリエーションを以て現われるところの根本主題をなしているということである。例えば既に『学問のすゝめ』十六編において、「人の働《はたらき》には規則なかる可らず。其働を為《な》すに場所と時節とを察せざる可らず。譬《たと》へば道徳の説法は難有《ありがたき》ものなれども、宴楽の最中に突然と之を唱ふれば徒《いたずら》に人の嘲を取るに足るのみ」と言い、また、『概略』の他の個所においても、「事物の得失、便不便を論ずるには時代と場所とを考へざる可らず。陸に便利なる車も海に在《あり》ては不便利なり。昔年便利とせし所のものも今日に至ては既に不便利なり。又これを倒《さかさま》にして今日の世には至便至利のものたりと雖ども、之《これ》を上世に施す可らざるもの多し。時代と場所とを考の外に置けば、何物にても便利ならざるものなし、何事にても不便利ならざるものなし」(巻之四、第七章)、また、「試に見よ、天下の事物其局処に就て論ずれば、一として是ならざるものなし。一として非ならざるものなし。節倹質朴は野蛮粗暴に似たれども、一人の身に就ては之を勧《すす》めざる可からず。秀美精雅は奢侈《しゃし》荒唐《こうとう》の如くなれども、全国人民の生計を謀《はか》れば日に秀美に進まんことを願はざる可らず。国体論の頑固なるは民権のために大《おおい》に不便なるが如しと雖ども、今の政治の中心を定めて行政の順序を維持するがためには亦《また》大に便利なり。民権興起の粗暴論は立君治国のために大に害あるが如くなれども、人民卑屈の旧悪習を一掃するの術に用れば亦甚だ便利なり。忠臣義士の論も耶蘇《ヤソ》聖教の論も儒者の論も仏者の論も、愚なりと云へば愚なり、智なりと云へば智なり。唯其これを施す所に従て、愚とも為る可く智とも為る可きのみ」(巻之六)等々。これらの所論はいずれも時代と場所という situation を離れて価値決定はなしえないという命題に帰着する。

　そうして福沢は単にこうした命題を抽象的に掲げたのではなかった。社会、政治、文化のあらゆる領域にわたる具体的批判はすべてその時々の現実的状況に対する処方箋として書かれて居《お》り、そうした具体的状況から切離しては理解出来ぬ性質のものである。一定の具体的状況が彼に一定の目的を指定させる。そうしてこの目的との関連においてはじめて事物に対する彼の価値判断が定って来る。従って、目的が状況に応じて推移すれば同じ事物に対する彼の価値判断も当然変化せざるをえない。このことを無視して、背後の具体的状況から切断された言説のみを問題にするならば福沢のなかから幾多の奇怪な矛盾を拾い出して来ることはきわめて易々たることである。従って福沢の有名になった一つの言説のみを通じて彼のイメージを構成している者にとって彼はしばしば不意に他の側面を露呈して、端倪《たんげい》すべからざる印象を与える。「理のためには「アフリカ」の黒奴にも恐入り、道のためには英吉利《イギリス》、亜米利加《アメリカ》の軍艦をも恐れず」(学問のすゝめ、初編)といって国際関係における道理の規範力を強調するイデアリストとして現われたかと思えば、次の瞬間には、「百巻の*万国公法は数門の大砲に若《し》かず……大砲弾薬は以て有る道理を主張するの備に非ずして無き道理を造るの器械なり」(通俗国権論)という様に、マキアヴェリスト的な口吻を洩らす。「文明男子の目的は銭に在」ることを多年力説したために、福沢をもっぱら「拝金宗」と思い込んでいた国粋主義者たちは、彼の「瘠我慢の説」に接してかつは驚き、かつは喜んだ。彼は一方では儒教がいかなる時代の社会的現実からも浮上った観念的教説であるといいながら、他方ではそれが周時代の社会構成にきわめてよく照応していたことを強調する。徳川体制を権力の偏重の典型的なものとして排撃する半面において、*そこには諸社会力の平衡関係が見事に実現せられていたとして賞揚する。こうした点は、それ自身絶対的な事実の認識と見るならば明白に相互に矛盾している。しかし、福沢にとっては、それらはすべて一定の実践的目的に規定された条件的な、いわば括弧《かっこ》付の認識であり、そのゆえにいずれも正当なのである。例えば徳川体制が典型的な権力偏重の社会だと彼がいうとき、彼はヨーロッパの近代市民社会を眼中に置きつつ、それとの比較において、現実の日本に至る処《ところ》根を張る抑圧と卑屈の循環現象を剔抉《てっけつ》することが具体的な問題であった。他方、徳川社会において、諸権力のバランスが最もよくとれているという際には、彼は、明治維新後の中央集権的統一国家の成立が経済も教育も学問も芸術も一切《いっさい》を挙げて政治力の中心に凝集せしめつつある傾向に対してプロテストするという実践的意図に導かれていた。そういう観点から見るとき、政治的権力(幕府)と精神的権威(皇室)と経済的権力(町人階級)が夫々《それぞれ》担い手を異にし、更に政治的権力の内部に複雑な相互牽制が作用していた徳川社会は、たしかに社会的価値の分散という意味で、明治絶対主義体制よりもすぐれているという判断が生れるのも怪しむに足りないのである。だから徳川社会が専制時代であるかどうかという問題を一つとっても福沢的にいえば、それ自身絶対的な解答はないのであって、何に比べてヨリ専制であり何に比べてヨリ自由であるということしかいえない。ある観点をとれば専制という解答が出るし、観点を他に移動させれば、自由という解答もまた可能である。そうしていかなる観点をとるかという事はその時々の具体的状況における実践的目的によって決定されるという事になるのである。

して見れば彼が『概略』のなかで最も力をこめて書いた新日本建設へのテーゼにしてもつねにこの様な相対的＝条件的性格を持っているのであって、それ自体抽象的に絶対化して理解されてはならない事は自から明かである。『概略』の実践的課題はその第二章の「此時に当て日本人の義務は唯この国体を保つの一箇条のみ。国体を保つとは自国の政権を失はざることなり。政権を失はざらんとするには人民の智力を進めざる可らず。其条目は甚だ多しと雖ども、智力発生の道に於て第一着の急須は、古習の惑溺を一掃して西洋に行はるゝ文明の精神を取るに在り」という一節に尽くされている。つまり彼のライト・モチーフは「国体を保つこと」にあった。国体を保つというのは日本人が日本国の政治を最終的に決定するということであって、福沢によれば、いかに皇統が連綿としていても、もしかかる意味における政治的決定権が日本人の手を離れたならば、その時国体は喪失せられたといわねばならぬ。彼の当時における最も切実な関心は国際的闘争場裡にいかにして日本の国民的独立を確保するかということにあった。ヨーロッパ近代文明はこの日本の置かれた具体的状況において危機を処理するための不可欠の「道具」として要請せられたのである。従って福沢が一生その先達を以て自他ともに許したヨーロッパ近代文明は決してそれ自身絶対的な目的乃至《ないし》理念ではなかった。近代文明の妥当性は福沢において上下二つの括弧によって相対化せられていた。まず第一にはヨーロッパ文明の採用はつねに日本の対外的独立の確保という当面の目標によって制約せられる。「国の独立は目的なり。今の我文明は此目的に達するの術なり」(概略、巻之六)。「先づ日本の国と日本の人民とを存してこそ然る後に爰《ここ》に文明の事をも語る可けれ」(同上)。しかし第二に、ヨーロッパ近代文明は、文明の現在までの最高の発展段階であるという歴史性によって限定せられる。福沢によれば文明という観念自体もまた相対的にのみ規定される。例えば半開は野蛮に比しては文明である。ヨーロッパ文明も半開に対して僅に文明というのであって、決して之を以て至善至美と看做《みな》すべきものではない、やがて文明の一層の進歩(それが具体的に何を意味するかは後に述べる)は現在の西欧文明を以て野蛮と看做す時期が来よう。ただそれはヨリ遅れた段階にある東洋諸国家の現状にとっての目標であるにすぎない。こうした二つの制約からして福沢は彼の周囲に氾《はん》濫《らん》していたヨーロッパ文明の抽象的絶対的な美化傾向に対し、『概略』だけでなく、彼の著書のいたるところでたたかい、最初から最後まで「口を開けば西洋文明の美を称し……凡《およ》そ智識道徳の教より治国、経済、衣食住の細事に至るまでも、悉皆《しっかい》西洋の風を慕ふて之に倣《なら》はんと」(学問のすゝめ、十五編)する「開化先生と称する輩」と鋭く対立したのである。福沢がいわゆる盲目的な欧化主義者といかに遠いかということは近年比較的に広く認識せられて来たが、その際どこまでも注意すべきはそうした立場は単に彼の愛国心とか国家主義とかいう事に帰せられるだけでなく、彼の根本的な思惟方法に直接連なっているということである。後にわれわれは政治形態の問題をのべるときに再びこの問題に立ちかえるであろう。

欧州文明が福沢にとってこの様に条件的であるということは、その現実的意義をいささかでも軽視する事にはならない。むしろその反対である。欧州文明の採用が当時の日本の具体的状況によって必然的に規定せられているとするならば、この具体的状況の変じない限り、ヨーロッパ的学問と文化は一切の事物の批判についての最高の価値規準でなければならぬ。かくして「本書(文明論之概略のこと——筆者)全編に論ずる所の利害得失は、悉皆欧羅巴《ヨーロッパ》の文明を目的と定めて、この文明のために利害あり、この文明のために得失ありと云ふもの」であり、「欧羅巴の文明を目的として議論の本位を定め、この本位に拠て事物の利害得失を談ぜざる可らず」(巻之一、第二章)ということになる。議論の本位をまず定めることの必要をこの著の第一章に説いたことがここで生きて来るのである。この様に福沢は一面ヨーロッパ文明の熱烈な伝道者でありながら、しかも他面において絶えずその価値を相対化する用意と余裕とを忘れず、その時々の具体的状況に応じて、例えば文明開化の盲目的心酔時代にはむしろその批判者として現われ、逆に復古的反動的風潮が支配的たろうとする場合にはいつも断乎《だんこ》としてヨーロッパ＝近代的なものの側に立ったのであった。

従って、ヨーロッパ文明論と並ぶもう一方のテーゼとしての日本の国家的独立という事もまた福沢にとっては、条件的な命題であることを看過してはならない。国の独立が目的で文明は手段だと福沢がいうとき、それはどこまでも当時の歴史的状況によって規定せられた当面の目標を出《い》でないのであって、一般的抽象的に、文明はつねに国家的存立乃至発展のための手段的価値しかなく、国家を離れて独自の存在意義は持たぬという立場を取ったのでは決してない。かえって福沢は「文明」が本質的に国家を超出する世界性を持っていることについて注意を怠らなかった。さればこそ、上の命題を掲げたすぐ後に、「人間智徳の極度に至ては、其期する所、固《もと》より高遠にして、一国独立等の細事に介々たる可らず」といい、「此議論は今の世界の有様を察して、今の日本のためを謀《はか》り、今の日本の急に応じて説き出したるものなれば、固より永遠微妙の奥蘊《おううん》に非ず。学者遽《にわか》に之を見て文明の本旨を誤解し、之を軽蔑視して其字義の面目を辱しむる勿《なか》れ」(概略、巻之六)と繰返し念を押しているのである。やがて福沢が「通俗国権論」を以て、一層露わな国権論者として登場した際においても、彼は自由民権論の論理的帰結たる個人主義的世界主義が天然自然の「正論」であり、之に対して、「人為の国権論は権道」であることを認めつつ、しかも現実の弱肉強食の国際的環境に在って敢て「我輩は権道に従ふ者なり」となしているのであって、わざわざこうしたまわりくどい表現を通じてどこまでも彼の立場の条件的性格を明白にすることを忘れていない。福沢から単なる欧化主義者乃至天賦人権論者を引出すのが誤謬《ごびゅう》であるならば、他方、国権主義者こそ彼の本質であり、文明論や自由論はもっぱら国権論の手段としての意義しかないという見方もまた彼の条件的発言を絶対化している点で前者と同じ誤謬に陥ったものといわねばならぬ。文明は国家を超えるにも拘らず国家の手段となり、国家は文明を道具化するにも拘らずつねに文明によって超越せられる。この相互性を不断に意識しつつ福沢はその時の歴史的状況に従って、或は前者の面を或は後者の面を強調したのである。要するに、こうした例に共通して見られる議論の「使い分け」が甚だしく福沢の思想の全面的把握を困難にしているのであるが、まさにそこにこそ福沢の本来の面目はあった。彼はあらゆる立論をば、一定の特殊的状況における遠近法的認識として意識したればこそ、いかなるテーゼにも絶対的無条件的妥当性を拒み、読者に対しても、自己のパースペクティヴの背後に、なお他のパースペクティヴを可能ならしめる様な無限の奥行を持った客観的存在の世界が横わっていることをつねに暗示しようとしたのである。

二

しかしながら、福沢が価値をつねに具体的状況との関連において定立し、その結果一《いっ》切《さい》の認識の situation による制約を説いたことによって、彼は決して無方向な機*会主義的立場に陥ったのではなかった。むしろ逆に、そうした場当りの、「無理無則」の機会主義を何よりも排し、つねに「真理原則」に基いて予量し、計画する人間の育成ということが彼の「実学」教育の根本理念であったことは前稿で私が述べたごとくである。手放しの相対主義や無軌道の機会主義への逸脱から内面的に彼をまもったところの価値意識が何であったかということは行論とともにやがて明らかにされよう。ここではただ、福沢が決して客観的真理そのものを否定したのではないこと、ただそうした「真理原則」は前もって静止し固定した存在として我々に与えられているのではなく、むしろ個別的な状況のなかに絶えず具体化され行く過程にほかならぬというのが彼の根本の考え方であったこと、を指摘するにとどめる。こういうと、ひとは直ちにプラグマティズムの真理観を連想するにちがいない。福沢の思想はしばしば功利主義の名を以て呼ばれて来た。しかし功利主義という範疇《はんちゅう》はきわめて漠然としていて、必ずしも適確に福沢の立場を表現していない。功利主義のある特徴はたしかに彼にも見出されるが、逆に彼の立場は少くも歴史的に現われた功利主義には見出されない考え方をも含んでいる。その意味で、福沢の思惟方法に最も近く立っている西洋哲学を求めるならば、なによりもプラグマティズムであろう。あらゆる認識の実践的目的（「議論の本位」）による規定性を説き、「物の貴きに非《あら》ず其働《はたらき》の貴きなり」として事物の価値を事物に内在した性質とせずして、つねにその具体的環境への機能性によって決定して行く考え方はまさにプラグマティズムのそれではないか。彼が『概略』の第一章において、いろいろの果しない論争が「議論の本位を定める」ことによって実際的に解決せられて行く例を挙げているところは、吾々にW*・ジェイムスの有名な栗鼠《りす》の比喩《ひゆ》を思い起させずには置かないし、「石橋鉄槌の用心」（福翁百話）を排し「凡《およ》そ世の事物は試みざれば進むものなし」、「開闢《かいびやく》の初より今日に至るまで或《あるい》は之を試験の世の中と云て可なり」（概略、巻之一）という実験主義は自からデュウィを連想させるものがある。(2) このことは決して偶然の類似でも何でもない。プラグマティズムはデュウィのいう様に、近代自然科学を産んだルネッサンスの実験的精神の直接的継承者であり、十九世紀中葉以後、機械的決定論の泥沼のなかに埋没した科学主義をばベーコンの伝統への復帰によって主体的行動的精神と再婚させようとする意味を持っている。従って、前稿で述べた様に、「近代自然科学をその成果よりはむしろそれを産み出す精神から捉え」たことが福沢の実学の本質であるならば、両者の思惟方法に著しい共通性が見られたところで敢《あえ》て異とするに足りないのである。そういう意味では、科学的進化論の立場を、もっぱら主体的自由や人権の抹殺のための武器として用いた加藤弘之は、恰度《ちょうど》福沢と対蹠的に、まさに十九世紀後半における自然科学的世界像の陥ったペシミズムを忠実に受継いでいるといえよう。福沢が加藤と同じくバックルらの自然科学的方法に育てられながら、加藤における様に客観的自然が人間にのしかかって来る「鉄の如き必然性」としてよりも、むしろヨリ多く人間の主体的操作(実験)によって不断に技術化さるべき素材として、明るい展望をもって現われているのも、(3)福沢の思惟方法が根底においてプラグマティックな流動性を帯びていることと無関係ではないのである。

三

かくして福沢の場合、価値判断の相対性の強調は、人間精神の主体的能動性の尊重とコロラリーをなしている。いいかえれば価値をアプリオリに固定したものと考えずに、是《これ》を具体的状況に応じて絶えず流動化し、相対化するということは強靭《きょうじん》な主体的精神にしてはじめてよくしうる所である。それは個別的状況に対して一々状況判断を行い、それに応じて一定の命題乃至《ないし》行動規準を定立しつつ、しかもつねにその特殊的パースペクティヴに溺《おぼ》れることなく、一歩高所に立って新らしき状況の形成にいつでも対応しうる精神的余裕を保留していなければならない。是に反して主体性に乏しい精神は特殊的状況に根ざしたパースペクティヴに捉われ、「場」に制約せられた価値規準を抽象的に絶対化してしまい、当初の状況が変化し、或はその規準の実践的前提が意味を失った後にも、是を金科玉条として墨守する。ここに福沢が「惑溺」と呼ぶ現象が生れる。それは人間精神の懶惰《らんだ》を意味する。つまりそれはあらかじめ与えられた規準をいわば万能薬として、それによりすがることによって、価値判断のたびごとに、具体的状況を分析する煩雑さから免れようとする態度だからである。そうしてその様な抽象的規準は個別的行為への浸透力を持たないから、この場合彼の日常的実践はしばしば彼の周囲の環境への単に受動的な順応として現われる。従って公式主義と機会主義とは一見相反するごとくにして、実は同じ「惑溺」の異った表現様式にほかならない。かくして、福沢をして「無理無則」の機会主義を斥《しりぞ》けさせた精神態度が同時に、彼を、抽象的公式主義への挑戦に駆りたてるのである。それがなにより儒教思想に対して向けられたことは、それが善悪正邪の絶対的固定的対立観に基いて、「一片の徳義以て人間万事を支配し」「古の道を以て今世の人事を処し」「臆断を以て先ず物の倫を説き」「天下の議論を画一ならしめんとする」等典型的に価値判断の絶対主義を代表していることから見て当然であった。しかし彼は一見近代的立場に立つかに見える文明開化論者や民権論者においても、こうした「惑溺」が形を変えて現われているのを看逃《みのが》さなかった。彼が維新直後の*「開化先生」のヨーロッパ心酔のなかに、保守主義者と同じ様なパースペクティヴの凝固性を読み取ったこと前述の如くである。更に十年代における民権論者に対する次の様な批判を見よ。

「論者は人間活世界の有様を臆測して、外題の定りたる芝居狂言の如くに視做し、初幕は大序にして、二段目は宝物を紛失し、幾段目は悪人専権にして善人圧制を蒙《こうむ》り、末段に至て王莽《おうもう》は夷誅せられ周公は青天白日なりと、幾度見物しても同一様の順序を違へず、人事も亦《また》斯《か》くの如しと思込たることならん。故に爰《ここ》に国会開設と外題《げだい》を出せば、此外題に必要なるは政府の圧制と人民の抗抵と二様の主点なりと思ひ、乃《すなわ》ち此主点に基き、数百年前西洋諸国に行はれて其歴史に記したる如く、今日、我日本にも行はれて其順序次第を同ふし、我政府は西洋にて云へば数百年前の圧制政府なるが故に、我々人民も亦数百年前西洋諸国の人民の如く之に抗抵せざる可《べか》らず、日本の明治十三年は西洋の千何百何十年に当るとて、恰《あたか》も外題の定りたる西洋の歴史を、無理に今の日本の活世界に附会せんと欲するものの如し。甚しき誤謬ならずや」(時事小言、全集五)

福沢が維新直後に率先唱導した民権論が国会開設運動として漸く澎湃《ほうはい》たる国民的動向

となろうとした時、彼が意外と思われた程是に対して批判的な、というよりむしろ軽蔑的な態度を示したことについては、色々の解釈も可能であろう。だが当時の民権論者の声高い言説のなかに、ここで指摘せられた様な公式主義があまりにも大きな倍音を伴っていたことが福沢の感覚をいらだたせたという事情も無視してはならないのである。

四

この様に、固定的価値規準への依存が「惑溺」の深さに、之に対して、価値判断を不断に流動化する心構えが主体性の強さ(福沢はそれを「独立の気象」と呼んだ)に夫々《それぞれ》比例するとしても、そうした人間精神の在り方は福沢において決して単に個人的な素質や、国民性の問題ではなくして、時代時代における社会的雰囲気(福沢の言葉でいえば「気風」)に帰せらるべき問題であった。換言すれば、固定した閉鎖的な社会関係に置かれた意識は自から「惑溺」に陥り、動態的な、また開放的な社会関係にはぐくまれた精神は自から捉われざる濶達《かったつ》さを帯びる。また逆に精神が社会的価値規準や自己のパースペクティヴを相対化する余裕と能力を持てば持つ程、社会関係はますますダイナミックになり、精神の惑溺の程度が甚しい程、社会関係は停滞的となる。けだし、まず社会関係が閉鎖的で固定している場合には人間の行動様式がつねに同じ形で再生産されるから、それは漸次に行動主体から独立して沈澱し、ここに伝統とか慣習とかが生れる。それらは人間の作ったものでありながら恰も自然的存在であるかの様に人間を繫縛する。かくしてそこでは価値規準がそうした伝統や習慣によってあらかじめ与えられ、それが社会の成員に劃一的に通用する。人々の思考様式は自から類型的となりパースペクティヴも固定するのは当然である。福沢は単に価値判断の絶対化という問題にとどまらず凡《およ》そ一定の実践的目的に仕えるべき事物や制度が、漸次伝統によって、本来の目的から離れて絶対化せられるところ、つまり手段の自己目的化傾向のうちに広く惑溺現象を見出した。たとえば武士の帯刀は本来乱世に護身の目的で生れたものが、太平の世になっても之を廃しないのみか「産を傾けて双刀を飾り……刀の外面には金銀を鏤《ちりば》めて、鞘《さや》の中には細身の鈍刀を納る」などは「双刀の実用を忘れて唯其物を重んずるの習慣を成し」たもので惑溺の好例である(概略、巻之一)。しかしとくに固定した社会関係の下で惑溺が集中的に表現せられるのは、政治的権威である。[4] ここでは本来「人民の便利」と国体の保持(その意味は前述した)のために存在すべき政府が容易に自己目的となって強大な権力を用い、種々の非合理的な「虚威」によって人民を圧服させる。例えば「位階服飾文書言語悉皆上下の定式を設」けて「君主と人民との間を異類のものゝ如く為して、強ひて其区別を作為し」、或は神政政治の様に、無稽《むけい》の神話によって君主に超自然的権威を賦与《ふよ》し(ウェーバーの所謂《いわゆる》カリスマ的支配!)、更に、「世の事物は唯旧《ふる》きを以て価を生ずるものに非ざる」のに政府や王朝の「長きを誇り、其連綿たること愈《いよいよ》久しければ之を貴ぶことも亦愈甚しく、其状恰も好事家が古物を悦ぶが如」き(ウェーバーの伝統的支配!)、いずれも虚威への惑溺にほかならぬ。君臣関係を以て人間性にアプリオリに内在する理として基礎づける儒教の態度が「臆断を以て先づ物の倫を説」くところの絶対化的思惟であることは先にも触れたが、これまた政治的権威に関する惑溺の一つと考える事も出来よう。

ともあれ、こうした意識の倒錯《とうさく》によって政治的権力は単に物理的な力だけでなく、あらゆる社会的価値を自己の手に集中することによって、価値規準の唯一の発出点となってしまう。かくして社会関係の固定しているところほど権力が集中し、権力が集中するほど人々の思考判断の様式が凝固する。と同時にその逆の関係も成立つ。判断の絶対主義は政治的絶対主義と相伴う。福沢は是を「都《すべ》て人類の働は愈々単一なれば其心愈々専ならざるを得ず。其心愈々専なれば其権力愈々偏せざるを得ず」という定式で表現した(概略、巻之一)。

こうした場合に対し、他の極として人間相互の関係が一刻も固定していずに不断に流動する社会を考えて見よう。そこでは人間をとりまく環境が不断に変化するから、精神は現在の状況に安住している事が出来ない。それはいつでも環境から投げ出される状態に置かれているから不断に目覚めていなければならぬ。昨日の状況に妥当した価値規準にもはや今日は安んじて依りかかって居られないから、いきおい、問題を抽象的固定的な規準で一刀両断せずに、不断に現在の状況を精査し、ヨリ善きもの、ヨリ真なるものを絶えず識別し判断しなければならぬ。そこに伝統や習慣に代って知性の占める役割が大きくなる。(5)人間の判断力は不断の活動と緊張を要求せられることによって愈々進歩する。と同時に主体の側に現在の状況をいつでも乗り超える精神的準備を必要とする結果、自から自己のパースペクティヴを流動化する。かくて政治権力も価値規準を独占する事が不可能になり、自らを相対化して価値の多元性を承認するに至る。ここでは精神はいかなる種類の惑溺からも自由である。

かく二つの社会類型を対照するならば、われわれが上に述べて来た福沢の思惟方法の諸契機は悉《ことごと》く後の社会、つまり人間相互が複雑多様な交渉関係をとり結ぶ様な社会構造の地盤の上に育《はぐ》くまれる事は自から明瞭である。むろんここに示した様な二つの類型は理念型であって、現実の歴史的社会はこの両極の間にさまざまのニュアンスをもって位置する。しかし福沢において人類の進歩とはまさしく前者の型より後者への無限の推移のうちに存する。いま一度いうならば、それは社会関係の固定性がますます破れ、人間の交渉様式がますます多様になり、状況の変化がますます速かになり、それと同時に価値規準の固定性が失われてパースペクティヴがますます多元的となり、従ってそれら多元的価値の間に善悪軽重の判断を下すことがますます困難となり、知性の試行錯誤による活動がますます積極的に要求され、社会的価値の、権力による独占がますます分散して行く過程にほかならぬ。この大いなる無限の過程こそ文明であり、この過程を進歩として信ずること、それが福沢の先に述べた様な神出鬼没ともいうべき多様な批判を根底において統一している価値意識であった。一切の価値判断を相対化し条件的にした福沢を*ピラト的相対主義者と区別する一点はまさにここにあった。「扨《さて》其進歩と云ふは何の事を云ふのかと斯《こ》う云つて見ると進歩は事物の変遷で、小児は大人と為《な》り、大人は老人と為り、老人は死んで仕舞《しま》ふと、マア斯う云ふやうな簡単なものぢやなからう。それも進歩には違ひない、変つて行くから。けれども進歩と云ふものはそれ位な簡単なものではなからう。実を申すと追々人事世務が繁多になる、繁多になると同時に綿密になる、綿密になると又其上に喧しくなる、と云ふのがマア其進歩であらうか。人事世務が繁多になり、綿密になり、喧《やかま》しくなる其間に、間違ひと云ふものは如何《どう》だと云ふと、少しもなかりさうなものだ。人が綿密になつて喧しくなれば間違ひは少なかりさうなものだ。……決して爾《そ》う旨《うま》く往かない、爾う旨く往かない所《どころ》ではない。世の中が段々進歩すればする程、間違ひも亦進歩する。即ち間違ひがプログレスシーヴに段々出来て来る」(交詢社大会席上に於ける演説、全集十六)という彼の晩年の言葉は、「文明の要は人事を忙《せ》はしくして需要を繁多ならしめ、事物の軽重大小を問わず多々益《ますます》これを採用して益精神の働を活潑ならしむるに在り」という『概略』に示された進歩観が最後まで維持せられたことを示している。進歩とは事物の繁雑化に伴う価値の多面的分化である――福沢の言論・教育を通じての実践的活動はつねにかかる意味における進歩観によって方向づけられていた。少からぬ明治初期の合理主義者が後に至って我国古来の淳風美俗を称え、「都会文明」や「物質文明」の限界や弊害を説く道学者に転化した際にあって、「人間世界は人情の世界にして道理の世界に非ず。其有様を評すれば七分の情に三分の理を加味したる調合物とも名づく可きほどのもの」(政略、全集十一)というまでに非合理的現実に対する豊かな眼を持っていた福沢が、最晩年においても田舎(固定的社会)の人情の素朴正直を賞揚する俗論――「人間社会を概して田舎の如く小児の如くにしては如何《いかん》」という所謂《いわゆる》ゲマインシャフト論――を断乎《だんこ》として斥《しりぞ》け、「如何せん、文明世界の経営は田舎漢に依頼す可らず、小児に任す可らず。徳教論者も毎度口に論じて実際に当惑する所のものなれば、我輩は更らに一歩を進め人情の素朴無邪気など云ふ消極の徳論を云はずして、唯真一文字に人の智識を推進し、智極りて醜悪の運動を制せんと欲するものなり」

(福翁百話)として、社会関係の複雑多様化の過程をどこまでも肯定し祝福し続けたのは彼此興味ある対照といえよう。議論による進歩、(6)その前提として、他説に対する寛容、(7)*パティキュラリズムの排除(8)——等々福沢の言説に繰返しあらわれる主張は、彼の社交(人間交際)や演説・討論に対する異常な熱意と相俟《あいま》って、人々の交渉関係を能《あた》う限り頻繁にし、パースペクティヴを出来るだけ多様化しようとする、殆《ほとん》ど衝動的なまでの欲求を物語るものである。

　そのことが最もよく現われているのは福沢における「自由」の具体的規定である。政治的絶対主義が価値判断の絶対主義と相伴うとすれば、政治的権力者による価値規準の独占的所有が破れ、価値決定の源泉が多元的となるところ、そこに必ずや自由は発生する筈《はず》である。「単一の説を守れば、其説の性質は仮令《たと》ひ純精善良なるも、之に由て決して自由の気を生ず可らず。自由の気風は唯多事争論の間に在て存するものと知る可し」(概略、巻之二)。是と逆に一つの原理が、之と競争する他の原理の抵抗を受けることなく、無制限に自己を普遍化しうる場合には、価値がそこに向って集中し、人間精神がその絶対価値の方へ偏倚《へんい》するから、必然に「惑溺」現象が起り、社会的停滞と権力の偏重が支配する。このことは、その独占的原理の内容がいかに善美なものであろうといかに「進歩的」なものであろうとかわりない。福沢においても、多くの啓蒙主義者と同じく人間の進歩は自由の意識の進歩であった。しかし、上に見た様に、その進歩はまた価値の分化、多元化の過程でもあるとするならば、福沢における自由の進歩は単に専制の原理に対する自由の原理の直線的排他的な勝利ではありえない事も明かである。自由と専制との抵抗闘争関係そのもののうちに自由があるのであって、自由の単一支配はもはや自由ではない。ここに「自由は不自由の際に生ず」という福沢の第二の重要な命題が生ずる。「抑《そもそ》も文明の自由は、他の自由を費して買ふ可きものに非ず。諸《もろもろ》の権義を許し、諸の利益を得せしめ、諸の意見を容《い》れ、諸の力を逞《たくまし》ふせしめ、彼我平均の間に存するのみ。或は自由は不自由の際に生ずと云ふも可なり」(概略、巻之五)。この命題は晩年に至るまで彼の言説のなかに繰返し現われるモチーフの一つであって、彼が題簽《だいせん》を求められたとき最も好んで書いたのは、*「束㆓縛化翁㆒是開明」と「自由在㆓不自由中㆒」という句であった。前者はいうまでもなく自然に対する人間主体性の、後者は、社会における自由意識の、在り方をそれぞれ表徴するものであり、相俟って福沢の進歩観の基調を最も簡潔に要約している。従って、福沢はこうした見地から保守主義の存在理由を一定の限度において容認した。「此両様の主義(保守主義と進取主義を指す——筆者)は世界古今何《いず》れの社会にも行はれて各《おのおの》其働を顕はし、又各一時に其働を逞ふすること能はずして相互に軋轢《あつれき》し、其軋轢錬磨の際に些少の進歩を見るものなり。若《も》しも両様の働其平均を得ずして一方に偏し、天下の事物頑固に停滞して動かざる歟《か》、若しくは遽《にわか》に進動して止る所を忘るゝときは、大に人類の不幸を致すことあり」(民情一新)。福沢の政治的見解に現われた「漸進主義」の哲学的基礎はまさしくここにある。それは保守と革新との間を逡巡動揺する折衷的立場でもなければ、事態の急激な変動を一概に恐怖する市民的安全の立場でもない。そのことは、『民情一新』において上の一般的命題に続けて、「然りと雖ども文明の進歩は必ず進取の主義に依らざるはなし」として、「保守」に対する「進歩」の根源的優越性を確認し、いわゆる徳川時代二百五十年の平和なるものは、社会的凝固と停滞を代償として得られたものである限り、我国にとっては却《かえ》ってマイナスであって、「寧《むし》ろ二百五十年の太平を持続するよりも、其際に五十年又は百年を隔てゝ内乱外戦の劇《はげ》しきものに逢はゞ、為に人心を震動して却て文明の進歩を助るの機を得たることもあらん」とまで言っているところからも推察されよう。しかもこの徳川時代すら、福沢によれば支那専制帝国に比べてはなお自由と進歩への素地があった。けだし前者においては皇帝が精神的権威と政治的権力を一手に独占しているのに対して、後者においては政治的に無力な皇室と精神的権威なき幕府とが対峙牽制し、「至尊必ずしも至強ならず、至強必ずしも至尊なら」ず、その結果、「民心に感ずる所にて、至尊の考と至強の考とは自から別にして恰も胸中に二物を容れて其運動を許したるが如し。既に二物を容《い》れて其運動を許すときは其間に又一片の道理を雑《まじ》へざる可らず。故に、神政尊崇の考と武力圧制の考と、之に雑《まじう》るに道理の考とを以てして、三者各強弱ありと雖ども、一として其権力を専《もつぱら》にするを得ず。之を専にするを得ざれば、其際に自から自由の気風を生ぜざる可らず」(概略、巻之一)。日本が東洋で最も早く近代化への道を歩み出し、それによって支那の国際的運命を免れえた最も内奥の思想的根拠を福沢はここに見たのであった。彼が一方において民心惑溺の最大責任者としての儒教的諸価値を相対化することに全力をそそぎながら、是に対してヨーロッパ的原理を絶対化する事を極力避けたのも、こうした「自由の弁証法」に対する彼の深い配慮から出ていたのである。[9] いかなる思想、いかなる世界観にせよ、その内容の進歩的たると反動的たるとを問わず、自由の弁証法を無視し、自己のイデオロギーによる劃一的支配をめざす限り、それは福沢にとって人類進歩の敵であった。彼はルソーに反し、又あらゆる狂信的革命家に反し、「自由は強制されえない」事を確信したればこそ、人民にいかなる絶対価値をも押し付ける事なく、彼等を多元的な価値の前に立たせて自ら思考しつつ、選択させ、自由への途を自主的に歩ませることに己《おの》れの終生の任務を見出したのであった。

五

文明と自由と進歩に関する以上の様な具体的規定をもって、福沢が歴史的現実としての日本社会に立ち向ったとき、そこに見出したものはあらゆる形態における精神の化石化であり、そのコロラリーとしての社会的価値の一方的凝集《ぎょうしゅう》であった。かくて彼は「日本国の人心は動もすれば一方に凝るの弊ありと云て可ならん歟。其好む所に劇《はげ》しく偏頗《へんぱ》し、其嫌ふ所に劇しく反対し、熱心の熱度甚だ高くして久しきに堪えず、一向の方向直《ただち》に直線にして忽《たちま》ち中絶し、前後左右に些少の余裕をも許さずして変通流暢《りゅうちょう》の妙用に乏しきもの〻如し。……広く日本の世事に就て之《こ》を視察するに、道徳に凝る者あり、才智に凝る者あり、政治に凝る者あり、宗旨に凝る者あり、教育に凝る者あり、商売に凝る者ありて、其凝り固まるの極度に至りては、他の運動を許さずして自身も亦自由ならず。内に在ては人生居家の辛苦不調和と為《な》り、外に現はれては交際の猜疑確執と為り、又圧制卑屈と為り、社会の不幸これより大なるはなし」(社会の形勢学者の方向、慶應義塾学生に告ぐ、全集十一)という現状認識の上に立って、日本にくまなく見られる社会と精神のしこりを揉み散らす事をもって、日本近代化(開化)の具体的課題となし、このいわばマッサージ師の様な役割を自らに課したのである。彼が『概略』の中の「日本文明の由来」という有名な章において宗教・学問・芸術・経済等あらゆる文化領域の政治権力への凝集傾向を挙げ、いかに微細な社会関係のなかにも喰い入っている「権力の偏重」をば逃さず摘発して行ったあの殆《ほとん》ど悪魔的な執拗さはこの様な観点に立ってはじめて正しく理解せられるし、又、彼が一度ならず時の「輿論《よろん》」と反対の立場に立ち、わざわざ時代的風潮と逆の面を強調する様な「天邪鬼《あまのじゃく》」＊的態度を示したのも、つまるところ、社会意識の凝集化傾向に対する彼の殆ど本能的な警戒と反撥に由来している。一見無原理で機会主義的に見え又事実そう解釈されている福沢の時局に対するいろいろの処方箋《しょほうせん》も、実は内奥において、この日本近代化の根本課題につらなっていることが少くないのである。その一例として彼の有名な官民調和論をとりあげて見よう。

明治十四年の政変前後から日清戦争頃まで時事新報を通じて一貫して福沢の殆ど最大の政治的主張をなした官民調和論は福沢の立場に対する賛否両論の最も分れるところであり、思想家としての彼に対する価値づけの清算所たる感を呈している。ふつうには、それは漸《ようや》く朝鮮問題をめぐって急迫を告げつつあった東洋の情勢に対処するための一種の城内平和論《ブルクフリーデ》として理解せられている。そうして国権論者としての福沢に重点を置くものは、ここにこそ彼の真面目の発揮を見る。之に対して、自由と民権のイデオローグたることに福沢の生命を見出すものは、是を以て許すべからざる妥協として、彼の「不徹底」や「転向」を難ずる。いずれにしても彼の官民調和論が国際危機を乗切るための一種の政治的休戦の提唱として解釈せられていることには変りはない。こういう理解に立つかぎり、それは彼が『概略』や『学問のすゝめ』で説いた文明の精神と少くも直接的には、なんの連関も持たぬ時務論だということになる。むろん、上の様な通説の解釈は間違いではないし、とくに日清戦争直前においては福沢自ら文字通りの城内平和論を説いているのであるが、しかし他面彼が十数年に亘《わた》って執拗《しつよう》に繰返したテーマが、自由と進歩の精神の普及という意味での日本近代化の課題と全く無関係に、或はむしろその完全な休止の下に、演奏せられたとは、彼の問題意識の熾烈《しれつ》さを知るものには、到底《とうてい》考えられないのである。事実はむしろ反対に、福沢が当時の政府と民党との激烈な抗争自体のうちになにか本質的に「文明の精神」と相容《あいい》れざるもの、それを近代的な政争にまで発展させることを妨げる精神の「しこり」を臭《か》ぎつけたればこそ、彼は一方藩閥政府や立憲帝政党に対する批判をすこしも緩めることなくして、しかも他方自由党一部のラディカリズムを*「駄民権論」として排せざるをえなかったのである。民権論者の公式論が彼に精神の硬化現象として映じたことは前に述べたところであるが、それと共に、藩閥政府が官権党を以て忠となし、民権党を直ちに不忠と看做《みな》す傾向にも彼は全く同じ様な精神構造を見出した。この様に眼前の社会的事象や人物をば価値と反価値の両極に截《せっ》然《ぜん》と分けようとする傾向は忠と逆、仁と不仁、進歩と反動等、その両極を構成する価値の具体的名称のいかんを問わず、いずれも判断の絶対主義の実践的表現としてまがう方なき「人智未発の社会」の徴表にほかならぬ。こうした――福沢のいわゆる――「極端主義」は複雑なニュアンスを帯びた立体的な現実を一値論理を以て平板化するために、単に事態の正しい把握を妨げるというだけでなく、それは自から、反価値と刻印せられたものをあらゆる手段を尽して掃滅しようとする衝動を呼び起すことによって、社会的闘争をきわめて残忍かつ悲惨なものたらしめ、社会進化の犠牲を徒《いたず》らに大きくするのみである。幕末水戸の党乱において、互に自らを正党とし反対側を奸党として殺戮《さつりく》しあった結果、水戸藩は殆ど有為の人材を失って維新革命における指導的地位を喪失した事実はいまだ福沢の記憶に生々しかった(参照、極端主義、全集八)。政府と民党との日々激化し行く抗争においてこの伝習的な「極端主義」的態度が両者の間にますます強靭に根を下して行く事態を見た福沢がその成行を近代化の過程として無条件に楽観しえなかったのは怪しむに足りないのである。しかも当時の民権派の政府攻撃の心情のなかに濃く流れている反近代的精神として福沢の敏感な神経に触れたのは単にその公式主義や極端主義ばかりではなかった。民権論者がひたすら専制政府の打倒と政権の獲得に全エネルギーを集中する態度、その政治万能主義と中央権力への凝集傾向それ自体、福沢においては「権力の偏重」の倒錯《とうさく》的表現であり、政治的権力に一切の社会的価値が集中している社会における必然的な随伴現象であった。とすれば、こうした社会における開化と進歩への方向はそうした民権論における「政治主義」を煽《あお》り立てることではなくして、むしろ逆に、政治的権力の価値独占を排除して之を広汎な社会分野に分散させ、国民的エネルギーをこの多面的な価値の実現に向わせることにあるのは明白であろう。福沢が、

「官民の軋轢を解て世情を穏かならしむるの要は、人民をして政府の地位を羨むの念を断たしむるに在り。西洋諸国の人も官途に熱心するの情は日本に異ならずと雖《いえ》ども、其官途なる者は社会中の一部分にして、官途外自から利福栄誉の大なるものありて、自から人心を和すべし。……王政維新三百の藩を廃してより、栄誉利福共に中央の一政府に帰し、政府外に志士の逍遥す可《べ》き地位を遺《のこ》さずして其心緒多端なるを得ず、唯一方に官途の立身に煩悶して政治上の煩を為すのみならず、政府の威福は商売工業の区域にまでも波及して、遂には天下の商工をして政府に近づくの念を生ぜしむるに至り、其煩益《ますます》堪べからず」(時勢問答、全集八)

というとき、彼の時務論としての官民調和論が彼の「原則」としての独立自尊主義といかに内面的に結びついているかをなにより簡潔に表明しているではないか。福沢がとくに実業社会の発展に力を注ぎ、慶応義塾の教育も実業人の養成に主眼を置いたということ

精神		社会	
事物への「惑溺」	→ 主体的「独立」	「権力の偏重」	→ 多元的「自由」
パースペクティヴの固定性	→ パースペクティヴの流動性	社会関係の固定単一性	→ 社会関係の複雑化
判断の絶対化	→ 判断の相対化による自己超越	中央権力への価値集中(国家)	→ 諸社会力への価値分散(市民社会)
一値論理による極端主義	→ 多値論理による寛容	制度の虚飾性(自己目的化)	→ 制度の実用性(道具化)
習慣道徳中心	→ 知性中心	単一イデオロギーの支配	→ 種々のイデオロギーの併存
同一行動様式の再生産	→ 試行錯誤による不断の前進	劃一的統制	→ 対立による統一

とも、単に明治国家の当面の要求に応ずるという以上に、深く彼の根本的な課題——価値の分散を通じての国民精神の流動化——に根ざしていたことを看《み》過《す》してはならないのである(10)。

福沢哲学の根底に横わる価値意識が何であるか、それに基いて人間精神と社会の進歩は具体的にいかなる過程として考えられていたかは以上において大略明《あきらか》にされたと信ずる。念のためにいま一度ふりかえって見るならばその過程はほぼ上の様な図式に総括されるであろう。

六

ところで、人類社会の歴史的発展が、この図式に示された様な方向を辿《たど》るとするならば、この発展を根本的に推進させる契機はどこに求めらるべきであろうか。前にも述べた様に、人間精神の在り方は福沢において個人の問題としてでなく、つねに「一国人民の気風」として社会的全体において考察せられた。その意味で彼が英雄豪傑史観に与《くみ》しなかったのは明瞭である。だから彼が文明を「人の智徳の進歩」と簡潔に定義した際(11)においても、その智徳の担い手となるものは少数の学者や政治家ではなくてどこまでも人民大衆であった。彼が『概略』において建武中興の失敗と明治維新の成功を例示して、歴史の原動力が単なる観念(例えば尊王論)や個人の責任(例えば後醍醐天皇の不明)に帰すべきものでなく、時代の「気風」にあることを力説し、又近代における西洋の東洋に対する優越も同じく「一人の智愚に由るに非ず全国に行はるゝ気風に制せら」れる結果だというのも、彼が精神をどこまでも客観的精神乃至《ないし》社会意識として理解していたことを示している。しかしそれでは、その社会意識としての「気風」の進化は何によって促されるのであろうか。福沢の之に対する解答はすでに上の図式のなかに暗示せられている。すなわち、固定的な社会関係が破れて人間相互の交渉様式がますます多面化することが社会的価値の分散を促し、価値規準が流動化するに従って精神の主体性はいよいよ強靭《きようじん》となるとするならば、社会的交通(人間交際)の頻繁化こそが爾《じ》余《よ》の一切の変化の原動力にほかならない。かくて、近代西洋の優越の基礎も究極においては、この交通形態の発展に基くということになる。「西洋諸国の文明開化は徳教にも在らず、文学にも在らず、又理論にも在らざるなり。然《しか》ば則ち之を何処《いずこ》に求めて可ならん。余を以て之を見れば其人民交通の便に在りと云はざるを得ず」(民情一新)。この点において福沢の関心を最も惹《ひ》き付けたのは当然に十九世紀初頭の産業革命であった。「千八百年代に至て蒸気船、蒸気車、電信、郵便、印刷の発明工夫を以て此交通の路に長足の進歩を為したるは、恰《あたか》も人間社会を顚覆《てんぷく》するの一挙動と云ふ可し」(同上)。こうした新しい交通形態の発展はまさしく「人類肉体の禍福のみならず其内部の精神を動かして智徳の有様をも一変したるもの」といわざるをえない。しかも印刷も蒸気機関を用い、郵便も電信も皆蒸気によって実用を為すから、上の様な諸交通形態は結局蒸気力に帰着する。かくて福沢はかの*『哲学の貧困』の著者を思わしめる様な大胆な命題を提示する。「人間社会の運動力は蒸気に在りと云ふも可なり」! しかもその際、蒸気力自体に重点があるのではないことは、福沢が他の個所では同じ命題を「鉄は文明開化の塊なり」とも言いかえ、また蒸気の代りに、——とくに後年は——電気の時代という言葉を屢々《しばしば》用いているところからも明かである。むろんそうした自然力や技術は彼においていまだ生産力として自覚せられていず、従ってこうした考え方から直ちに唯物史観への親近性を結論することは早急を免れないけれども、少くも福沢の史観が歴史をひたすら「理性」と「意見」の進歩と観《み》る十八世紀啓蒙主義のそれをはるかに超《こ》えていたことだけは否定されないであろう(12)。

福沢においてヨーロッパ近代文明の価値がただ相対的にのみ容認されたというのもつまりはそれが現在までの交通関係及その基礎にある技術力の発展に制約せられた歴史的形態にほかならぬからである。その意味において彼はなかんずく近代ヨーロッパの政治形態を抽象的に美化する多くの民権論者と鋭い対立を示した。政治権力はそれ自身歴史の作為者ではなく、かえって、諸々の政治形態は一定の交通及技術の発展に照応した上部構造であるとするならば、いかなる政治形態もその歴史的地盤を離れて絶対的に善悪を断定することは出来ない。「国勢の変遷は自然の勢にして、政事の主義に絶対至善のものを見ず。王政の時には王政の美あり、幕政の時には幕政の善あり、又文明政事の時代に至れば自から文明の利益ありて、唯その時の時勢に従ひ治安を維持して人文を妨げざれば之を目して良政府と称す可きのみ」(東京三百年會、全集十二)。従って、また「人毎に政事を談ずれば必ず民政を以て最上の美政と称す。……単に空理を以て論ずれば真に然《しか》り。然りと雖《いえ》ども暫く時と人民とに係りて之を論ぜば未だ必ずしも然らざるなり。別に独裁政治の便宜なるものある可《べ》きなり」。現に「阿非利加《アフリカ》の当時に於ては、民政を美政とせずして独裁政を以て美政とするは暫く之を正理なりとして許さゞる可らず」(過去現在未来の関係、全集十九)。

こうした見解は、例えば君主独裁を「野鄙陋劣《やひろうれつ》の国体」とし、之に「公明正大の国体」としての立憲政乃至《ないし》民主政を対置させる加藤弘之の『国体新論』の立場に比して、ヨリ一層「反動的」に聞えるかもしれない。しかし注意すべきことは、政治形態の歴史性に関する福沢の観方は、単に後ろ向きに作用しただけでなく、同時に前に向っても働きかけたということである。いいかえるならば、近代的立憲政を一定の歴史的発展段階に定着させたことによって、福沢は、過去の諸政治形態の価値を相対的に復活させたにとどまらず、現在の政治形態としての自由民主政がヨリ新らしい政治形態によって超越せられる可能性に対しても眼を開くことが出来たのである。

福沢によれば、今日まで支配的な政治形態はすでに現在の交通・技術の発展に照応しなくなっている。産業革命がすべての生活様式を一変した中に、ひとり「依然旧体を変ぜず五十年は勿論《もちろん》五百年の昔より今日に至るまで其《その》趣の全く相同じき一物の存在するあり。其物とは何ぞや今日世界中政府の仕組即是なり」。「此政府の仕組たるや何《いず》れも皆当代文明の発生前に創起したるものにして当初に在りては甚だ時勢適合のものなりしならんと雖ども、蒸気電気を人事に実用するの以後……其功用の旧に異なるなからんことを欲するは寧《むし》ろ無理の願望に属す可きのみ。亜国の共和政治甚《はなは》だ自由にして美なりと云ひ英国の代議政体頗《すこぶ》る寛大にして巧なりと称するも、其美は百年前に在て美なりしのみ。

文明の利器未だ働を現はさずして人間社会の遅鈍なる恰《あたか》も芋蠋《いもむし》の如くなる時代に於て巧なりしのみ」。そうしてこの様な政治形態と交通技術の発展との間に存在するギャップのうちにこそ福沢は十九世紀中葉以降における諸々の社会的闘争の発生原因を見た。「文明開化次第に進歩すれば人々皆道理に依頼して社会は次第に静謐《せいひつ》を致す可しとの説は、動《やや》もすれば学者の口吻《こうふん》に聞く所なれども、……今の事物の進歩を見て果して之を文明開化とすれば、其進歩するに従て社会の騒擾《そうじょう》は却て益《ますます》甚しかる可きのみ。人民は既に直行進取の利器を得たり、此勢に乗じて、顧《かえりみ》て政府の有様を窺へば其緩漫《かんまん》見るに堪へずして之を蔑視せざるを得ず。……之を蔑視し……一時に之を改めんとする其勢は、恰も人民にして政府を圧制する者なれば、政府は此圧制に堪へずして却て大《おおい》に抵抗せざるを得ず。其抵抗の術は唯専制抑圧の一手段あるのみ」(民情一新)。これ即ち当代にナポレオン三世の武断政策やロシア・プロシァの専制化等の反動的現象の出現した所以《ゆえん》であるが、しかも根本において「今の世界の政府たるものは単に人民に対するに非ずして、蒸気以下の利器に当る」のである以上、そうした弾圧に奏功の可能性ありやといえば、「余は断じて之に答て否と云はざるを得ず」。「今改進世界の人民が思想通達の利器を得たるは人体頓《とみ》に羽翼を生ずるものに異ならず。千七百年代の人民は芋蠋にして、八百年代の人は胡蝶なり。芋蠋を御するの制度習慣を以て胡蝶を制せんとするは亦《また》難からずや」(同上)。

こうして福沢は交通技術の飛躍的発展が人民相互を精神的物質的にも未曾有の緊密な相互依存関係に置いたことによって、いまや政治の舞台における厖大《ぼうだい》な「大衆」の登場が不可避的となったゆえんをすでに明治十五、六年の頃驚くべく鋭利な眼光で洞察したのであった。もとより彼はその途《みち》が歴史的にほぼいかなる方向を指しているかを見極めうる時代に生きてはいなかった。だから市民社会の思想家としての彼は「今や……一夫其欲する所を得ざれば忽《たちま》ち乱を思ひ……甚しきは社会党虚無党共産党など唱へ公然党衆を集て出没往来するに政府の威武も屈すること能《あた》はず」という如き現象に対して「慄《りっ》然《ぜん》毛髪の竪《た》つ」を禁じえなかったのである。しかしその際においても彼は、「畢竟《ひっきょう》する に此破壊党なるものは文明開化に伴ふ所の附産物にして其趣は火酒の製造を発明して以来世に酔倒人を生じたるが如し。火酒の製造廃せざれば酔倒人の跡を絶たず。文明開化止まざれば破壊党も亦滅せざるや明《あきらか》なりと雖《いえ》ども、火酒禁ず可らず、文明開化停む可らず」として、進歩の信仰を少しも揺がさなかった。そうして「人為法則の一部分たる政府の仕組をして文明の風潮と併行せしめ随時に変化改進するが如き、火酒を飲で酔はず文明に浴して狂するなきの一法ならん乎。知らず、今欧州諸国の各政府は何の方策を以て此当面の国難に応ぜんとするか」というきわめて暗示多き言葉をもって将来の解決を模索しつつ、文明と自由への大道をひるまずたじろがずに歩みつづけたのである。

七

「与二造化一争レ境」また「束二縛化翁一是開明」をモットーとして人間精神の自然に対する勝利の讃歌を終生まで謳《うた》いやまなかった福沢は、ウィリアム・ジェームスの言葉をかりれば、典型的に*tough-minded 型の思想家であり、それゆえに、凡《およ》そ本来の宗教的体験には無縁であった。彼は「自から今の所謂《いわゆる》宗教を信ぜずして宗教の利益を説く」(福翁百話)と言っている様に、宗教の意義をどこまでもそのプラグマティックな価値、それも「愚夫愚婦」乃至《ないし》は「凡俗社会」の感化という徹底した実利的観点からみとめたにすぎなかった。しかし福沢は福沢なりに人生全体の意義に対する終局的な「問い」とそれへの「*安心《あんじん》」観を持っていた。彼は人間が科学を武器として、ついには自然と人間社会の一切を「物理の法則」の下に包摂しつくすところの彼の所謂「*黄金世界」が何時の日か到来すべき事を堅く期待していたけれども、彼のそうしたオプティミズムは、現在の段階における人間知性の能力に対するいかなる幻想にも彼を導かなかった。人間を囲繞《いじょう》する客観的自然界は彼において不断に「其秘密をあばき出して我物と為」すべき対象として考えられたけれども、いな、それだけにますます、彼は未だ開拓されず「道具」化されない自然の圧倒的な支配力と是に対する人間の無力を思わないわけには行かなかった。彼は『百話』の冒頭の「宇宙」、続く「天工」の題下に宇宙と自然の人智の想像を絶した神秘性を委曲を尽して叙《の》べ、「其美麗、其広大、其構造の緻密微妙なる、其約束の堅固不抜なるに感心するのみならず、之れを思へば思ふほどいよ〳〵ます〳〵際限なく、唯独り茫然として止むのみ」といって「人智の薄弱」を卒直に告白している。そうしてこの巨視的にも微視的にも測り知れぬ自然の深みを思うとき、流石《さすが》の福沢もまた、文明と自由と進歩のための生涯をかけた闘いがこの「無限」に面してそもいくばくの意味をもつかという疑問を禁じえなかったにちがいない。そこに自から「宇宙の間に*我地球の存在するは大海に浮べる芥子《けし》の一粒と云ふも中々おろかなり。吾々の名づけて人間と称する動物は、此芥子粒の上に生れ又死するものにして、……由て来る所を知らず、去て往く所を知らず、五、六尺の身体僅に百年の寿命も得難し。塵《ちり》の如く埃《ほこり》の如く、溜水《たまりみず》に浮沈する孑孑《ぼうふら》の如し。……左《さ》れば宇宙無辺の考を以て独り自から観ずれば、日月も小なり地球も微なり。況《ま》して人間の如き、無智無力見る影もなき蛆虫《うじむし》同様の小動物にして、石火電光の瞬間、偶然この世に呼吸眠食し、喜怒哀楽の一夢中、忽ち消えて痕《あと》なきのみ」(福翁百話)という実感も生れて来る。かくて福沢は随所に人間を蛆虫に比し、「人間万事小児の戯《たわむれ》」(明治二十五年十一月十二日、慶応義塾演説筆記、全集十三)と観じた。ここからして仏教的な無常感あるいはディオゲネス的な隠逸への途はほとんど一歩でしかない。ところがまさにこのところで福沢の論理は急転する。「既に世界に生れ出たる上は、蛆虫ながらも相応の覚悟なきを得ず。即ち其覚悟とは何ぞや。人生本来戯と知りながら、此一場の戯を戯とせずして恰も真面目に勤め……るこそ蛆虫の本分なれ。否な蛆虫の事に非ず、万物の霊として人間の独り誇る所のものなり」(福翁百話)。人間を一方で蛆虫と見ながら他方で万物の霊として行動せよ――これは明白にパラドックスである。しかもこのパラドックスから福沢は独特の「安心法」を導き出す。「浮世を軽く認めて人間万事を一時の戯と視做《みな》し、其戯を本気に勤めて怠らず、啻《ただ》に怠らざるのみか、真実熱心の極に達しながら、扨《さて》万一の時に臨んでは本来唯是れ浮世の戯なりと悟り、熱心忽ち冷却して方向を一転し、更らに第二の戯を戯る可し。之を人生大自在の安心法と称す」(同上)。福沢の独立自尊主義が、「事物の一方に凝《こ》り固まり……遂には其事柄の軽重を視るの明を失ふ」ところの人間精神の惑溺傾向に対するたたかいであることは上述した。その意味では、人生を戯と観じ、内心の底に之を軽く見ることによって、かえって「能《よ》く決断して能く活潑なるを得」、同時に自己の偏執を不断に超越する余裕も生れて来るという点に、彼は蛆虫観の実践的意味を見出した。福沢の驚くべく強靭《タフ》な人間主義は、宇宙における人間存在の矮小性という現実から面を背《そむ》けず、之を真正面から受け止めながら、逆にこの無力感をば、精神の主体性をヨリ強化させる契機にまで転回させたのである。かつて綱島梁川はこの点をとりあげて、福沢は人生は根本において真面目なものであるにも拘《かかわ》らず、恰も戯れのごとくに見よというのか、それとも人生は根本において戯れであるが恰も真面目であるかの様に行動せよというのか、いずれが彼の真意であるか、それによって彼の人生観の全体に対する評価は定まると言った(13)。是はたしかに鋭い批評ではある。しかし、福沢の立場からいうならばそうした問題の提起の仕方そのものが抑々《そもそも》間違いというほかない。上の二つの側面は相互に補完し合ってはじめて意味を持つのであって、一方だけ切り離された瞬間にそれは誤謬と偏向の源泉となる。「人生を戯と認めながら、其戯を本気に勤めて倦《う》まず、倦まざるが故に能く社会の秩序を成すと同時に、本来戯と認るが故に、大節に臨んで動くことなく憂ることなく後悔することなく悲しむことなくして安心するを得るものなり」(同上)。もし戯という面がそれ自体実体性を帯びるとそこからは宗教的逃避や虚無的な享楽主義が生れるし、真面目という面が絶対化されると、現在の situation に捉われて自在さを失い易《やす》い。真面目な人生と戯れの人生が相互に相手を機能化するところにはじめて真の独立自尊の精神がある。福沢は「一心能く二様の働を為して相戻《もと》らず。即ち其広大無辺なる所以なり」と言って、そうした機能化作用を不断にいとなむ精神の主体性を讃えた。

こうした福沢の人生観が思想家としての彼、また教育者としての彼の生涯にとってプラスの価値として作用したか、それともマイナスの意味を持ったかということは大いに問題のあるところであろう。しかしその問題に立入ることは、彼の「哲学」全体に対して超越的立場から評価を下すことなくしては不可能であり、もっぱらその思想の構造連関を内在的に明かにすることを任務とする本稿の限界を越える。ただ最後に一言だけ付け加えて置こう。

さきにわれわれは福沢における主要な命題が悉《ことごと》く条件的な認識であり、いわば括弧付で理解さるべきことを知った。そうしてそこにパースペクティヴを絶えず流動化する彼の思考の特質を見た。その意味においては、人生は遊戯であるという命題は彼の付けた最大の括弧であるということが出来る。遊戯とはジンメルも述べている様[14]に人間活動からそのあらゆる実体性を捨象《しゃしょう》して之を形式化するところに成立つところの、最も純粋な意味でのフィクションである。そうしてフィクションこそは神も自然も借りない全く人間の産物である。福沢は人生の全体を「恰も」という括弧につつみ、是をフィクションに見立てたことによって自ら意識すると否とを問わずヒューマニズムの論理をぎりぎりの限界にまで押しつめたのであった。

（1）　以下、『概略』とあるはすべて『文明論之概略』を指す。なお福沢の文章には大抵句読点がないが、本稿では便宜それを附した。それから出典の指示は論説・演説等にのみ全集の巻数を記し、著作からのものは単にその書名のみにとどめたことをお断りして置く。

(2) 福沢の論法がプラグマティストと符節を合せている例はなお他にも多く挙げうるが、そうした個々の言辞の比較はここでは第二義的な問題として略する。本稿の所説全体を通じて、読者は両者の論理構造の著しい類似性を暗示する筆者の意図を感知せらるるであろう。なお既に田中王堂の名著『福沢諭吉』は実験的なること、作用的なること、進化論的なること、の三者を「福沢の見方の特徴」として鋭く指摘している。

(3) 一例として『福翁百話』中の「造化と争ふ」と題する一文の末尾を挙げよう。
「万物の霊、地球上の至尊と称する人間は、天の意地悪きに驚かずして之に当るの工風を運らし、其秘密をあばき出して我物と為し、一歩一歩人間の領分を広くして浮世の快楽を大にするこそ肝要なれ。即ち我輩の持論に与二造化一争レ境と云ひ束二縛化翁一是開明と云ふも此辺の意味にして、物理学の要は唯この一点に在るのみ。方今世界開明の時代と云ふと雖も、天の力は無量にして其秘密に際限ある可らず、後五百年も五千年もいよ〳〵其力を制して跋扈を防ぎ、其秘密を摘発して之を人事に利用するは、即ち是れ人間の役目なり」(傍点筆者)。

(4) 「都て世の政府は唯便利のために設けたるものなり」。「世界万国何れの地方にても、其初め政府を立てゝ一国の体裁を設たる由縁は、其国の政権を全ふして国体を保たんが為なり」(概略、巻之一)。

(5) 福沢は『概略』の巻之三、第六章において「智徳の弁」と題して、徳義(とくに私徳)と智恵との作用の相異をあげ、つづく「智徳の行はる可き時代と場所とを論ず」の章において、社会の開化に赴くにしたがって、徳義の作用する範囲が次第にせまくなって、知性の活動に席を譲って行く次第を委曲を尽して論じている。この二章が殆んどバックルの英国文明史の第四章 “Mental Laws are either Moral or Intellectual. Comparison of Moral and Intellectual Laws, and Inquiry into the Effect Produced by Each on the Progress of Society” を主たる参考として書かれていることは明瞭である。しかし、アプリオリな妥当性をもつ固定的価値を前提せずに、個々の situation がユニークであると見做すプラグマティックな立場をとることによって、従来道徳の領域と考えられていた事項が知性の問題に移されることはデュウィも説いているところであり(参照、Reconstruction in Philosophy, 1920, p. 163 f.)、福沢の根本的な思惟方法からして、上の様な見方が生れることには論理的な必然性があることを看過してはならない。

(6) 「成たけ議論を多くするが宜い。決して大人君子が一声を発したからと云つて草木の風に靡く如く承知するでない。誰が何と云つても議論を喧しくして、さうして世の中の進歩に伴ふではない。……世の中が進歩しなければ此方が先に進歩する、啻に進歩に伴ふばかりでなく、自分で新工夫を運らして、進歩の先陣にならなければ往かない。だからます〳〵世の中の交際を恐ろしく綿密にし、議論を喧しくして、人の言ふことには一度や二度では承服しない様に捏《こ》ね繰《く》り廻はして、さうして進歩の先陣となつて世の中をデングリ返す工夫をする、と斯う云うことに皆さんも私も遣りたい。私は死ぬまでそれを遣る。貴方がたは命の長い話であるから、何卒して此人間世界、世界は率《い》ざ知らず、日本世界をもつとわい〳〵とアヂテーションをさせて、さうして進歩するやうに致したいと思ふ。それが私の道楽、死ぬまでの道楽。何卒皆さんも御同意下さるやうに」(交詢社大会席上に於ける演説、全集十六)。

(7)「人間世界は至て広大なるものにして、論説の広きは土地の広さの広きが如く、其多端なるは人口の数の多きが如くにして、一人の智力にしては殆ど眼も心も及び難き程のものなれば、他人の発論行事を聞見するも決して其一局部に就て是非の判断を下だす可らず。況や己れに異なる者に於てをや。己れに異なりと云ひながら、其己れは即ち先方の人に異なる者なれば、此方より他を非とすれば他も亦此方を非とせんのみ。故に議論の主義を定むるには、勉めて其主義の包羅する所を広くして他の議論を容れ、之を容れ之を許して毫も忌む所なく毫も愛憎する所なく、遽に之を見れば錯雑無主義と思はるゝ程の寛大を極めて、唯其最後の極端に至りて一点の動かす可らざるものを守ること緊要なるのみ」(局外窺《き》見《けん》、全集八)。

(8)「世の議論を相駁するものを見るに、互に一方の釁《きん》を撃て双方の真面目を顕《あらわ》し得ざることあり。……譬へば田舎の百姓は正直なれども頑愚なり。都会の市民は怜悧なれども軽薄なり。正直と怜悧とは人の美徳なれども、頑愚と軽薄とは常に之に伴ふ可き弊害なり。百姓と市民との議論を聞くに、其争端のこの処に在るもの多し。百姓は市民を目して軽薄児と称し、市民は百姓を罵て頑陋物と云ひ、其状情、恰も双方の匹敵、各片眼を閉し、他の美を見ずして其醜のみを窺ふものゝ如し。若し此輩をして其両眼を開かしめ、片眼以て他の所長を察し、片眼以て其所短を見せしめなば、或は其長短相償ふて、之がため双方の争論も和することあらん」(概略、巻之一)。

(9)　自由と進歩に関するこの様な福沢の考え方に決定的な影響を及ぼしたのはギゾーのソルボンヌ大学における有名な講義「ローマ帝国の崩壊よりフランス革命に至るヨーロッパにおける文明史」に示された自由観である。その第二講でギゾーは古代文明の原理と形態における単一性(unité)の支配に対して、ヨーロッパ近代文明の特質を種々の社会力や文化形態の多様性(diversité)に求め、近代的自由の発生原因を次の様に説明している。

「他の諸文明に於いては唯一つの原理の、唯一つの形式の絶対的支配、或は少くとも過度の優越が専制の一原因であったのに対し、近代ヨーロッパに於いては社会秩序の諸要素の多様性、それらの要素が互いに他を排除し得なかったことが今日優勢な自由を生んだのであります。互いに他を根絶し得なかったので、種々の原理は一緒に存在しなければならず、互いの間で一種の和解を行わなければならなかったのであります。……他の所では一つの原理の優勢が専制を生み出したに対し、ヨーロッパでは文明の諸要素の多様性と、それらが巻き込まれていた闘争状態から自由が生じたのであります」。

「まさしく世界はヨーロッパ文明の中に認められるあの要素の多様性、複雑性と共にあり、あの常住の闘争に苛まれているのであります。世界を占有し、決定的に型取り、他の一部の傾向を追放し、独占的に支配することは、いかなる原理、いかなる特別の組織、いかなる意想《イデ》、いかなる特殊の力にも許されなかったことは明白であります。……故にヨーロッパ文明は世界の生活の忠実な似姿《イマージュ》であります。即ちこの文明は、この世の事物の過程と同じく、偏狭でもなく排他的でもなく、静止的でもないのであります。……初めて文明が、世界の舞台と同じように、多様《ディヴェルス》に、豊富《リシュ》に、勤勉《ラボリユーズ》に発展したのであります」(Deuxième Leçon, Librairie Académique Didier et Ce, 1860, pp. 39–41. 訳文は中田精一氏邦訳に従う)。福沢はこうしたギゾーの見解から深い暗示を得て、それを東洋社会の歴史的分析の武器として驚くべき巧妙さをもって駆使したのである。

(10)　むろん福沢のこうした企画が結果的に成功したかどうかということは別問題である。日本資本主義の歴史的条件は福沢のあらゆる努力にも拘らず、この国に国家権力から相対的に独立な市民社会の形成を妨げた。

(11)　この定義の仕方は恐らくH. T. Buckle, History of Civilization in England, vol. I (Thinkers Library, p. 89f.) に拠ったものであろう。

(12)　福沢は『民情一新』(明治十二年)において「鉄は文明開化の塊」という命題を提起した後にすぐ続けて、「但し人民に気力を生じて然る後によく鉄を用る歟、或は鉄を用ひて然る後によく気力を生ずる歟、此点に就ては必ず世間に議論もあることならん。余も亦これを推考せざるに非ずと雖ども、本編の趣旨に非ざれば之を他日の論に附す」といって、この重大な史観の分岐点についての態度決定を避けているが、明治十六年の論説「人為の法則は万古不易たるの約束なし」(全集八)においては「時勢の変化は一人の力を以て喚起すべからず、左右すべからず、制止すべからず。啻に一人の力よく之を如何ともすること能はざるのみならず、百千万人の力と雖ども亦同一様たるべきのみ。抑も時勢の変化は人心の変化より来るものなりと雖ども、此人心なるものは外物の形状に従て如何様とも変化すべきものにして、周囲の外物其旧状を改めざるに人心独り先づ運動すべきにあらざるなり。我輩の常に論ずる如く、古来天下の人心を刺衝すること最も広且大なりしものは、蒸気、電気、郵便、印刷の新発明に優るものあるべからず」として、物質的環境の規定性を強調している。なお、かの卓抜な田口卯吉の『日本開化小史』すら、「凡そ人心の文野は貨財を得るの難易と相俟て離れざるものならん。貨財富みて人心野なるの地なく、人心文にして貨財に乏しきの国なし、其割合常に平均を保てる事、蓋し文運の総ての有様に渉りて異例なかるべし」という程度の素朴な経済史観を出でなかったことを思え。

(13) 「*福翁の人生二面観」(梁川文集、六八頁以下)。

(14) G. Simmel, Grundfragen der Soziologie (Sammlung Göschen), 1917 中の “Geselligkeit” の章参照。

(国家学会雑誌、第六一巻三号、一九四七年九月 『丸山眞男集』第三巻)

『福沢諭吉選集』第四巻 解 題*

一 まえがき

本巻には福沢の内外政治問題に関する論著から代表的なものを収めたが、「代表的」といっても、そこに福沢の政治思想が尽されているという意味ではなく、また必ずしも実質的に最も重要な政治論が展開されているわけでもないことを前以て断って置きたい。もし政治論を広義に解するならば、例えば福沢のナショナリズムという問題だけとり上げても分るように、殆《ほと》んど福沢の全著作がこれに関係しているといってよい。是《これ》を比較的狭く限定しても、福沢はとくに政治論においては状況的思考(situational thinking)を高度に駆使しているので、彼の重要な政治思想はその厖大な時事論文の到る処に散在しており、殆んど取捨が不可能な位である。例えば本書に収めた「通俗民権論」は決して彼の民権論のエキスとはいえないのであって、ただ民権論を主題とした著書は是よりほかにないという意味で「代表的」たるにとどまる。そこで私は以下の「解題」においては、一つ一つの論著についてその内容を説明するという普通のやり方をとらないで、福沢の多様な政治論の根底に横《よこた》わる理論的立場を国内政治と国際政治の両面から概説して、読者が本文を読まれる際に、個々の発言が福沢の政治思想全体のなかでどういう地位を占めるかが幾分でも明らかになるよう心掛けた。こうした方法は彼の政治論が状況的発言だといった事と一見矛盾するように思われるが、状況的思考ということは無原則の機会主義とは全くちがうので、むしろ彼の極めて具体的な問題に対する具体的な解答を、その論理的鉱脈にまで掘り下げて行くことによって、逆に福沢の一見場当り的な所論をつなぐ配線関係がヨリ明瞭に浮び上って来るのではないかと思う。出来るだけ取扱いを狭義の政治思想に絞ったことは勿論《もちろん》である。

二　国内政治論

1

福沢の内政論、とくにその統治体論《ガヴァンメント》をあたかもソナタのテーマのように貫流している二つの旋律がある。その一は、政治権力の機能の限定であり、その二はかく限定せられた範囲での権力の集約化である。この二つの問題の区別は福沢自身の紛らわしい言葉遣いのために、福沢の思想的矛盾のように考えられ易《やす》いが、彼の所論を精密に見て行くと少くともこの点に関する限り、彼の論理には矛盾も混乱もないし、また初期と後期とでも変っていないことが分る。この両主題の関係は従来必ずしも明瞭にされていないと思われるので、以下ここに中心を置いて分析して見よう。

福沢において政府或は政治権力の存在根拠はどこに求められたかといえば、それは明らかに啓蒙的自然法の流れを汲んで基本的人権の擁護にあった。『西洋事情』や『学問のすゝめ』などに見出される社会契約説*(そこで述べられているのはヨリ正確には統治契約説であるが)はよく知られているから、比較的後期の所論から引用して見ると、例えば「時事大勢論」(明一五、全集五)にこういっている。「財産生命栄誉を全《まっと》ふするは人の権理なり、道理なくしては一毫も相《あい》害するを許さず。之《これ》を人権と云ふ。(中略)此人権を保護せんとするに、人の性質挙動善悪相混じたる社会に於ては、人々個々の力に及び難し。是《ここ》に於てか政府なるものを作て一国人民の人権を保護す。之を政事《マヽ》と云ふ。政事《マヽ》は人権を全ふせしむる所以の方便なり」。そうして、福沢において「天下とは個々人々の集合したるものを総称したる名目にして一人一個の外に天下なるものある可《べか》らず」(漫に大望を抱く勿れ、明二一、全集十二)というノミナリスティック*な社会観が根底にあり、しかも「凡《およ》そ人生の急は私利より先なるはなし、終生営々の奔走は皆これ利の為めに外ならずして、或は人間の目的は私利に在りと云ふも可なり」(後進生の家を成すは正に今日に在り、明二四、全集十三)とするならば、人権の内容をなすものは個々人の「私利」の追求以外のものではありえない。従って、「政治の目的は国民の最大多数をして最大幸福を得せしむるに在り」(施政邇言、明二一、全集十一)といっても、それはパターナリズムや福祉国家の主張に導くものではなく、むしろ逆にそこからは「一国の政府たるものは、兵馬の権柄《けんぺい》を握て和戦の機を制し、其議定したる法律を執行して国内の治安を保ち、万般の害悪を防て民利を保護するに止まり、或は一歩を進めて其民利の道を発達せしむるが為めに法を設くることなきに非《あら》ざれども、是とても唯その発達の妨《さまたげ》と為る可《べ》き害物を圧するのみ。即ち政府の事は都て消極の妨害を専一として積極の興利に在らず」(安寧策、明二三、全集十二、傍点丸山、以下同じ)として政府の機能をどこまでも「妨害の妨害」(hindrance of hindrances)に限定する典型的な市民的自由主義の政治観が帰結されるのである。「本来政府の性は善ならずして注意す可きは只その悪さ加減の如何に在る」(政府の更迭自から利益なきに非ず、明二六、全集十四)とか、「凡《およ》そ政府を立てゝ少数の人に全権を任ずるときは、必ず其権力を誤用して知らず識らずの際に腐敗を催し、時として恐る可き形勢に陥る」(私権論、明二〇、全集十一)とかいうような、「必要なる害悪《ネセサリー・イーヴル》」の見方はこうした立場の当然のコロラリーにすぎない。福沢が一貫して力説したのは経済・学問・教育・宗教等各領域における人民の多様かつ自主的な活動であり、彼が一貫して排除したのはこうした市民社会の領域への政治権力の進出ないし干渉であった。彼はあくまで「政府は唯《ただ》人事の一小部分」たることを信ずるが故に、社会的進歩についての政治のイニシアティヴを原則的に否定し、政治権力に社会的栄誉が集中する傾向に対して最後まで闘ったのである。

しかしながら政府の機能のこうした限定は、いささかも統治機構の弛緩ないし非能率の擁護ではない。却《かえ》って権力の統一性と能率性は凡そいかなる形態たるを問わず、政府たるものの Conditio sine qua non* でなければならない。福沢はなによりこの意味において強力政府の味方であった。「政権を強大にして確乎《かっこ》不抜《ふばつ》の基を立るは政府たるものゝ一大主義にして、政体の種類を問はず独裁にても立憲にても又或は合衆政治にても、苟《いやしく》も此主義を誤るものは一日も社会の安寧を維持する能はざるや明《あきらか》なり。合衆政治など云へば、其《その》字面を見て国民の寄合世帯の如くに思はれ、(中略)政令の威厳もなきものゝ様に誤り認る者あらんと雖ども、唯是れ字面上の想像のみ。其実際に於て政権の厳なる、或は常に独裁国の右に出《いづ》るもの多し。亜米利加合衆国の如きは即ち一例にして、其政法、威*ありて猛からざるものと云ふ可し」(時事小言、全集五)。「凡そ政府たるものは取り其中央の一点に権力なかる可らず。(中略)古来我国にても善政府と称するものは取りも直さず有力政府の異名にして、(中略)今の西洋諸国に於ても果して然らざるはなし。

(中略)(政府の)更迭《こうてつ》頻《しき》りなりと雖ども其政府に在るの間は官途部内に命令するの権力に乏しきの談を聞かず」(施政邇言、全集十一)。福沢が「有力政府」とか「政権の強大」とかいう言葉によって何を言おうとしているかはその前後の文言によって明らかであるように、決して政府権力範囲の広汎さを意味しているのではなく、政権を「一所に統轄《とうかつ》する」こと、いいかえれば政治におけるリーダーシップの確立を指しているのである。すなわちそれは、一面において「仮令《たと》へ立憲政体の政党政府にても、苟《いやしく》も其現政府のあらん限りは、自家の主義を以て施政の方針を定め、他をして喙《くちばし》を容《い》れしめず、政府は正しく一色同臭の政府にして、苟も異臭の人とあれば其主義の是非正邪に論なく断じて政府に近づけざるの慣行」(安寧策、全集十二)といっているように、政府部内のイデオロギー的統一性であり、他面においては、「如何なる人物にても既に政府の地位に立つときは、長官次官以下次第に相列して次第に其権力に限を立て、所謂《いわゆる》権限なるものにして、毫《ごう》も此権限を超越す可らず。政府の内部已《すで》に整頓し、次で令を発し、(中略)既に発表して政令と為りし上は決して之を動かす可らず」(時事小言、全集五)というように、「権限」のヒエラルヒーによって機械のように精密に運転する官僚機構の要請であった。福沢は君主専制から立憲制への進展がこうした二重の意味での政治権力の一元性と集約性を弱めるどころか、むしろそれを強化するものであることを正確に認識していた。

かくて一方における人権(または私権)の確立に基く人民の多元的な自発的活動と、他方における政権(または公権)の確立に基く一元的指導性と、この両者が分業の原則によって相侵さず、互に拮抗し平衡を保ちつつ共存するところ、そこに福沢は国権の進歩発展の最奥の源泉を見た。ここで二つのことを注意しなければならない。第一はこの基本的な構想においては統治形態の問題は一応捨象《しゃしょう》されているということである。すなわち、それは政権を誰が掌握するか、それが君主の手にあるか、寡頭《かとう》貴族の手にあるか、それとも国民代表としての議会が政権を左右するかに係りなく、右の原則は妥当すると考えられたのである。第二に福沢はいかなる場合でも国権と政権とを混同し同一化したことはなかった。福沢が国権を語るときはつねに政権と人権のエネルギーの総和を意味し、しかもそれは殆んど対外関係において使用されていた。後述のように福沢の論理が国内関係と国際関係において分裂し、しかも後者が終始前者に優先していたところに、まさに彼の全体系のアキレス腱があったのであるが、福沢の国権論が最高潮に達した場合でさえ、政治権力の対内的限界に関する彼の原則は少しも破られていないのである。

2

政治権力の一元性・集約性の主張と、その機能の消極性の主張とが決して相矛盾しないという福沢の確信を強める上において、彼が明治六・七年から十年頃にかけて親しんだJ・S・ミルの『代議政体論』(Considerations on Representative Government, 1861)や、A・トクヴィルの『アメリカ民主主義』英訳本(Democracy in America, transl. by H. Reeves, 1873)などの所論から学んだところは少くないと思われる(トクヴィルについては本選集第一巻の富田正文氏後記参照。ミルの『代議政体論』は現存している福沢の蔵書中には見出されないが、『文明論之概略』巻之一に引用されており、*須田辰次郎直話によれば、須田所蔵本を借りて全篇に汎《わた》って福沢が書き入れをしたという(福沢先生を語る、昭九、一八一頁))。リベラルな政府は決して弱い《ウィーク》政府を意味しないことはベンサム以来の功利主義のテーゼの一つであるが(cf. G. H. Sabine, A History of Political Theory, 1950, p. 695f.)、ミルにおいても例えば『代議政体論』の第五章で、いかなる統治形態の下においても一切の政府活動を自由自在に動かす究極の統制権力(the ultimate controlling power)が何処《どこ》かに存在しなければならないといい、この究極の権力は「純粋な君主制あるいは民主制においてと同じく、混合=および均衡政体(mixed and balanced government)の下においても本質的に一元的である」(Everyman's Library, ed., p. 228)ことが注意されている。また、トクヴィルも上掲書の「地方行政組織の政治的影響」(上巻第五章)——福沢手沢本にはこの節に紙が貼られ、所々に鉛筆でアンダー・ラインが施されている。後述の福沢の政権・治権分割論もここからヒントを得ており、福沢に最も影響を与えた個所である——において、一方行政(administration)の集権が国民の公共精神を減退させる弊害を力説する楯の反面として、「英国では政府の集権は完璧の程度に実行されている。国家はいわば一人の男子の引緊った活力のようなものを持っている。国家意思の単一な行動によって無数のエンジンを運転し、その権威から発するさまざまの力を支配し集約する。事実、国というものは強力な政府の集権なくして安寧と繁栄の存在を享受出来るとは私には考えられない」(p. 89)と述べ、アメリカ合衆国を見ても、地方自治の発達が完璧であると同程度に中央政府の権力が強大で、その点むしろ欧州の古い君主国以上である旨《むね》を誌《しる》している。こうした書を通じて知った英米デモクラシーの現実から福沢が強い印象を受けたのは怪しむに足りない。さらに是に関連してスペンサーの社会進化論、——とくにスペンサーが『第一原理』(First Principles)で展開した、不整合・不明確な同質性(incoherent and indefinite homogeneity)から、整合・精密な異質性(coherent and definite heterogeneity)への分化(differentiation)という根本原則に基いて、政府と市民社会・およびその各々の内部における機能の分化と精密化を社会進化の基本方向とし、しかも政府から市民社会(産業社会)への価値の移動を説いた点は、彼が統治組織を本来デスポティックなものと考えたことと相俟《ま》って、色々な面で福沢の所論と実によく符合していることは注目に値する(福沢が少くも『第一原理』と『社会学研究』を明治十年頃迄に読んでいることについては前掲富田氏後記参照。現存の彼の蔵書目録を見てもスペンサーの著書の数は断然他を引離している。両者の理論の立入った比較は後日に譲る)。政府権力の本来の領域を越えた干渉や統制がいかに重大な弊害《へいがい》を生むかという問題に就ては、以上に挙げた著者のほかに、バックルの『英国文明史』、とくにその第五章からの影響を無視しえないことはいうまでもない。

3

右のような福沢の統治体論を貫通する二つの主題は、彼が明治政府および当時の民権運動の両者に対して下した批判によって逆に一層明確に浮彫りされる。まず右の尺度をあてがった場合、明治政府の現実は福沢の眼にいかに映じたか。福沢の藩閥政府観は期待と失望の波動を繰返していたのであるが、それにも拘《かかわ》らず、右の尺度からする明治政府に対する批判は晩年までついに変るところがなかった。すなわち彼の見るところによると、維新以来の明治政府は不断にその内部の多元性と脆弱性に悩みながら、しかも人民に向っては不当にその権限を踰越して警察国家的な干渉を加えるという二重の誤謬を冒しつづけて来たのである。「窃《ひそか》に我輩の所見を以てするに、日本政府は二十余年来その政を行ふに政権と人権とを区別すること穎敏《えいびん》ならずして、政府の当《ま》さに執《と》る可き政権の外に逸し、自家の権力は甚だ堅固ならずして却て人民に向て其私権を犯すもの少なからざるが如し」(安寧策、全集十二)。福沢によれば明治「絶対」主義政権はその内部的不統一、その政治的機会主義において表面的な虚勢に似ず凡そ強大政府《ストロング・ガヴァンメント》の実からは遠いものであった。国会開設前においては明治十四年の政変前後の狼狽、開設後においては自ら超然主義を標榜しながら民党の切崩しに狂奔し、反対党の首領を引抜く無原則ぶりはまさにその典型的な証示にほかならない。民論を「制する能はず又これを容るゝ能はず、弱きが如く強きが如く緩なるが如く急なるが如し」(藩閥寡人政府論、明一五、全集八)、凡そ政治的決定の二類型を「大人主義」(独裁主義を指す)と「多数主義」とに分つならば、明治政府の現実は「何となく多数主義の趣を存するが故に大人専権の事は望む可らずして、左ればとて其多数主義が公然たる形を成して之に依頼す可きものなれば之を根拠にして自から又有力なる専権を逞ふす可しと雖《いえど》も亦然《しか》るにもあらず。大人主義に似て大人を許さず多数主義の如くにして其多数分明ならず、以て政府の全体を悩ますものゝ如し」(尊王論、明二一、全集六)。日本近代政治を貫通する特質たる一元的指導性の欠如、随ってまた政治的責任の不明確さが既にここに見事に剔抉《てっけつ》せられている。しかも他方においてこの同じ政権はレッド・テープで人民を苦しめ、「国事万般の進歩を恰《あたか》も一手に負担するもの丶如くにして人民の自動を悦ば」(安寧策、全集十二)ないばかりか、「爵位族称の児戯を新にし、(中略)尚《なお》其上にも政治上に警察権を用ること甚だしきに過ぎ、容易に人を拘留し容易に人の家を捜索し又容易に人の秘密を探り、其探索実を得たるものは尚ほ恕す可しと雖も往々想像に誤りて人の不平を招くもの多し」(国会の前途、明二三、全集六)。結局こうした私的領域への公権力の干渉は、公権力自らが合理化されていず(従って真の公権力でなく)、逆に私的情実によって構成されている結果の反映にほかならない。その意味で福沢は最後まで明治政府を「情実政府」ないしは「多情の老婆政府」と呼ぶことを止めなかったのである。

しかしながら、他方、藩閥政権に対する対抗勢力を以て任ずる民権論の現実もまたまさに同じ観点において福沢を焦《いら》だたせるものがあった。政治権力を以て社会的価値の源泉かつ集中点と看做《みな》し、政府と人民・統治機能と他の市民的活動との関係を平等の社会的分業ではなく、上下貴賤の価値観において把えるといった藩閥政権に内在する精神構造は彼の見るところでは殆んどそのまま民権運動のなかに再生産されている。前述の通り、政治権力の存在根拠は人権の確立にあり、ヨーロッパの議会政治もまさに私権の擁護に出発した(私権論、明二〇、全集十一――だから真の民権とは彼にとって私権プラス参政権を意味する)。ところが日本においては「今日まで聞き得たる論旨にては、民権論は単に参政権の一方に偏して、日本の平民、官途外の種族が、古来奪ひ去られたる人権の回復論は甚だ稀なるが如し」(社会の形勢学者の方向、慶應義塾学生に告ぐ、明二〇、全集十一)。こうした状態で「民党の志士」が政権を掌握したところで、彼等がただ藩閥政権に代て社会的栄誉の源泉たる地位を占めるだけのことであろう。基本的人権の確立なしに議会政治が行われる結果は、「所謂政治家なる者の一部分をして満足せしむることはある可しと雖ども、(中略)其目下に在る無数の人民は誠に平気にして、国会開設前の政府も御上様なれば開設後の政府も亦御上様にして、例へば其代議政府即ち御上様の議に云々の事を決したりとて例の通りに厳重なる書式を以て下達せらるれば人民は謹んで拝承することとならん。(中略)尚ほ代議の功能ある可きや、我輩の信ずる能はざる所のものなり」(私権論、全集十一)。福沢の見るところでは政府の中にある私的情実の政治的領域への浸透や無原則な機会主義は決して民党にも無縁ではなかった。そこでも私怨や官途への羨望が政治行動の有力な動機をなし、「政敵と人敵との区別甚《はなは》だ分明なら」(藩閥寡人政府論、全集八)ざる状況が少くなかった。明治二十九年十二月の論説「今の長老政客は何故に和せざるか」(明二九、全集十五)において、吏・民両党の抗争を「本来種のなき喧嘩」と断じ、それが主義と主義との争いになってはじめて「是れぞ真実の反対にして、是に於てか政党の争も始めて本物の争を見るに至ることならん。我輩の敢て望む所なり」といっているように、福沢は晩年まで我国の政争を真の意味でプリンシプルの抗争と見ず、当時の政党を以て「政治家の政党にして国民の政党に非ざるは勿論なり」(政治家の愛嬌、明二四、全集十二)と規定していたことは、彼の「官民調和論」の伏線の一つとして注目されていい。民権運動の底に潜む社会的エネルギーに対する福沢の認識不足は蔽うべくもないが、少くも彼の政治的視野に映る民権論に関する限り、彼の判断の正しさは、民権運動の嘗《かつ》ての果敢な闘士の議会開設後における行動や、既に第一議会にはじまり日清戦争後の「*肝胆相照《かんたんあいてらす》」に至って「完成」する民党と藩閥政権との妥協苟《こう》合《ごう》によって実証されたといえよう。

4

ところで政治権力の本質と限界に関する福沢の理論は、一応その権力の主体および形態の問題――いわゆる主権論及政体論――を捨象して妥当するものと考えられたこと上に述べた通りである。それではこの問題について福沢の立場はどのようなものであったか。なにより注意しなければならないのは、政治的判断を、「*コンヂショナル・グード」(覚書、全集七)の問題と見る彼の考え方がまさにここに集中的に現われているということである。主権論や政体論は福沢にとって三重の意味で「条件的」ないしは相対的であった。第一にそれはベストの選択ではなくて「悪さ加減」の選択であるという意味において、第二に名や形は必ずしも実体を表現しないという一般原則がとくにこの問題については妥当する意味において*(学問のすゝめ、の批判に答えた朝野新聞への寄書や、文明論之概略、巻之一を見よ)、第三に統治形態は広義の社会的条件と相関的であり、それを人為的に維持・変革・移植しうる程度には限界があるという意味において(文明論之概略、巻之一、民情一新、等)。福沢の眼には当時の世上の論議にはこの点の「惑溺」がとくに顕著に映じたので、むしろ彼は意識的に政治形態の問題に冷やかな態度をとったような風が見える(これにはなお他の有力な原因があるがそれは次に述べる)。

　こうした留保を附した上で、福沢の解答を求めるならば、それがほぼ如何なる方向を指していたかは推察するに難くない。「熟《つらつ》ら世界政治上の有様を視るに、専制より自由に遷るの勢は水の低きに就くが如く滔々《とうとう》流れて止まず。時に或は逆動なきにあらずと雖も是れは唯一時の小波瀾にして、百千年の大勢より考ふれば君主制は変じて民主制と為り、抑圧専制の政は転じて自主自由の政治と為る、事実に徴して明白なる所なり」(近来の弊事、明二六、全集十四)というのが政治的進化の原則についての彼の一貫した見方であったが、少くも当面の日本の問題として彼が意図したのは皇室を「政治社外」に置いた上での英国流の議院内閣制であった。福沢において議会制の機能と意味はまさに前述した政権と人権の媒介であり、その両側面における確立強化にあった。すなわち議会は、一方においてはどこまでも私権の擁護に根拠づけられ、この意味においては「目下世人の喋々《ちょうちょう》する議院政治の仕組の如きも固《もと》より世の為め国の為めなど云ふ大造なる事柄に依て出来たるものに非ず、全く己《おの》れの事は己れに取て之を行ひ人に頼まず又頼まれずとの利己主義より外ならず、若《も》しも然らずして天下の為めなど云へることを目的として此仕組を為したらば大なる間違を生ず可し」(漫に大望を抱く勿れ、明二二、全集十二)。しかし他方それはまた「政府の威権を強大にして全国の民力を一処に合集」(本紙発兌之趣旨、明一五、全集八)することによって、真の強力政府《ストロング・ガヴァンメント》の確立を齎《もたら》す。従って「畢竟《ひっきょう》国会を開設するの目的は之に由て施政の法を厳にせんが為なり、(中略)施政の間に情実の行はるゝこと無《なか》らしめんが為なり、人と人と私に談じて公の事を左右すること無らしめんが為なり、官権を私用して公平の旨を害すること無らしめんが為なり」(時事小言、全集五)といっているように、「情実」の駆逐による統治機構の合理化・非人格化の任務が当然議会制に期待されている。ひとはここに彼の政府論の主題との本質的連関を容易に読みとることが出来よう。

5

福沢において立憲制と議会制、従って責任内閣制が論理的なコロラリーとされ、日本においても議会開設は原理的には当然政党内閣を意味すると終始考えられていたことは、彼の時事批判を理解する際に看過してはならない。彼は明治十一年、『通俗民権論』を出す頃までは現実問題として政治権力の一元化の主体として維新政権を其儘《そのまま》認め、差当り地方行政(彼の所謂《いわゆる》治権)に人民を参与させる構想をもっていたが、十二年以後民権論の沸然たる興起(彼の「国会論」がその一つの契機となった)を見て、「今日の人民は之に人権を得せしむるも満足する者に非《あら》ず、其目的は人権に兼て政権を得んと欲せる者なればなり」(藩閥寡人政府論、全集八)として国会開設を積極的に日程に登せて以後は、国会開設＝議院内閣制という等式をいわば自明の前提として政情を論議している。彼が「内安外競」のスローガンを初めて高く掲げた『時事小言』においていかにこの等式が官民調和論の基底として作用しているかは、読者自ら本巻について見られたい。「天下の人心」の帰趨《きすう》による反対党への政権移動、「今日の政府明日の人民たる可《べ》し、昨日の人民今日の政府たる可し」という治者被治者の不断の変動(変通の妙)——それがここでの政権強大化の主張と表裏一体の関係に立っている。「民権の伸暢《しんちょう》は唯国会開設の一挙にして足る可し」(時事小言、全集五)という緒言《しょげん》の言葉はこうした文脈において理解されねばならぬ。福沢が十三年暮から十四年正月にかけて、伊藤・井上・大隈らの慫慂《しょうよう》によって新聞発兌《はつだ》を引受けたのも、井上から国会開設を打明けられ、しかも国会開設の暁は「仮令ひ如何なる政党が進出るも、民心の多数を得たる者へは最も尋常に政府を譲渡さんと覚悟を定めたり。何卒《なにとぞ》この主義を以て此度《このたび》の新聞紙も論を立て」(明一四、井上伊藤宛書簡、全集十七)云々という重大な保障に動かされての事であった(明治辛巳《しんし》紀事、全集二十参照)。天皇制絶対主義政権の実体化・凝固化は少くもここでは全く彼の予想の外にあった。これがいかに大きなイリュージョンであったかはその後の現実によって遺憾《いかん》なく露呈されている。しかも福沢は十四年政変によって伊藤・井上に裏切られ、第一議会における政府の超然主義の宣言によって、議院内閣制が公式に否定された後に至ってもなお、「今後の成行は如何と云ふに(中略)、我輩の所見を以てすれば、其学説は兎《と》も角《かく》も事の実際に於ては矢張《やは》り責任内閣の実を呈し、国会議場に多数を制すると然《しか》らざるとに由りて当局者の地位に変化を及ぼすに至るは勢の示す所にして、其時機の到着も亦《また》必ず遠からざれば」(政府の地位羨むに足らず、明二六、全集十四)というような楽観的な展望を持ち続けていた。この明らかに誤った楽観は一方では明治政府の開明性に対する福沢のイリュージョンと離れ難く結びついていると同時に、他方では『民情一新』に典型的に示されているような、自由と進歩についての歴史的——というよりむしろ自然的な必然観(上掲、近来の弊事、の引用参照)とも無縁ではないと思われる。しかも彼自身の見透しの範囲内でも、政党内閣実現の日程が先へ先へと遠のいて行ったにも拘《かかわ》らず、敢て焦慮の色を示さず、かえって「政府の如き何人《なんぴと》が局に当るも必ずしも問ふ所に非ず、(中略)時勢一変いよ〳〵政党内閣の実行に可なる時機の到来する夫《そ》れ迄は今の元老をして政局に当らしむるの必要を認む可《べ》し」(元老保存、明二九、全集十五)というような態度を持していたことについては、以上に挙げた諸原因のほかになお次のような問題を考慮しなければならない。すなわち第一には、自主的なブルジョアジーの成長に対する期待である。この点もここでは深く立入る余裕がないが、福沢はティピカルな市民社会の発展を我国にも予測していたから、やがて「実業は啻《ただ》に独立するのみならず、社会全般の原動力と為りて政治の方針をも左右するの勢を成すは、我輩の信じて疑はざる所なり」(実業論、明二六、全集六)。従って「立国の基本」が実業と定まった以上、「政府の新陳交代の如きは唯是《こ》れ枝葉の談にして」「如何なる人物が内閣を組織するも頓着す可き限りに非ず」(同上)となした。ここにも亦《また》、日本資本主義の性格に関する把握の甘さが窺われるが、少くもそうした見方がさきにのべた福沢の社会進化観と照応していることは明瞭である。しかし第二の、これこそ最も重要な素因として登場するのは、やはり福沢のナショナリズムの論理であった。すでに『学問のすゝめ』を書いた頃、「都《すべ》て物事には軽重大小の区別あるものなれば、よく其区別を弁じ、成る可きだけ堪忍して、軽小なることをば捨てゝ顧ることなかる可し。今一国内の人間交際は内の事なり、外国交際は外の事なり。内の交際は軽小にして外の交際は重大なり。内は忍ぶ可し、外は忍ぶ可らず」(内は忍ぶ可し外は忍ぶ可らず、全集十九)として胚胎していた国際関係優位の論理は、その後の国際情勢によって益々強烈さを加え、日清戦争に至ってフォルティシモとなって爆発するのである。彼のこの論理の量的発展がいかに質的変化として現われるかは後に触れられるであろう。

福沢において議会制はどこまでも政権と私権の均衡拮抗という基本原則の上にのみ正当化されたのであるから、普遍意思(volonté générale)の論理によって、国民と統治機構を一体化するルソー＝ジャコバン型民主主義は明らかに彼の排するところであった。「君主専制家にもせよ、共和政治家にもせよ、皇統連綿を唱ふる旧神道の神主より仏蘭西《フランス》流のレッドレパブリカンに至るまで、其主張する所の説こそ異なれ、一国の政府を極て有力なるものと思ひ、政府を改革すれば国の有様は思のまゝに進歩するものと心得、(中略)何れも政府は唯人事の一小部分たりとの義を知らざるものなり」(覚書、全集七)。彼は「分権論」(明治十年)ではじめて提唱した政権・治権分割論を一応放棄した後でも、地方行政の広汎な分散という構想を維持し続けたが、そこには明らかにフランス革命の齎《もたら》した民主的集権に対するトクヴィルの批判の影響が認められる(この点、トクヴィル前掲書の福沢手沢本を見るとフランス革命における自由と専制の矛盾的結合について述べた処に特に鉛筆で傍線を引いているのが注目される)。さらに福沢はミルの『代議政体論』や『自由論』からも「合衆政治は人民合衆して暴を行ふ」可能性や、多数決制が動《やや》もすると少数者の意見を封じ、個性を抑圧する傾向を持つことなどを教えられたように見える(例えば、文明論之概略、巻之一第三章参照)。A・D・リンゼーは『代議政体論』を評して、「それは民主政治に対する熱烈な信仰と、現実に民主政治が行いそうな事柄に対する最もペシミスティックな懸念との結合というミルの奇妙な政治的立場を顕著に表現している」(Everyman's Library, ed. Introduction, XXIV)といっているが、この評言はヨリ一層『アメリカ民主主義』の著者にも妥当するであろう。要するに、福沢がその政治思想において最も多く学んだ、ミル、スペンサー、トクヴィルにせよ、さらにバジョット(バジョットの“English Constitution”は時折引用されている)にせよ、それぞれの理論の相違にも拘らず、いずれも市民社会の矛盾が漸く露わになりはじめた時代に生きて、古典的な自由民主政の変質を或は予知し或は既に経験した思想家であった。そこにはトム・ペインやジェファスンに流れている民主主義の可能性に対する無限な信頼はすでに明らかに喪われていた。我が国においてはミルやスペンサーの"Social Statics"は民権論者によってその進歩性を過大に評価されていたが(例えばスペンサーの"Social Statics"はその内容よりもむしろ「社会平権論」という訳名によって騒がれた。板垣でさえ、スペンサーを憧憬《しょうけい》していたが、渡欧して会談して見て「寧《むし》ろ着実に過ぐるに驚く」(三宅雪嶺、同時代史、第二巻)という有様であった)、福沢はまさに彼等から受くべきものを受けたといえよう。

内政論の最後に福沢の有名な官民調和論の分析をする積りであったが、その余裕がなくなったので、ただ箇条書的に次のことだけ附言して置こう。すなわち第一に、福沢の官民調和論は前にも例示したように、いろいろな他の条件との相関関係において主張されているので、その文脈の理解がとくに大事である。第二に官民間の猜疑と恐怖の悪循環が軍部政治を招来することに対する恐怖が一貫して福沢に流れていた。第三に彼はちょうど男尊女卑の打破のイニシアティヴの責任がまず男子の側にあるように、官民調和のためにまず自制すべきは政府の側にあると考えていた。第四にしかも彼は調和論によって直接に利するのも政府の側だということを十分意識していた。第五に晩年彼は政府が調和論に耳を傾けなかったことへの失望を表明していた。要するに福沢の官民調和論は後述のごときナショナリズムの論理によって、彼の基本原則を変容させる媒介となったことは否定出来ないが、日清戦争勃発の際の言論に現われたような官に対する民の実質的な無条件降伏の勧めは他の場合には見出されない。むしろ「地方に良民のみあるも全国の力を増すに足らず。良民とは所謂《いわゆる》結構人の事なり。亜米利加《アメリカ》の盛なるは結構人の多きが為に非ず、甲斐《かい》〴〵《がい》しき活物の多きが為なり」(覚書、全集七)という彼の基本的な考え方は、「成《なる》たけ議論を多くするが宜い、決して大人君子が一声を発したからと云つて草木の風に靡《なび》く如く承知するでない」「日本世界をもつとわい〳〵とアヂテーションをさせてさうして進歩するやうに致したいと思ふ、それが私の(中略)死ぬ迄の道楽」(交詢社大会席上に於ける演説、明治三一、全集十六)として最晩年まで維持されたのである。死の如き静穏は彼の最も斥《しりぞ》けるところであった。その意味で「平和とは闘争から免れていることではなくして、性格の強さから生れる一種の徳性である。ただ奉仕することに汲々《きゅうきゅう》として家畜のように導かれるままになっている臣下の無気力によって静穏が保たれている様な国家は、一般に国家というよりは荒地と呼んだ方が正しい」というスピノザの立場は恐らくまた福沢のそれでもあったろうと思われる。

三　国際政治論

1

福沢の政治論が高度に状況的思考に基いていることは冒頭で述べた所であるが、同じ状況的思考といっても、国内政治と国際政治の場合にはその現われ方は必ずしも等しくない。国内政治論においては、基底となっている政治原理自体には大体において連続性があり、ただそれを具体的状況に適用する際に強調点が異って来るのであるが、これに対して国際政治の場合には、立論の変化は必ずしも具体的状況に対する処方箋の変化にとどまらずに、ヨリ深く地殻の論理自体にまで及んでいる。しかも福沢において一貫して国際的観点が国内的観点に優先していたために、国際政治論の推移は必然的にその国内政治論に対する衝撃《インパクト》の変圧を齎《もたら》さざるをえない。彼の全政治思想の色調の時代的変貌はまさにここに起因するのである。その意味において、以下の論述では、国内政治論の場合とやや取扱を変えて、基底的論理の推移を中心とした解説を試みよう。

彼の国際社会観は、『学問のすゝめ』を書いた頃までは大体において啓蒙的自然法を根底にしており、その限りにおいて国内社会観の場合と完全に一致していた。すなわち国際社会における「自然法」（道理）の支配、それを前提とする国家平等観である。ヨーロッパにおいて、近代国際法の重要な原則の一つとなった国家平等観は、とくにプーフェンドルフ以後、啓蒙的自然法における原子的個人の平等を国家間に類推するという過程において成立したが、福沢の論理においても『学問のすゝめ』に典型的に現われているように、「人は同等なる事」（二編）と「国は同等なること」（三編）とが併行的に論ぜられ、しかもその平等とは有様の平等ではなくて、そうした事実的強弱関係にかかわらぬ権義（ライト）の平等（エクオリチ又はレシプロシチ）を意味している。この権義の平等を基礎づけるものは個人間と国家間を等しく貫通する「天理人道」なのであり、「万国公法」はまさにそうした自然法的規範の実定法化にほかならない。この辺の福沢の所論は既に屢々《しばしば》説かれているから、一々引用するまでもなかろう。しかもそうした自然法的国際社会観は決して『学問のすゝめ』において始めて現われたのではなく、すでに慶応元年の未刊著『唐人往来』において明確に形象化されていたのである（道理の支配を前提とする国家平等観が日本において儒教と国学のそれぞれ異った意味での中華思想の否定的媒介を通じて成立した経緯については、参照、拙稿「近代日本思想史における国家理性の問題」展望、一九四九年一月号）。

国内関係と国際関係を一本に貫通する道理の強調、従って事実的力関係の支配の否定がどういう実践的帰結を齎すかもまた想像に難くない。一方において盲目的攘夷論が排撃されると同時に、他方において道理に反する政府ないし外国の圧力に対する抵抗が正当化される。「人の一身も一国も、天の道理に基て不羈《ふき》自由なるものなれば、若《も》し此《この》一国の自由を妨げんとする者あらば世界万国を敵とするも恐るゝに足らず、此一身の自由を妨げんとする者あらば政府の官吏も憚《はばか》るに足らず」(学問のすゝめ、初編)。個人の自由独立が他人の自由の尊重を随伴するように、自国の独立の主張は当然に他国のそれの尊重を意味する。「道のためには英吉利《イギリス》、亜米利加の軍艦をも恐れ」ぬ精神は同時に「理のためには「アフリカ」の黒奴にも恐入」(同上)る精神に通ずるのである。

しかもヨリ重要なことは、個人の自由独立と国家のそれとが単に類推によってパラレルに説かれるだけでなく、「一身独立して一国独立す」という有名な命題の示すように、両者の間に必然的な内面的連関が成立することである。すなわち、「内に在ては唯政府を尊崇して卑屈固陋《ころう》を極め」る「人民を駆て外人に当らしめ、日本独立の気風を保たしめんとするも亦難《かた》きに非ずや」(内は忍ぶ可し外は忍ぶ可らず、全集十九)とすれば、「外国に対して我国を守らんには自由独立の気風を全国に充満せしめ」(学問のすゝめ、三編)ることがどうしても必要となって来る。国内における抑圧からの国民的解放は国際社会における独立確保の前提条件である。「今の人民へ上下同権の大義を教へ、理の在《あ》る所は政府と雖ども敢て屈す可らずとの趣意を知らしむるは、弱小をして強大に当らしむるの下《し》た稽古なり、(中略)其目的とする所は、理に拠て強大に抗するの習慣を養ひ、以て外国交際に平均を得るの一事に在るのみ」(内は忍ぶ可し外は忍ぶ可らず、全集十九)。個人的自由と国民的独立、国民的独立と国際的平等は全く同じ原理で貫かれ、見事なバランスを保っている。それは福沢のナショナリズム、いな日本の近代ナショナリズムにとって美しくも薄命な古典的均衡の時代であった。

2

ところがそれから僅か三、四年の後に福沢が「内国に在て民権を主張するは、外国に対して国権を張らんが為めなり。(中略)民権と国権とは正しく両立して分離す可らず」(通俗国権論、緒言、全集四)という、それ自体としては『学問のすゝめ』や『文明論之概略』と共通する問題意識の上に立って『通俗民権論』と『通俗国権論』(共に本巻〔選集第四巻〕所収)の二部作を書いたとき、彼の国際社会の論理はすでに自然法を離れていた。そこでは、「和親条約と云ひ万国公法と云ひ、甚だ美なるが如くなれども、唯外面の儀式名目のみにして、交際の実は権威を争ひ利益を貪《むさぼ》るに過ぎず、(中略)百巻の万国公法は数門の大砲に若かず、幾冊の和親条約は一筐の弾薬に若かず、大砲弾薬は以て有る道理を主張するの備に非《あら》ずして無き道理を造るの器械なり」（通俗国権論、全集四）という露骨なマイト・イズ・ライトの主張が掲げられている。この著は全体として調子がきわめて激越で、彼自身その跋《ばつ》に「仮に十五年前に在て余をして本論の旨を首唱せしめなば、切歯扼腕《せっしやくわん》の志士は忽《たちま》ち之を誤解して、外国の交際に何等《なんら》の大変を生ず可きやも計る可らず。十五年前にして不可なり、今日は即ち可なり」（同上）と弁解しているほどであるから、彼の意識的な誇張を割引せずに受取ることは危険であるが、国際社会における「道理」の支配の否定はこれ以後の所論において強化こそすれ、弱まることはなかった。それと同時に国内社会の見方と国際関係の見方との間には明白な亀裂が生れるのである。例えばその典型的な例として「兵論」（明一五、全集五）を見よう。ここでは「勝てば官軍」という諺《ことわざ》の妥当性から出発して次のように説かれる。一国内の争は必ずしも力関係だけで事が決らず、人民の公議輿論の帰趨《きすう》する所が正理とされる。その限りにおいて物理的暴力に対する規範的制約がなお認められるが、国際関係においては、たとえ万国公法を世界人民の公議輿論と認めてもその力は極めて微弱で到底国内とは比較にならない。結局この世界では「名正しくして然る後によく勝つに非ずしてよく勝たるが故に名正しきを得るものなり」。こうした国際社会観は、「道理を守るものは外より動かしやうもなし。若し理不尽に之を攻取らんなどするものあれば必ず之を救ふものあり」(福沢全集緒言、唐人往来、全集一)、或いはまた「世界の道理は*入札《いれふだ》にて定まるものと思ひ、世界中千万人の是とする所は仮令《たとい》己が宗旨に戻《もと》るとも断然と改宗して万国公法宗と云へる宗門に入り度《たき》ものなり」(或云《わくうん》随筆、全集二十)といった初期の楽観的な国際主義からいかに飛躍していることか。福沢にこの飛躍をなさしめた外的内的な根拠は後に述べよう。ともかく一度《ひとた》びこのような国際社会の認識の上にたてば、国家的独立を確保する途が福沢のいわゆる「権道」たらざるをえないのはむしろ当然である。国際権力政治が現実である限り、国と国との「交際上に於て双方孰《いず》れかに過誤非曲ありとせんか、決して*過而勿レ憚レ改《あやまてばあらたむるにはばかることなかれ》の聖教に従はずして必ず其過失を装ひ其非を遂げんとして力を尽」し、「如何なる場合にも他に一歩を譲らず遂には之を干戈に訴へても自家の非を成すを常とす」(国交際の主義は修身論に異なり、明一八、全集十)。何故このように個人間の場合と国家間の場合とでは異って来るか。けだし個人相互間では過《あやまち》を改め罪を謝して栄誉を恢復する途もあるが、国家相互の間では過を改めると益々過が評判となり、謝罪すれば益々罪が明白となる。或はそれ程でなくとも、此方で落度を認めて遠慮すると敵対国の慢心を助けるだけでなく、世界中に内兜を見透されて国際的な発言権がそれだけ弱くなるからだ。つまり喰うか喰われるかという緊迫した力関係が支配している所では、何を差措《さしお》いても自国の政治的実存を全うするということが国際的行動の第一原理とならざるをえない。――このような思考過程を辿《たど》りつつ福沢は嘗《かつ》ての立脚点であった個人間と国家間の規範の同質性を否定することによって、まぎれもなくかの国家理由*(raison d'État)と呼ばれるものの認識に到達したのである。

自然法思想からレーゾン・デタ*の立場への過渡を表現するものとして『文明論之概略』は特殊の地位を占める。そこで福沢は「或る学者の説に云く、各国交際は天地の公道に基きたるものなり、(中略)自由に貿易し、自由に往来し、唯天然に任《まか》す可きのみ」(文明論之概略、巻之六)という自然法的見解に対して、次のように批判する。それは一人と一人の私交については妥当するが、国際関係は個人関係と「全く趣を異にするもの」(同上)で、それを無視するのは「結構人の議論」(同上)に過ぎない。もし「天地の公道」(同上)がそれほど妥当性を持つならば、「世界中の政府を廃すること我旧藩を廃したるが如く」(同上)したらどうか。それが不可能な以上は、言い換えれば、各国が地球を分割して対峙し、夫々《それぞれ》の国民が「一国に私する」の「偏頗《へんぱ》心」を以て行動している限り、我もまた世界同胞主義ではなく、よし鄙劣狭隘であろうとも我国に私する精神を以て対しなければならぬ。平時は貿易、事あるときは戦争、即ち争利と殺人が現在の世界文明の段階である限り、「戦争は独立国の権義を伸ばすの術にして、貿易は国の光を放つの徴候と云はざるを得ず」(同上)。しかし本書では未だ福沢は国際関係を全く弱肉強食のホッブス的自然状態とは見ていない。「単に之(戦争)を殺人の術と云へば悪《にく》む可きが如くなれども、今直に無名の師を起さんとする者あれば、仮令ひ今の不十分なる文明の有様にても、(中略)或は条約の明文あり、或は談判の掛引あり、万国の公法もあり、学者の議論もありて、容易に其妄挙を許さず」(同上)。ひとはここに自然法的な規範主義とレーゾン・デタ思想との興味ある交錯を読み取るであろう。

3

ところで注意すべきは、右の所論で「報国心」と「偏頗心」とを異名同実とし、国民的忠誠《ロヤリテイー》を私情と規定していることである。この考えは、その後の論著に繰返し現われている(偏頗心という言葉を屢々《しばしば》用いているのは、スペンサーの『社会学研究』の第九章に "The bias of patriotism" とある bias から暗示を得たものではないかとも思われるが、その点の考究は他日に委ねる)。つまり偏頗心といい私情といい畢竟《ひっきょう》、非合理的なものである。これに対して啓蒙的自然法の立場はいうまでもなく合理主義である。福沢が「抑《そもそ》も数千百年来の旧慣を廃せんとするには人情を割《さ》かざるを得ず、人情を割くの利器は唯一片の道理なるものあるのみ」(藩閥寡人政府論、全集八)とか、「抑も今の民権論者が民権論を唱へて国会開設等の事を云々するものは其根拠とする所唯一片の道理あるのみ」(同上)とか言っているのは、旧体制の打破や民権論の思想的根拠が合理主義にあることを彼自ら認識していたことを示している。そうして「西洋諸国の社会はラショナリズムにして道理又た智慧の組織に成るものなり。然《しか》り而《しこう》して今日の文明は断じて智慧の文明にして情実の運動を許さず」(智と情と、明二二、全集十二)といっているように、まさに合理的なものが非合理的なものを駆逐し征服して行く過程のうちにこそ、福沢はそのために一生を賭《と》すべき文明の進歩を見た。しかるに福沢は、国際社会における圧倒的な非合理的現実に直面して、合理性の価値的な優越を認めつつ、敢て非合理的な「偏頗心」に国民的独立の推進力を求めて行ったわけである。有名な「瘠我慢《やせがまん》の精神」の論理もまた之に通じている。「瘠我慢の一主義は固《もと》より人の私情に出ることにして、冷淡なる数理より論ずるときは殆んど児戯に等しと云はるゝも弁解に辞なきが如くなれども、世界古今の実際に於て、所謂《いわゆる》国家なるものを目的に定めて之を維持保存せんとする者は、此主義に由らざるはなし」(瘠我慢の説、全集六)。この福沢の思想における合理的契機と非合理的契機のからみ合いは深く彼の人間論に根ざしているのであるが、その問題に立ち入ることは避けて、ただ次の事だけを注意しておこう。彼において非合理的なものは嘗て美化されたり、合理化されたりしたことはなかった。彼は非合理的なものをどこまでも非合理的なものとしながら、その内に潜む生命力《ヴァイタリティー》がある条件の下においては却て客観的に合理的な結果を産み出して行く逆説的な事実に着目したのである。そうしてこれこそ福沢の国家理由の立場を支える内面的な根拠であった。

4

自然法から国家理由への急激な旋回に福沢を駆り立てて行った外部的な契機が、当時の日本をめぐる国際的環境にあったことはいうまでもなかろう。この環境はほぼ三重の環で福沢をとり囲んだ。まず最も一般的にはヨーロッパ帝国主義時代の開幕という現実である。レーニンが帝国主義段階の出発点とした一八七六年はわが明治九年であり、J・A・ホブスンはヨーロッパ列強の最も激しい膨脹の時期を、一八八四年(明治十七年)から一九〇〇年(明治三十三年)と計算している。しかも英帝国を例にとって見ても、一八四〇年から六〇年頃迄は所謂小英国主義《リトル・イングランディズム》が風靡《ふうび》し植民地に対する厄介視が支配的であったのに、一たび帝国主義時代に突入するや、前記の僅か十五、六年の期間に、面積にして三七〇万平方哩、人口にして五七〇〇万人の植民地を略取したのであるから、一般的な局面の激変がいかに甚だしかったかが分る。しかも是に第二の環として、かくも激しい帝国主義の鉾先の対象となった東洋諸国の現実が加わる。「東洋の国々及び大洋州諸島の有様は如何《いか》ん、欧人の触るゝ処にてよく其本国の権義と利益とを全ふして真の独立を保つものありや。「ペルシャ」は如何ん、印度は如何ん、暹羅《シャム》は如何ん、呂宋《ルソン》呱哇《ジャワ》は如何ん、(中略)支那の如きは国土も洪大なれば、(中略)欧人の跡は唯海岸にのみありと雖ども、今後の成行を推察すれば、支那帝国も正に欧人の田園たるに過ぎず」(文明論之概略、巻之六)。国際社会を無規範の弱肉強食と見る福沢の観察は——他の多くの自由民権論者のそれと同じく——まさに特殊的に、東洋世界に対するヨーロッパ帝国主義の足跡によってヨリ一層裏付けられた。自然法や国際法というのもその妥当範囲は結局「キリスチャン・ネーション」相互間に止まり、東洋世界に対しては斬捨御免ではないか(開鎖論、明一七、全集九)。「バランス、ヲフ、パワー」にしても、「畢竟《ひっきょう》同種の人類相憐むの情あればこそ、此権力の平均説も実際に行はるゝことなれ。西洋を去て東洋諸国に於ては、西洋人が如何なる暴を逞《たくまし》ふするも、之を傍観して曾《かつ》て喙《くちばし》を容《い》るゝ者なきに非《あら》ずや」(時事小言、全集五)。嘗ては欧州におけるポルトガルのような弱小国が独立を全うしている事実が国際社会における道理の支配の実証とされた(福沢全集緒言、唐人往来、全集一)。いまやまさに同じ事実がクリスト教文明の一体性、従って非クリスト教諸国に対するそうした客観的保証の欠如を意味するものと考えられたのである。しかもこうした見方は既に文久二年、福沢が幕府の使節に随行して渡欧の途中、香港や印度各港での英国人の土民に対する使役を目のあたり見た時から胚胎し、さらに維新後、ほかならぬ彼の最も身近な環境で、「試に我開港場等に在留する外人を見るに、百人に九十九人は有徳の君子と思はれず、(中略)喰ひにげ、飲みにげ、人力車に乗て賃銭を払はず、普請をして大工をたをし、約条の前金を取て品物を渡さず、(中略)啻《ただ》に銭を貪《むさぼ》るのみならず、法令を犯し風俗を破ることも亦《また》甚し。人家近き処にて鉄砲を放ち、往来留の道を妄《みだり》に通行し、(中略)甚しきは雇の日本小使までも主人の威を仮りて人を軽蔑し、動《やや》もすれば国の制度に外《は》づるゝことあり」(内は忍ぶ可し外は忍ぶ可らず、全集十九)といった在留外人の挙動に日常的に接したことによっても激成されざるをえなかったであろう。福沢を繞《めぐ》る最後の環としての日本のこのような国際的地位に対して彼が抱いた憂悶《ゆうもん》は、「日本国を立てんか、治外法権を廃せざるべからず。治外法権を存せんか、日本国を棄てざるべからず」(条約改正論、明一七、全集九)という痛切な言葉のうちに籠められている。

5

このような内外二つの契機によって福沢のうちにいわば早熟な成長を遂げた国家理由思想が、語の本来の意味でのマキアヴェリズムを随伴したのは避けられぬところであった。「他人愚を働けば我も亦《また》愚を以て之に応ぜざるを得ず。他人暴なれば我亦暴なり。

他人権謀術数を用れば我亦これを用ゆ。愚なり暴なり又権謀術数なり、力を尽して之を行ひ、復《ま》た正論を顧《かえりみ》るに遑《いとま》あらず。蓋《けだ》し、(中略)人為の国権論は権道なりとは是の謂《いい》にして、我輩は権道に従ふ者なり」(時事小言、全集五)。この点で、彼が「宇宙生」という匿名《とくめい》の寄書という形で『時事新報』に載せた「立身論」(明一八、全集十)は注目に値する。彼はその前書で、「今世に在て善をなさんと欲するものは他の悪を為す者の情を知ること緊要なり。盗むの法を知る者にして始めて盗まるゝを避く可し。欺くの術を明にして始めて欺かるゝの愚を免かる可し。本篇の如きは即ち小人の狡猾手段を知るの方便にして、宇宙生の之を寄せたるも畢竟《ひつきよう》其手段を知らしむるの微意のみにして之を人に学ばしむるの本意には非《あら》ざる可《べ》し」(同上)と断りながら、例えば長上者の歓心を得るためには細君や愛妾にとり入れとか、弱点を抵当に押えよとか、つとめて昔の自慢話をさせるように仕向けよとか、微《さい》に入り細を穿《うが》って露骨な立身出世手段を述べている。むろんこれは福沢の戯稿であるが、しかし元来福沢のなかにはこうした偽悪的なシニシズムが流れていた。こうしたモメントが個人間より遥かに道徳性の低い国際関係の観察に当っては自から幾層倍に拡大されたのである。しかも国民的独立の存亡を賭けた国家間にあってはそうした「世渡《よわたり》の術」はもはや冗談ではなく真剣な政治的考慮の問題であった。さらに重要なことは、マキアヴェリが「悪い行動を勧めた場合、彼はそれらの行動から悪いという賓辞を取り去ろうとは決して思わず、また決して偽善的な取繕《とりつくろ》いをしようとしなかった」(F. Meinecke, Die Idee der Staatsräson, 1924, S. 41)と同様に、福沢にあってもいかに彼が国権拡張を声高に叫んでいる際にも、そうした国家行動と自然法的価値規準との緊張関係の意識が見失われなかった事である。「古来世界の各国相《あい》対峙して相貪るの状は禽獣相接して相食《は》むものに異ならず、(中略)此点より見れば我日本国も禽獣中の一国にして、時として他に食まるゝ歟《か》、又は自から奮て他を食む歟《か》、到底我れも彼も恃《たの》む所のものは獣力あるのみ」(外交論、明一六、全集九)。朝鮮の内政改革のために日本が三百万円を貸与した際にも、彼は日本人の義侠を世界に発揮したなどという論を一蹴し、「義侠に非ず自利の為めなり」(明二八、全集十五)と言い切った。福沢が前述のように香港碇泊中、目撃した英国人の暴状から受けた深刻な印象を後日回想しつつ、「今日我輩が外国人に対して不平なるは尚《な》ほ未だ彼の圧制を免かれざればなり。我輩の志願は此圧制を圧制して独り圧制を世界中に専《もっぱ》らにせんとするの一事に在るのみ」(圧制も亦愉快なる哉、明一五、全集八)といっているのは彼の独立自尊の原則の最も甚だしい逸脱の例であるが、その際でも彼自ら英国人を奴隷のように駆使する夢想を「血気の獣心」と呼んでいる。もし福沢が生きて満州事変以後の日本に氾濫《はんらん》したような帝国主義の道徳的粉飾のための美辞麗句に接したならば、恐らく嘔吐《おうと》を催したであろう。その意味でたしかに福沢は

M*・ウェーバーのいう「醒めた《ニュヒテルン》」精神の持主であった。だから彼の「マキアヴェリズム」は——ここでも本来のそれと等しく——「容易に用兵を談ず可《べか》らず」(明三〇、全集十六)として盲目的な武力行使に反対し、「外交とは外に対し自国の利益を謀る一事のみにして他に目的はある可らず。錯綜変幻名状す可らざる外交の局面に処して其事情に応ずるの手段は時としては硬なることもあらん、時としては軟なることもあらん、(中略)硬軟を云々して主義の一定を望むが如き、外交の真面目を解せざるものと云はざるを得ず」(対外の硬軟、明三一、全集十六)というように、外交にとって弾力性の保持をヴァイタルな条件と考えたのである。

6

しかしながら、福沢の国家理由思想ないしそこに随伴するマキアヴェリズムがいかに発生期の健康さを湛えているとはいえ、こうした危機的な思想に本質的に内在する陥穽《かんせい》から彼もまた免れてはいなかった。それは就中《なかんずく》二つの方向において顕著に見られる。一は彼の東洋政略論であり、他は国際的独立と国内的変革の関係づけの仕方である。彼の対朝鮮および中国政策論が、それらの国の近代国家への推転を促進して共に独立を確保し、ヨーロッパ帝国主義の怒《ど》濤《とう》から日本を含めた東洋を防衛するという構想から出発しながら、両国の自主的な近代化の可能性に対する絶望と、西力東漸の急ピッチに対する恐怖からして、日本の武力による「近代化」の押売りへ、更には列強の中国分割への割り込みの要求へと変貌して行く思想的過程はもはや紙数も尽きたので立ち入らない。読者は「東洋の政略果して如何せん」(明一五、全集八)においてそうした防衛意識と膨脹意識との微妙な交流を読取ることが出来よう。是に対して右の第二の問題は国内政治論とも直接に関連するので最後に簡単に触れておきたい。

福沢において「内は忍ぶ可し、外は忍ぶ可らず」(全集十九)といった、国際関係を国内関係より重視する立場がきわめて早くからとられていたことは既に述べた。しかしそれは両者の問題を無関連に切り離すことでは決してなく、「人民同権の大義」は「外国の強敵に抗せしむるの調錬《マヽ》」であり「下た稽古」であるという意味において、民権は国権に従属させられたにとどまるのである。むしろ却って「下た稽古」が出来なければ、換言すれば「内に居て独立の地位を得ざる」人民によっては、「独立の権義を伸ること能はず」(学問のすゝめ、三編)という点からいえば、民権の伸長を含む国内の近代化こそが対外的独立の前提条件でなければならない。その限りで、「西洋諸国の人が東洋に来て支那其外の国々に対する交際の風を察するに、其権力を擅《ほしいまま》にする趣は封建時代の武士が平民に対するものと稍《や》や相似たるが如し。東洋の諸港に出入する軍艦は即ち彼れが腰間の秋水にして、西洋諸国互に利害を共にして東洋の諸国を圧制するは、武家一般の腕力を以て平民社会を威伏する者に異ならず」(条約改正、明一五、全集八)というとき、それは単なる比喩以上のものを意味していた筈《はず》である。福沢にとって本来内部の解放と対外的独立とは不可分の問題として提起されていた。ところが、明治十四、五年頃朝鮮問題が緊迫化する頃から、この両者の問題は漸く分離の兆を露わし、「我輩畢生の目的は唯国権皇張の一点に在るものにして、内の政権が誰れの手に落るも之を国権の利害に比して其軽重固より同年の論に非ざれば、其政治の体裁と名義と或は専制に似たるも、此の政府を以てよく国権を皇張するの力を得れば以て之に満足す可し」(藩閥寡人政府論、全集八)というように、国際的視点の優位は国内政治に対する無関心——とまでいえなくとも、軽視という形で表現されるようになったのである。この場合にも福沢の論理には一応形式的な整合性があった。即ち彼は嘗て『文明論之概略』において「国体」の語を「ナショナリチ」に当て、国体を保つとは自国の政権を失わぬこと、つまり日本人が日本の政権を握ることであり、いかに皇統は連綿でも、いかに言語・宗教の同一性が保たれても、「人民政治の権を失ふて他国人の制御を受るときは」(文明論之概略、巻之一国体の断絶にほかならぬとし、王政から武家政への推移は未だ国内での政権移動にとどまるが、「今の時に在て我国の政権若し去ることあらば、其権は王室を去るに非ずして日本国を去るなり。室を去るものは復するの期ありと雖《いえ》ども、国を去るものは去て復《ま》た返る可らず。印度の覆轍豈《あに》復た踏む可《べ》けんや」（福沢全集緒言、学問のすゝめの評、全集一）と切々と訴えたのである。後に福沢が、政権が日本人の手にさえあればその権力の掌握者は誰でもいいという筆法を屢々《しばしば》用いたとき、恐らく彼は主観的には右と同じ論理の上に立っている積りだったであろう。しかしそのテーゼの実質的な文脈は明らかに変化している。すなわち、国内の政治的条件が結局日本の独立を害し或は喪失する可能性や現実性を持っている場合に、果してこの形式論理は妥当するか。妥当しないからこそ、福沢は封建的抑圧の排除にあれほど渾身《こんしん》のエネルギーをそそいだのであり、妥当しないからこそ、満清政府の支配下にある中国の独立喪失を繰返し予言したのではなかったか。現に『文明論之概略』では、英国が印度の土侯をそのまま存置させながら結局之を植民地化した例が挙げられている。『概略』におけるこの重大な文脈がその後の所論において脱落していることは、彼の形式的なテーゼの同一性にも拘らず、いなまさにそれゆえに、福沢の国権論を独り歩きさせる上に決定的な意味をもっている。

むろん福沢は彼の全体系の発想ともいうべきこの内外の必然的な関連を全く見失ったわけではない。彼は明治七年十月、遥かロンドンに在る馬場辰猪にあてて、「日本の形勢誠に困難なり。外交の平均を得んとするには内の平均を為さゞるを得ず。内の平均を為さんとするには内の妄誕を払はざるを得ず。内を先にすれば外の間に合はず、外に立向はんとすれば内のヤクザが袖を引き、此を顧み彼を思へば何事も出来ず。されども事の難きを恐れて行はざるの理なし」(全集十七)とその苦衷を訴えたが、恐らくこのディレンマは最後まで福沢を苦しめたであろう。彼が日清戦争後、*松隈《しょうわい》内閣の成立に関して、「抑も今の政府は情実政府にして今回の更迭の如きも実際は情実談に過ぎず(中略)と雖も此情実は実に三十年来の宿弊にして根底より一掃するに非ざれば文明政治の真面目は到底見る可らず」(三日天下の覚悟亦悪しからず、明二九、全集十五)といっているのを見ても、日本政治の近代化が彼の晩年の眼において尚いかに前途遼遠に映じたかが分る。その点で、『自伝』に見られる彼の満足感の表明は、他のあらゆる彼の発言の場合と同じく、同時に楯の反面を考慮することなしに理解されてはならない。にも拘《かかわ》らず、福沢の国際的観点の優位の立場が、外からの衝撃《インパクト》のあまりの強さによってその実質的文脈を漸次変貌させたこと、しかも日清戦争の勝利は、彼の危機意識の急激な弛緩をもたらし、日本の近代化と独立の前途に対する楽観的展望を産んだことは到底否定出来ない。福沢逝《ゆ》いて半世紀、歴史はその展望を見事に覆《くつがえ》すことによって、却って彼の発想の根本的な正当性を立証したのである。

（追　記）

本稿執筆に当り、富田正文・土橋俊一両氏から、資料閲覧に関し種々便宜を与えられたことを感謝する。

（福沢諭吉選集第四巻、一九五二年七月、岩波書店　『丸山眞男集』第五巻）

福沢諭吉の人と思想
――みすずセミナー講義・一九七一年一一月二六日――

藤田省三　いい突発事故というのはないものなのですけれども、たまには、歓迎すべき突発事故というのも、小さい規模ではあっても、あっていいのではないかと思っておりましたところ、今日は萩原延壽さんがご病気でお見えになれませんので、萩原先生の代わりに、偶然のことから丸山眞男先生が、「福沢諭吉の人と思想」というお話をしてくださることになりました。〔丸山先生のことは〕いままで八回を通して、再三、言及されたことだと思いますけれども、そういうことになりましたので、これはたいへん歓迎すべき、喜ばしいハプニングだと思って、主催者の側としまして、講師の側としましても、大変ありがたいことだと思います。

では早速、丸山先生にお願いいします。植手〔通有〕先生および私は、今回はさがらせていただきます。

丸山眞男　萩原先生も、藤田先生、植手先生も、みんな私の昔からの友だちで、伺《うかが》ったら、萩原先生の病気で予定が狂って困っていらっしゃるということで、義を見てせざるは勇なきなり、というほどのことではありませんが、代役をつとめましょうと言ったのですけれども、なにしろ急な話なものですから……。私は弁解するのは嫌いですが、いかにインスタント時代でも、ちょっと急すぎまして、とうてい講義の準備をする暇がないのです。内幕をお話しますと、そうじゃなくても、私はダベルのは大好きですけれど、一方的な講義は非常に苦手で、ですから講演というのはあまりやったことはありません。

私はふだん、資料というようなものを、こういうふうにバラバラにして、関連する資料をクリップに綴《と》じてしまってあるのです。急にこういう話になりましたので、しょうがないものですから、それを慌てて持ち出しまして、適当な順序に並べてみたのですけれども、果してうまくつながるかどうかわかりません。つまり、断片的なメロディーがたくさんあって、それを即興で編曲していくということになるわけですから、どこか途中でつかえたり、急におかしな調子が出てきたり、テーマが急激に、あまりナチュラルでなく変わったりすることがあるかもしれませんが、代役ですから、そこはお許しをお願いします。

私はちょっと病気をしておりまして、ここ数年来、こういう壇でしゃべったことがないものですから、果してお終《しま》いまでしゃべれるか自分で心配なのです。それだけお断りしておきます。

ここでみなさんが、福沢のテキストを使ってお読みになっていると伺ったのですが、いままで、どういうお話があったのかを、私はまったく知りませんから、これまでのお話とぶつかったり重複したり、いろいろあるのではないかと思います。ただ、だいたいお話される方が政治思想史の方ですので、なるべく話題が抵触しないように心がけるつもりでおります。

題なんてものはありません。福沢というテーマを、一回だけ、それも代役でしゃべるというのがそもそも無理な話で、中野重治の『鷗外 その側面』は名著ですが、その題を借りますと、これは側面の断面の断片の、さらにナントカのナントカということになるわけです。

一

ご承知のように、福沢については、昔からいろいろなレッテルが貼られています。相矛盾するレッテルが、さんざ貼られてきたわけです。また実際、福沢のものをお読みになったらわかりますけれども、表面的に取れば相矛盾したようなことを言っておりますので、それを統一的に把握するということは非常に困難です。

福沢についての、いろいろなレッテルのなかで、比較的よくできていると思うのは、鎌田栄吉という人のものです。福沢の直弟子で、いまの方はご存知ないでしょうが、慶応の塾長もやりましたし、貴族院議員・枢密顧問官・文部大臣などになった人です。その鎌田栄吉が「福沢コンパス説」というのを言っています。まず、これをご紹介いたします。

『我が福沢先生』という本（一九三二年刊）がありまして、これは福沢の文字通りの直弟子たちが書いたものです。この中に、鎌田栄吉が書いています。ちょっと読んでみます。「私は、先生を物に譬《たと》へると一つのコンパスの如きひとであると云ふ説を書いた事がある。コンパスといふのは、どうでも伸縮して、小さな円も描き、大きな円も書き、一本の脚は自由自在に変化するが、他の一本の脚は一点に固着して動かない。丁度福沢先生はこのコンパスの如き人である。独立自尊といふ主義の点にちやんと立脚して、此の一脚といふものは、どんな事があつても外へ動かない。又、学問で云ふと、数理の上に立つてゐる。数理の上に立脚して、数理に外れることは一切用ひない。さうして、空漠たる議論にも及べば、堂々たる議論にも及び、又非常に微細なる細かい議論にも及んで来るのであります。けれども、一方の立脚した所は少しも動かない。他の一方を自由自在に伸縮して、さうして、大円を描き、小円を描く。それが大変な経国の大事にも、又小さな家庭の始末にも、常に鞅掌《おうしよう》するといふやうな風に、頭は始終働いてゐる。云々」と、これが、簡単に言うと福沢コンパス論であります。

これは、福沢の人と学問を表現してかなり妙であると思います。少なくも、コンパスの一方の足が自由自在にいろんな円を描く。ただ円の大きさということだけではなくて、また、円だけならまだしも、コンパスが伸びたり縮んだりするものですから、非常に妙な跡を描くわけです。とんでもない、奇想天外な跡を描く。ですから、それを追いかけるのが非常に大変なのです。

ある時の、ある状況における発言から、福沢はこうだ、あの発言はこうだという議論になるから、まったく相反するような見方が出てくるというのももっともであって、それが、福沢について理解が困難になる一つの原因をなすわけであります。

いかにコンパスが奇想天外の跡を描くか、ということの一つの例を上げてみます。それは、明治十八年八月一日から六日にかけて、『時事新報』に、宇宙生という匿名で彼が書いた「立身論」*という一論であります。これは非常に長いもので、ぜんぶ申しあげると、これだけで時間を食ってしまいますので、なるべく簡潔に申しあげます。

ここで彼が言っているのは、名利を得ようとするならば、自分の存在をまず世間に知られることが緊要である。今日の言葉でいえば、いかに自分のイメージを売り込むか、が大事だ、というのが、この「立身論」のテーマです。学問や芸術で世に抜きん出ようとするのは、尋常一様の方法であって、世間にはこれを努める者が多いから、こういう方法は迂闊《うかつ》である。もちろん学芸を勤めなければならないけれど、その他にいろいろな工夫がいる、と言って、自分の存在を世間に知られるためのいろいろな工夫を書いています。

たとえば、一「容貌言行は奇にして非凡なるを良しとす」。非常な美男子であるか、非常な醜男子。顔に赤い痣《あざ》があるか、または切り傷・鉄砲傷の痕《あと》などがあれば、最も妙である。しかし、こういうものは求めても得られるものではありません。そこで、黒白の髯《ひげ》を長く延ばすとか、奇妙な形に剃りつけるとか、あるいは頭髪を非常に長くし、ことさらにこれを乱して梳《くしけず》るか、あるいは衣裳の一部分を極端に美しくし、他の部分をわざと粗悪にする。「美悪不揃ならしむるも亦《また》一策なり」。たとえば洋服ならば、非常に長く大きくするか、または短く狭くする。これはヒッピー時代を予言しているわけです。そういうことがいろいろ書いてあります。

その後にこういっております――西洋諸国のように「礼儀の外貌すでに整斉したる社会」、礼儀がちゃんと整っているような社会では、この実行がなかなか困難である。それでもなお多少の余地はある。しかるに日本は、いままさに時勢の変遷最中である。したがって、こういうことができやすい、というわけです。「容貌の奇いよいよ奇にして、人に咎められることなく、唯応《ただま》さに非凡の名声を博すべきのみ」。これは格好でもって、人目につくようにすることとです。

またたとえば、大勢の面前で人を罵倒《ばとう》するというのが一つの方法である。これも、やり方があるのであって、「如何にも毒々しく聞えながら、真実に無毒なること、鉄砲を放て弾丸なきものの如くなるを要す。之を空砲罵言と称す」。テレビの放談なんかで、よくこういうのがあります。

言葉なんかでは、東京語が最上であるけれども、地方の人が無理にうまい東京語をしゃべろうとするよりは、むしろ、田舎言葉を丸出しに用いるほうが、かえって効果を上げることもある、ということも書いてある。

それから、後進生が立身するには金が足りないだろうけれども、これも工夫のしようである。「奢《おご》らんよりも、寧《むし》ろ奇なるを貴ぶ」。家財道具は、安物のなかに一つ二つ、他に比べて不釣り合いの、良いものを揃えておく。それで人を瞞着する、というわけです。

人に何かを説得しようという場合、理論ではとても先方の耳に入らないと思った場合、あるいは、こちらの学がちょっと足りないと思った場合にはどうするか。そういう時には、誠意誠心を先とし、「精神一到何事かならざらん」というような陳腐な言葉でもかまわない、喋々《ちょうちょう》として己の志を述べていく。「所謂《いわゆる》熱心家なるもの、是れなり」。そういう誠心誠意主義でぶつかっていくのがいい。

西洋だったら、宗教問題以外では、政治とか商売の問題では、こういう人物がいると、これは気がおかしいって、だいたい相手にされないけれども、日本では案外うまくいく。「事の利害得失を考へずして、唯々熱心の情を憐み、談論、時として慷慨《こうがい》に入れば、主客共に涙を揮《ふる》ふて自身を忘れ、遂に其言を採て、其人を用るの例は少なからず」。天下後世の批判なんてものは考えないで、目下一身の利達を計るものは、専《もっぱ》らこういう熱心家のふりをすればいい。「其熱度いよいよ高くして、其の奇のいよいよ奇なれば、世に知らるることいよいよ広くして、身を立つることいよいよ速なる可し」。速く有名になれる、立身ができるというわけです。

それから、だんだん議論を展開していきます。

「凡《およ》そ今時に在て、社会の権力は大概皆長者に専有せらるるの常なれば」(長者というのは、今日の言葉で言えば、お頭・目上ということです)、立身に熱中するものは、長者の歓心を得ることが大事で、その手段もいろいろある。たとえば、奥さんとか、お妾さんに取り入るのは序の口である。長者の家の内幕を見すかし、その弱点を抵当におさえるのがいいのだ。主人の家に病気で危篤の患者があるが如きは最もいいチャンスである。そういう時に取り入るのがいい。

いま一歩進めれば、長者とともに悪事を犯すというやり方がある。一緒に悪事を犯す。ただし、刑に触れるような大悪事は、もちろんマイナスになるから困る。刑に触れない程度の悪事を犯す。女色とか賭事、こういう点で共通の秘密を持つ。そうすると、目上のほうは、共通の秘密を持っているから、どこかへいってバラされると具合が悪い、体裁が悪い。刑には触れないけれども体裁が悪い、というので大事にするようになる。

その他、長者に少年時代の質問をする。そうすると、目上というのは、昔はこういうものだったよと得意になって昔話をするから、それを謹んで拝聴しろ、とか、そういういろんなことが沢山書いてあります。ずいぶん露骨なものです。

さすがに彼は、これを宇宙生という匿名の寄稿という形にしてこれに前書をつけています。「今、世に在て善を為《な》さんと欲するものは、他の悪を為す者の情を知ること緊要なり。盗むの法を知る者にして、初めて盗まるるの禍を避く可《べ》し。欺くの術を明《あきらか》にして、初めて欺かるるの愚を免る可し。本編の如きは、即ち小人の狡猾手段を知るの方便にして、宇宙生の之を寄せたるも、畢竟《ひっきょう》その手段を知らしむるの微意のみにして、之を人に学ばしむるの本意には非《あら》ざる可し」と。私の見るかぎり、これは福沢の変通自在の言論の、一つの最も極端な例です。

もちろん政治論では、ご承知のように、『通俗国権論』に「万巻の万国公法は一門の大砲に若《し》かず」というような、露骨なマキャベリズム・権力主義の発言があります。けれどもこの「立身論」はそういう天下国家論ではなくもっと日常的な人間行動に関することで、それがほとんどシニシズムにまで昂進した一つの例です。冗談を言っているのかと、よく読んでみますと、ぜんぶが冗談でもないらしい。「盗むの法を知る者にして、初めて盗まるるの禍を避く可し。欺くの術を明にして、初めて欺かるるの愚を免る可し」というのは、本音のようでもあります。

つまり人間の行動というものを論ずる場合に、是非善悪の実質的な価値判断というものを、いっぺんぜんぶ棚上げして、技術的に中性化した認識として論ずる。そうすると蛇の道は蛇になる。蛇の賢明さをもって相手の行動を観察することができる。そこからリアルな観察力が磨かれる。けしからん、けしからんというモラリズムの世界から、とにかく一旦抜け出しませんと、こういう激しい世の中では、距離を置いた観察力というのは出てこない。だから、人にもそれを養うことをすすめる。具体的な説き方は、直接的に善をすすめるのとむしろ正反対の説法になる。こういうやり方の極端な例として「立身論」というものをあげたわけです。

福沢のこういう面は、決していままで知られていなかったわけではありません。福沢にはどこか偽悪的なところがあるということが、よく言われます。しかし、これが果たして単純に偽悪趣味と言い切れるかどうかということが、一つの問題だと思います。

もちろん、偽善者(彼の使っている言葉によると偽君子)というのを、福沢は非常に激しく嫌悪し、また軽蔑しました。だから、ある場合には、わざと自分の弱点を人の前に開けっぴろげにしたりなんかするということがあります。

ご承知のように、儒教のモラリズムに対する彼の執拗な攻撃点の一つは、儒教道徳というのが偽君子を生むということにありました。『学問のすゝめ』の十一編「名分を以て偽君子を生ずるの論」というのがそれです。けれども、これを偽悪趣味といってしまえば、そういう「趣味」は、ちっとも珍しいことではなく、福沢の特色とするに当たりません。

むしろ、一般的に申しますと、日本では偽悪というのは、逆説的に、しばしば偽善の効果を持つことがあります。日本の風土では批判的な思考が弱いですから、自分の姿勢をいちばん低くしておいて、どうせおいらはインチキですよ、と最初に言っておくと、寝そべった姿勢は重心がいちばん低いですから、いちばん安定しているわけです。そういう安定した位置から、理念とか理想とかを求めようとする、背のびした生き方を嘲笑するというのは、よく見られる風景であります。江戸の「町人根性」以来の、これが一つの処世術です。

はじめから自分を最低に位置づけておくわけですから間違いない。言行不一致とは決して言われない。どうせおいらはインチキ者ということから出発するのですから、それ以上、下にはさがることはありえない。ある場合には、案外あいつはしっかりしているなといわれ、評価は上がることはあってもそれより下がることはない。そういうふうに最初から重心を低く、姿勢を安定させるという生き方。こういうところから、最初に自分のマイナスをさらけだすと、かえって、あいつはなかなかアケスケだとか、人間味がある、なんて褒められる。これが日本の「真心」文化の盾の反面であります。

福沢の場合はこういうケースに当てはまらないということは、独立自尊の「自尊」(セルフ・レスペクトの訳ですが)という用語一つをとってみても、わかります。はじめから、どうせおいらは、と言って自分を低く規定する町人根性と、ちょうど逆です。それはセルフ・レスペクトという、その用語一つとってみても明らかだと思います。

福沢が生涯に一貫してアピールしたことは、日本人の「品性を高尚に保つ」こと、また高尚にすることでした。品性にはカラクトルという英語が当ててあります。キャラクターです。品性を高尚にするということ、この主張は一貫しています。ですから、初期の著から例を出せば『学問のすゝめ』の、先ほど申しました「名分を以て偽君子を生ずるの論」の次の編は「人の品行は高尚ならざる可らざるの論」というのがすぐ続いています。

最晩年においても、たとえば明治三十年十一月六日、大阪の慶応義塾同窓会での演説*があります。そこで、「我党の士に於て特に重んずる所は、人生の気品に在り」。そもそも気品とは英語にあるカラクトルの意味であって、ふつうの道徳論でいう善悪邪正などという簡単な基準を言っているのではない、もっと深い、広い意味で言っているのだ、と言っています。あたかも孟子のいう浩然の気と同じもので、これを説明することは、はなはだ難しいけれども、いやしくも人間として、この気風、品格の高尚なるものにあらざれば、どんなに才知や技量があっても、君子として世に立つべからず、と言っています。

著名な『福翁自伝』のいちばん最後の言葉も同じです。彼は満足した生涯であった、と回顧して自伝を結んでいるのですが、「されば私は、自身の既往を顧みれば、遺憾《いかん》なきのみか愉快なことばかりであるが、さて人間の欲には際限のないもので、不平を云はすればマダマダ幾らもある」と言って、政治のことでは、外交とか立憲政治とかいろいろあるけれども、生涯のなかに、残る余生でやってみたいと思うことは、「全国男女の気品を次第々々に高尚に導いて、真実文明の名に愧《は》ずかしくないようにすることと、仏法にても耶蘇《ヤソ》教にても孰《いず》れにても宜しい、これを引き立てて多数の民心を和らげるようにすることと、大いに金を投じて、有形無形、高尚なる学理を研究させるようにすることと、およそこの三カ条です」と。これが自伝の最後の言葉になっています。シニカルな偽善家どころか、こういう言葉だけを聞くなら、むしろ平凡な道学者でも言いそうな願望を、晩年まで抱いていたということになります。

さきほど、姿勢を低くする、いわば居直った偽悪のことを申しましたが、その居直り偽悪は陽性であります。けれども、居直り偽悪が陰性になったのが、福沢があらゆる悪の中で最も悪い悪と規定した、怨望というものです。『学問のすゝめ』(第十三編)の中にあります。怨望というのは、あまり昔の書物にも出て来ない漢語で、なにかの訳語として用いたのかどうかわかりませんが、まあ一口にいえばルサンチマンということです。つまり、独立自尊の反対概念で、独立自尊の欠如体が怨望になる。これ以外の、他の悪徳というのは、善徳と紙一重だ、と彼は言うわけです。傲慢と勇敢は紙一重だ。粗野というと悪いようだけれど、フランクである、率直である、というといいことになる。浮薄、オッチョコチョイというと悪いようだけれども、鋭敏、頭の回転が早いというと、これはいいことになる。そういうふうに普通の善悪は紙一重だというわけです。

ところが、まったく陰性一方で、生産性がゼロな悪徳が怨望なのです。怨望というのは「他の有様によりて我に不平をいだき」「我を顧みずして他人に多《た》を求め」、自分には甘くてもっぱら他人に期待なり、要求なりを求めている。そして、自分の不平を満足させる術は、「我を益するにあらずして他人を損ずるにあり」、他人に損を与えて自分を満足させる。「わが有様を進めて満足するの法を求めずして、かえって他人を不幸に陥れ、他人の有様を下だして、もって彼我の平均をなさんと欲するがごとし」。これが彼の言う「怨望」でありまして、他を引き下げて自分と平等にする。

ナチなんかのやったことをルサンチマン革命とよく言うのですけれども、たとえば、企業の社長にナッパ服を着せて、メーデーの日に労働者と一緒に歩かせる。ざまあ見ろ、平生威張っているけれども、われわれと同じナッパ服を着て歩いているじゃないかということで、社長を自分の地位の方に引き下げる。だけど、メーデーは非日常的なお祭りですから、翌日からまた社長は社長、労働者は労働者になります。ルサンチマン心理を非常にうまく利用したやり方です。そういうふうに、自分が上がるのではなくて、他人を不幸に陥れ、下に引きずり下ろして彼我の平均を得ようという心理を、彼は怨望と言ったのです。他人に対して常に羨み、嫉妬し、対峙するという感情ですから、独立自尊と反対になります。

これをいちばん悪いとしているということは、さきほど申した、人間行動にはすべて陽と陰との両面があるという福沢の命題の例外をなすわけです。そういうところを見ても、福沢の先ほどのような言動を、ただ偽悪趣味と片づけるわけにはいかない。

私がそういうことを申しましたのは、鎌田栄吉氏のいう、片一方のコンパスが、ちょっと我々が理解に苦しむぐらい、動き方がいかに端倪《たんげい》すべからざるものであるか、ということの極端な例を示したものです。そういう動く方の極端な例と、片一方の動かない足との関係がどうであるかということは、鎌田氏は直接には述べていない。福沢についての認識が困難であるということの一つのたとえとして、コンパスの例をあげているだけです。

それでは、もう一方の足のほうはわかりやすいのか。福沢の認識の困難というのは、片一方の足がフラフラ動いて、自由自在に動くから、それでフォローし、把握することが難しいのか。もう一方の動かぬほうの足は簡単にわかるのか。つまり、独立の気性のほうは、自明なものとして認識できるのかというと、これがまた、必ずしもそうでない。

もしこれが本当にコンパスでしたら、一方のほうは振子運動のようにブランブラン動いていても、片一方は動かないことが、目に見えます。したがってこれを認識するのは比較的容易です。

一身独立ということが不動の実体として、ある場所にあるのだったら、これは比較的

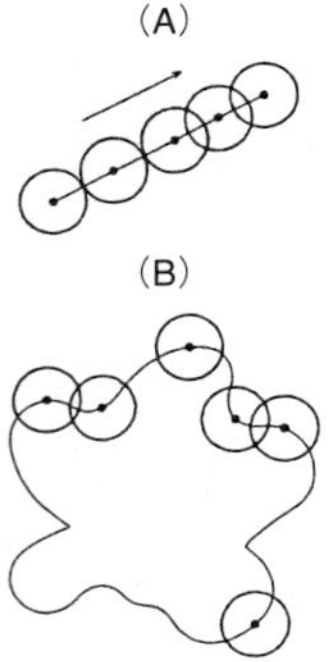

に認識がやさしい。それほど問題はない。ところが実際に、難しいのは、他方の自在に変通する足との関係で独立の思考および独立の行動はなにか、ということが決まってくるという点です。そこに、福沢を摑まえることの、もう一つの難しさがある。

そういう点で言いますと、コンパスというのも、うまい譬喩《ひゆ》だとは思うのですけれども、本当は正確ではない。なぜならば、コンパスの場合には、片一方の足は不動で、片一方の足は動く。ですから、不動の脚の具体的な適用例として、もう一方の脚の動き方を解釈すればいいわけです。しかし、片一方の動く足との関連で、独立の精神のあり方が決まってくるということになると、そうはいかない。中心自体が場との関係で軌跡を描くわけです。

ふつうの場合円でこうなってこうなっている(図A参照)。それぞれの中心があります。これは確かに軌跡です。軌跡というのは、感覚的にすぐには見えません。ただその場合、軌跡が直線だったら、その軌跡はとらえやすい。これが不動の「原則」と、その状況への適用という場合です。ところが福沢の場合はそうではない。曲って動いてるといえば、両方曲って動いているからです。中心自体も曲線で動いており、もう一方の動く円(状況)との関係で中心が決まってくるわけです(図B)。どういう場にあるかということで、中心のあり方、場所が違ってくるわけです。だから、場を通じて、中心の軌跡の一定の法則性――その意味で動かない規則性――を見出していく以外にない。

小泉信三*さんが、福沢のいろいろな発言を、曲がった弓を矯正するという譬喩を使って説明しています。曲がりすぎている弓を真っ直ぐにするにはどうするか、というと、ただ真っ直ぐにしたのでは真っ直ぐにはならない。右の方にこう曲がっているのだから、むしろ左の方にまげるようにすると、ちょうどよくなる。それで真っ直ぐになる。福沢は、いつもそういう発言をする人だ、と小泉さんはいいます。

わざと行き過ぎる。いわば、タクティクスとして行き過ぎる。たしかにそういうところがあって、福沢自身も意識的にそういうことを言っているところがあります。一例をあげると、『通俗国権論』の論旨についても、跋でこう言っています。「仮りに十五年前にありて余をして本論の旨を首唱せしめなば、切歯扼腕《せっしやくわん》の志士はたちまちこれを誤解して、外国の交際になんらの大変を生ずべきやも計るべからず。十五年前にして不可なり、今日はすなわち可なり。すなわち士人の度量を発大して、その推考の働きを綿密にしたるの証ならずや。云々」と言っております。

つまり、十五年前にこういうことを言ったら大変なことになる。だから、あの時には一生懸命、『唐人往来』に現われているようないわば非常におめでたい国際的な調和、インターナショナリズムを言った。攘夷の志士が横行していたから、それでちょうどい い。いまの事態は逆だということで、『通俗国権論』の論が出てくる。猫も杓子も天賦人権の自由を謳歌している、ということで、こんどは国家理性を強調する。この福沢の状況判断が適当かどうかということは、いま私は問題にしていません。彼の考え方を問題にしているのです。ふつうにいえばこういう考え方は天の邪鬼ということになります。† しかしこれまた、ただの天の邪鬼ではない。ある人が左と言えば右と言い、右と言えば左と言うのが天の邪鬼です。天の邪鬼自身に原則性はないわけです。だから問題は、原則のある天の邪鬼とはなにか、ということになります。

ですから、コンパスというのはうまい譬喩ですけれども、中心の方の脚の描く軌跡も、時代と場所と、あるいは相手というものによって、具体的なあり方が違うのだということです。そこで、独立の精神、独立の気性とは何ぞや、というそれ自身のあり方を摑まえるのが非常に難しくなる。こういうことを申しあげたのです。

† 東京政談第三号(明14・2・5)「三田のあまのじやく老爺再び民権家の仮面を被《かぶ》らんとす」参照。

二

ここに至ってはじめて、みなさんがおそらく『文明論之概略』で学ばれたと思うのですけれど、「惑溺」という問題が出てくる。独立の精神、独立の思考、インデペンデンス・オヴ・マインドというのは、惑溺からの解放ということです。私も外国の大学で、福沢の話をしたことがありますが、いちばん閉口するのは、この「惑溺」をなんと訳していいのかということです。英語にしろ何語にしろ、うまく言えない。

独立の精神というものを理解するには、その盾の反面としての「惑溺」というのは何を言っているのかということを摑まなければいけないと私は思うのです。惑溺からの解放が独立の精神ですから、一定の場における惑溺のあり方によって、独立の精神の具体的なあり方が決まってくるわけです。

「惑溺」というのは、人間の活動のあらゆる領域で生じます。政治・学問・教育・商売、なんでも惑溺に発展する。彼がよく言うのは、「一心一向にこり固まる」という言葉で言っています。政治とか学問とか、教育であれ、商売であれ、なんでもかんでも、それ自身が自己目的化する。そこに全部の精神が凝集してほかが見えなくなってしまうということ、簡単に言うとそれが惑溺です。うまく定義できませんけれども、また、定義すべきものでもありませんけれども、自分の精神の内部に、ある種のブランクなところ――その留保を残さないで、全精神をあげてパーッと一定の方向に行ってしまう、ということです。

政治の領域における惑溺は、比較的よく知られています。『文明論之概略』であげています。権力の偏重とか、あるいは虚威とかです。帝王は神様の子孫であるとか、そういうイデオロギーで政治権力を正当化していく。こうした虚威を崇拝することで、本来人間の活動のための便宜であり、手段であるべき政治権力は、それ自身が自己目的の価値になっていくという傾向は、ぜんぶ政治的「惑溺」に入ってくる。

国際関係で言えば、「東洋を信ずるの信をもって西洋を信ずる」。昨日まで、すっかり東洋にいかれていた。その同じ精神構造で西洋にいかれてしまう。そういう惑溺が「外国交際」の領域で起こるわけです。学問や教育の領域でもそういうことは起こると、彼は言っています。一々例をあげませんけれども、要するに、あまり一方向的になって、自分の精神の内部に余地がなくなり、心の動きが活発でなくなるのを、みんな「惑溺」と言っているのです。

彼の惑溺についての命題を、もっと広く規定した言葉の例をあげてみます。日本の現状認識について、日本の状況について彼が言った言葉を一つ、それも比較的によく読まれている初期の著作でなしに、もっと後の時代のものから引用します。

明治二十年一月十五日から二十四日にかけて、「社会の形勢、学者の方向」*という論文を時事新報に連載しています。そのなかで、「日本国の人心は、動《やや》もすれば一方に凝るの弊ありと云て可ならん歟《か》。其好む所に劇《はげ》しく偏頗《へんぱ》し、其嫌ふ所に劇しく反対し、熱心の熱度甚だ高くして、久しきに堪えず」。そこがまた重要なのです。熱心の熱が高いというだけなら、西洋の歴史でも宗教戦争とか、そういう例はあるわけです。けれども日本の場合、好むところに激しく偏頗し、嫌うところに激しく反対し、熱心の熱は甚だ高くして、「久しきに堪えず」というところが非常におもしろい。

だから「一向の方向、直ちに直線にして」パーッと真っ直ぐ進んでいるかと思うと、たちまち変わって、他の方向にまた一直線にすすむ。「前後左右に多少の余裕をも許さずして、変通流暢《りゅうちょう》の妙用に乏しきものの如し。即ち事の一方に凝り固まりて、心身の全力を用ひ、更に他を顧みること能はざる者なり」。要するに、ワーッとこっちのほうへ行って、他は全然かえりみない。かと思うと急に方向を変えて、こんどはこっちへワーッと行く。こういう状況を描写しているわけです。

そうすると、ここで、変通流暢の妙用に乏しいというのは、状況主義的に直線的にワーッと行くことになります。状況主義的に変動するその仕方自身が、彼の言葉で言えば、変通流暢の妙用に乏しいことになる。なぜならば、自分の精神の内部に余裕がないから、世の中がある方向に向かっていると、他のことは頭に入らない。ワーッとそっちへ行く。またこっちの方向へ方向が向かうとワーッとこっちへ行くということですから。それが、つまり状況主義的です。そういう単なるオポチュニズムもやはり「惑溺」なのです。世論の凝集性とか浮動性とか……。そういう、思考方法としての惑溺というものを、彼はいちばんに問題にしている。それからの解放がないと、精神の独立がない。思い込んでしまうと、他のものが見えない。しかも、それが長く続かないで、急激に変わる。今日のコトバで言い直せば、急に方向の変わる一辺倒的思考ということになります。

ですから、独立自尊というのは、実際にスタティックにあるものなら、認識しやすいのですが、具体的な状況の場との関連で、自我のあり方を見ないと、独立自尊というのはつかめないのです。みんながある方向に引きつけられていくのは、これが惑溺になるので、惑溺からの解放というのは、ある具体的な状況、具体的な場で、どっちのほうに風が向いているのか、磁場がどうなっているか、どういうイメージが支配的であるか、その磁場から自分の思考を独立させる、ということになります。ですから、なかなか簡単にはわからないし、また実際にむつかしいということになります。

これは、周囲の世界の傾向性、ないし風向きに対する独立だけではないわけです。自、分の先入見、自分自身の先入見からの独立という問題もあります。ということは、自分の自然の傾向性に対して、不断に抵抗していく。そうでないと、インデペンデンス・オヴ・マインド、独立の精神というのは確立されないということです。

我々の精神は、やはり自分の嗜好《しこう》とか好みとかで、一定の傾斜がついている。だから、放っておけばそっちのほうにスーッと流れてしまう。これが一つの惑溺の因になる。ですからそれにいつもブレーキをかけて、自分の自然的な傾向性というものと反対のほうに重点をおいて物事を判断しなければいけない。さっきと同じような意味でいえば、ここではもう一方の動く足が自分の精神の内部にあるわけです。だから「中心」といった意味は「自分の内心」ということとはちがいます。自分の内心の自然の傾向にたいしてもフィードバックをかけるということが、真ん中にコンパスを置くことに当るわけです。

したがって、自分の精神の内部に沈潜しているところの考え方と異質的なものに、いつも接触していようという心構えが、ここから生まれてくる。精神的な「開国」です。彼の考え方によれば、どんなに良質な立場でも、同じ精神傾向とばかり話を繰り返していれば、自家中毒になる。だから、わざわざ自分の自然的な傾向性と反対のものに、不断に触れようとする。触れるというのは物理的接触ということだけを言っているのではない。精神内部の対話の問題として言っているわけです。ですから、この独立の精神というのは、精神的なナルシシズムとの不断の戦いだということになるわけです。精神的な自己愛撫との不断の戦いということになります。

『学問のすゝめ』の中の、いわゆる「*楠公権助論《なんこうごんすけ》」が大変な波紋を呼び起こして、脅迫状が来て、だいぶ福沢の身辺も危なかったということは、よく知られています。その時に福沢が『*朝野新聞』に、慶応義塾五九楼仙万という匿名で寄稿をして、「福沢氏のために弁ず」(原題、学問のすゝめの評)という一種の芝居といえば芝居ですが、そういう一文を載せた。それが非常に説得力があった。つまり、福沢の名前で出すと自己弁護のように見えますから、そういう一つのお芝居をしたのです。

これは有名なものですから、おそらくお読みになった方もあるでしょう。その最後のほうに、こういう言葉があります。自分が書いたことを楠公権助論というのは非常な誤解である、ということを縷々《るる》述べたあとで、どうしてこういうとんでもない誤解が起こるのかということについてこう言っています。「人民同権は共和政治なり、共和政治は耶蘇《ヤソ》教なり、耶蘇教は洋学なりと、己《おのれ》の憶度《おくたく》想像をもって」、自分が揣摩《しま》憶測して、「事物を混同し、福沢は洋学者なるゆえに、その民権の説は必ず、我嘗《かつ》て想像する所の耶蘇、共和ならんとて、一心一向に」――またここに一心一向が出てきます――「一心一向に之に怒ることとならん歟《か》」…(録音中断)… そうしてそのあとに、こういうふうに言っているわけです。「酒屋の主人、必ずしも酒客に非ず、餅屋の亭主、必ずしも下戸に非ず。世人其門前を走て、遽《にわか》に其家を評する勿《なか》れ。其店を窺て、其主人を怒る勿れ」。

酒屋の主人、必ずしも酒客にあらず、酒が好きなわけではない。餅屋の主人も酒が嫌いで、甘いものが好きだから、餅を売っているわけではない。「世人その門前を走って、にわかにその家を評するなかれ」「その店をうかがって、その主人を怒るなかれ」。これはどういうことか。つまり、ここで彼が言っているのは、酒を売っているから、あいつは酒の好きな人間に違いない。餅を売っているから、きっとあの主人は酒が嫌いで、甘いものが好きな人間に違いない——こういう思考法を彼は問題にしているのです。

ということは、ある主張をすると、その背後にある動機とか、あるいは好みを揣摩憶測する。それからさらに、その背後の人間を憶測する。こういう態度です。そこから、レベルの違いを無視する考え方が出てくる。福沢は洋学者である。洋学者だから民権の説を唱える。民権の説を唱えるからキリスト教なのだ。キリスト教だから共和制なのだと、レベルの違う問題を、みんなつなげてしまう。

なぜ私がここで、何気なく出した彼の譬喩《ひゆ》を——彼はおそらくそんなに深く考えないで出した譬喩だと思うのですが——例にあげたかというと、これは福沢が想像している以上に、福沢の基底にあるものの考え方というものを、よく示していると思うからです。

この例でいうならば、酒屋の主人、必ずしも酒が好きでないだろう、餅屋の主人、必ずしも餅が好きでないだろうというのは、それはその通りです。しかし、なかには酒が好きだから人にすすめて、酒を売っている人もあるでしょう。餅が好きだから餅屋をはじめたという人もあるでしょう。

思想家の場合もそうです。思想家にも、彼のこの譬喩を用いれば、二つのタイプがある。つまり、その人の人物から、その人の言動が、いわば「流出」するタイプ。善とか美とか価値判断にかかわる程度が大きいところの精神領域――そういう領域ほど、それはそれで、思想としての意味を持つ。つまり、自分の内心の好悪、自分の内にある心の正直な吐露、それがその人の思想なのだ、という考えです。

だいたい日本の自然主義というのは、そういう考え方です。それが真心イズムにもなります。自分の醜いものまで、みんな正直にさらけ出す。それが日本の自然主義です。内心の吐露、あるいは自分の好みと、好まないものとを正直に吐露する。餅が好きだから餅を売る、酒が好きだから酒を売る。そういうことは思想の世界でも成り立ちうるわけです。現にそういうタイプの思想家がいる。

けれども、そうではないタイプの人もいるわけです。また、そういう考え方では理解できないような思想もある。自然科学の場合ですと、これは明白です。ニュートンの力学をいくら調べてみても、ニュートンという人間を、そこから想像することは困難です。自然科学の場合は当たり前です。社会科学の場合は、それほど明白ではない。しかし、社会科学の場合でも、学問的な著作になると、それに近くなる。たとえば、『資本論』なら『資本論』の著作からマルクスの人間というものを想像することは非常に困難です。『資本論』の研究とは別に、マルクスの人間について調べないとわからない。ですから、それはケースによるわけです。

ここで大事なことは、思想家のなかにも二つのタイプがある――むろんこの観点から見てのことで、あらゆる思想家の分類を言っているのではないのです――ということです。つまり、自分の生活とか、気質とか、嗜好とか、好悪とかを、自分の思想に直接表出するタイプと、もう一つは、むしろ、そういう自分の生活とか、気質とか、嗜好とか、好悪というものを抑制して、ある場合には自分の好悪に逆らっても、ある事柄に即して、一定のことを主張し、あるいは、一定の態度決定をするタイプ、とこの二つがあります。

福沢は自分を酒屋に見立てる。福沢は酒が好きだから、これはあまりいい例ではありませんけれど、福沢が言う「酒屋の主人」は、自分が酒が好きだから酒を店に出しているのではない。酒に需要があるという判断、もっと立ち入って言うならば、この場所と、この時節においては、自分に要求されているのは、酒を売ることである。この場所にあっては、酒を売ることが自分の使命なのだと思ったら、酒が好きであろうと好きでなかろうと、ある場合には、酒が嫌いであっても酒を売るということになる。それが思想的な作品になって現われる。ですから現われた結論は彼自身の好悪とは反対の場合もある。

この場合でも、彼は酒を売る主体であります。したがって、自分の店で生産したり販売する品のプライオリティを決定することに対して責任を負う、あるいは、売った結果を引き受けるということは当然であります。それがつまり、酒屋の主人であること、主体的な人間であるということの意味であります。だから、もし酒が売れなかったならば、それは、酒が需要されていないということであって、自分の状況判断の誤りである。自分の状況判断が間違っていた。ですから、餅屋ばかり売れている、餅屋はけしからんという思考には決してならない。他人、つまり餅屋を恨むのは筋違いであって、いつも問題は自分に返ってくる。

この場合の主体性というのは、一つの状況判断を、自分の責任において下して、そのなかにおいて自分を位置づけていく、そういう主体性です。酒を売るか、餅を売るかを自分で選択する主体になります。主体性というのは、いろいろな意味に用いられます。自分の信条を他に妨げられないで、そこに価値を賭けるのも主体性であり、他に妨げられず、自発的に自分の内なるものを放出させるのも、つまり、自分の好み、ないし嗜好というものを、なんら妨げられないで社会に表出するという意味での主体性になります。だから、前に言った、第一のタイプの思想家における主体性というのは、純粋に内なるものを外部的に放出するという意味での、内発的主体です。それと第二の意味での主体性というものを混同してはならない。これはどっちがいいとか悪いということではありません。

福沢というのは、明らかに、こういうふうに分類するならば、第二のタイプの思想家です。酒屋の主人、必ずしも酒が好きではない、餅屋の主人、必ずしも餅が好きではない。福沢という店で売られているものは、おれが好きだから売っているのではない。これを売ることが自分の使命だから、現在の状況ではこれを選択して売らなければいけないのだ。それは自分の好みとは別問題、こういうことになります。

なぜ、こういうことを申しあげるかというと、日本で比較的に多い考え方というのは、主体性という場合にも、内発性の意味であります。状況認識とは関係ない、むしろ、ある場合には状況認識を軽蔑して、純粋に内なるものを外に発露させる。これを主体性という場合が多い。純粋に内なるもの、あるいは、内的なエネルギーの外的な爆発です。つまり、酒が好きで、やむにやまれぬ気持ちで、断固として酒を売る、それが主体的ということ、あるいはそれだけが主体的であるというふうに受け取られます。そしてそれがまた、純粋な思想で、人と思想が一体になっている、言行が一致しているといって、比較的高い評価を得る。

福沢は意識的にこういう伝統的な評価に逆らいます。むしろ逆らうということに自分の思想的な生産の意味を見出していたのではないかと思います。自分の思想的な生産の意味は、そういう思考法ではない思考法を主張することです。酒屋の主人、必ずしも酒が好きではないんだぞ、という思考法を、自分の場合に適用するだけではなくて、そういうものの考え方を世の中に一般化すること。それが、『文明論之概略』で縷々《るる》述べている知と徳との問題へと発展します。まず状況を認識するという態度がなぜ必要か、そこにどういう問題が含まれているかということを、あそこで縷々として述べています。なぜ状況認識の問題にそこまで執着するのかということの一つの根拠がここにあります。精神的惑溺からの解放と関連しているのです。

自分の主張は自分の内心の好悪、自分の内面の心の赤裸々な信条の生《なま》の表現ではない。少なくとも、必ずしもない、ということは、言いかえるならば、彼の言動には多かれ少なかれ、「演技」が伴っているということです。自分の内面の思想を正直に、そのまま吐露しているのではないわけです。その意味では、福沢の思想および言動を「演技」として捉えなければいけない。

しかし、演技といってもいろいろあります。たとえば、一人で舞台に登場して、一人舞台をやる。いつも観客を意識して、観客に対する効果を計算して演技するというのは、よくある演技です。しかし、ここで言う「演技」は、そういう意味ではない。一人で登場して、観客と自分だけがいる。自分は常に演技し、観客はそれを見ている。観客に対する効果を意識しているということは、自己顕示度は最高度といえます。先ほどの福沢の「立身法」ではないけれども、自分のイメージを売り込もうということでは、他の人はいないのですから最高度です。しかし、そこには役割という意識はない。ロウルという意識はない。なぜなら、他の人は登場しない一人演技だからです。

役割の意識、これは一定の舞台、一定の状況の場で、大勢の人が演技して、そのなかで自分はどういう演技をするか。ここに役割の意識が生まれます。これがつまり、彼がしばしば言う「職分」です。一定の舞台で複数の役者が、それぞれ違った役を受け持つ。そのなかで、自分の場はどこなのか、自分はその中でどの役を演じるのか、また、どの役を演じるべきなのか。それを問うわけです。

この場合にはいつも、これは一体いかなる舞台なのか、ということを問題にしなければいけない。どんな時にでも、舞台はなんであろうと、自分が一人芝居をしているとなったら、自分だけですから問題にならない。舞台がまずあって、そのなかで自分の役割が決まるわけです。したがって、舞台がなんであるか、これまた、状況認識の問題になります。

彼は時節と場所と言っています。いたるところで言っています。どんな時節で、どんな場所かということを言っています。それは、舞台はなんなのかということです。『文明論之概略』のなかで、道徳の説教というのはいかに大事だといっても、宴会の最中に突然、道徳の説教をやりだしたら、はた迷惑になるという例を出しているでしょう。馬鹿の一つ覚えではなくて、いかなる時節であり、いかなる場所であるかということを踏まえた上で、ある言動をしなければいけない。

いかなる舞台かということ自体、いろいろなレベルがあります。藩という舞台、幕府という舞台、日本国という舞台、アジアという舞台、世界という舞台、そういう空間的な広がりにおけるいろいろなレヴェルがあります。それだけではありません。政治という舞台、経済という舞台、教育という舞台、学問という舞台、芸術という舞台、そういうジャンルで区別することもできます。空間的だけではなくて、歴史的な、時間的な舞台の違い、これが、時勢を知るということです。時勢を知らなければいけない。いかなる時代であるか。昔の時代はこうだった、幕藩体制の時代はこうだった、あるいは、中世はこうだった、現代はこうだ。時代を知り、時勢を知る。これも状況認識の一つの側面です。そのなかで状況的な価値判断をするわけです。

そこから彼がしばしば使う*コンディショナル・グッドという考え方が出てきます。グードとは変な発音ですね。私は、*福沢の娘さんで、いま生きている方が一人おられますけれど、その方に会いましたが、彼女によれば福沢は本当にひどい発音らしいです。おそらく、それは最初、蘭学をやって、それから英学に転向した。福沢というと明治の初めの思想家みたいですけれども、それに違いないのですけれども、我々が忘れやすいことは、明治維新のとき彼はすでに数え年で三十五歳であったということです。福沢は一生の半分を幕藩体制下で生きてきた人間であるということを忘れてはいけない。それはともかくとして、コンディショナル・グッド、つまり条件的な善というのは、絶対的な価値判断でなくて、状況によって制約された善悪ということです。

コンディショナル・グッドというのは、政治的な価値判断の場合にいちばん発揮されることは、ご承知の通りです。政治的な価値判断というのは、彼によれば、ベストの選択でないことはもちろんのこと、ベターの選択でさえない。彼の言葉を用いれば「悪さ加減」ということです。政治なんてどうせだめなものだと言って、選択しないのではない。悪さ加減を比較してみるというと、これは状況認識の問題で、非常にシンドイことです。彼の政治的な思考が、手っとり早い結論を求めるとかいった、ひ弱な精神ではとてもそれに耐えられないということが、そういうところにも現われています。

繰り返し言いますようにこの舞台は、自分だけで演技して、あとは観客というのではない。すべての人が演技として人生を生きる。その術を学ばなければいけない、ということになります。これは後でまた申しますけれども、社会や政治だけでなく、われわれの人生そのものが結局は芝居なのだという、そういう見方が彼にあるのです。

これは、福沢だけではなくて、幕末から維新の激動期を生きた人の特徴です。よく、夢のようだと言いますが、あまりに激動する世界に生きてきたから、到底《とうてい》現実にあったこととは思えない。そういうところから生まれた実感だと思われます。それはともかくとして、人生は、そこで大勢の人が芝居をしているかぎり、大事なことは、自分だけでなくて、みんながある役割を演じている以上、自分だけでなく、他者の役割を理解するという問題が起こってくるということです。理解するというのは、賛成するとか反対するとかいうこととは、ぜんぜん別のことです。他者の役割を理解しなければ、世の中そのものが成り立たない。

他者の役割を理解するための理解力の一つの基準として何があるか、私は別に役者ではありませんけれども、芝居を想像してごらんなさい。他者の役割の理解というのは、役割交換をしてみれば、いちばんよくわかる。自分の役割でない役割を自分が演じてみることです。そうすると、役割の理解とは、他者の理解ということになります。しようと思えば役割交換ができる。そういう訓練が他者への理解力を増していくことになる。

三

ここでまた鎌田栄吉先生に、もういっぺん登場してもらいますが、鎌田氏が、「福沢先生と学生」という文で思い出を語っています。ミル、スペンサー、ギゾー、バックル、コント、マコーレー、ベンサム、トクヴィルというような本を、さかんに福沢先生の許《もと》で読んだ。その際に、先生はこういうことを言っている。「理屈はどうでもつけられる。例へばミルの自由論にした所が、理論の一つとしては実に偉い。然しながら、あれと全く反対の立場も考へられるではないか」と。そう言って、福沢は喋々と反対論を述べた。これが先生の偉いところである。ミルに感心もするが、また反対の説をたてて、ちゃんとそれをしゃべれる、と鎌田氏は言っております。

それで、我々もただ福沢先生に感服するだけではつまらないと思って、研究してみると、ミルというのは、社会の圧制にたいしてそれにたいする個人の自由を説いたものである。けれどもその反対に、社会が万能であって、個人は社会のために棲息《せいそく》しているという考え方も成り立つ、あるいは、社会でなくて、国家にすべてを殉じなければならないという側から説を立てることもできる。たとえば、ミルの自由の理は、元来ウィルヘルム・フォン・フンボルトから出ているけれども、フンボルトは後に説を変えて、むしろ国家主義になった。福沢先生は、ちゃんとそういう反対の立場をも考えて書物を読んでおられる。読んで敬服するが、しかしながら、これと反対の側からも考えることができる大きな頭脳を持っておられる、というのです。

つまり、福沢のシンパシーは明らかにミルの『自由論』にあるわけです。けれども、ミルの『自由論』と反対の立場からの説を述べようと思ったら、いつでも述べられる。これもつまり役割交換です。自分と反対の考え方に対する理解力、それによって自分自身の考え方を練っていくということです。さっき言った惑溺、自家中毒に対する一つの処方にもなるわけです。

こういうふうに考えてきますと、さっき言いました通り、惑溺からの解放という立場に立つならば、自分ないし自分の所属するコミュニティ(これは村であろうと、団体であろうと、国家であろうと、なんでもいい、自分が所属するコミュニティ)において蔓《まん》延《えん》している思考とか、感情とか、行動の傾向、その自然の傾向性というのは特別に強調する必要はないということです。放っておいても、なんとなくみんながそういう考えになるわけです。周囲とイメージを共有していますから、だいたいそういう方向になる。

もし、伝統ということが、これまでの思考の習慣ということだけだったら、それはとくに強調しなくてもいいことになる。放っておいても自ずからそうなるわけですから。むしろ、それに寄りかかるほうが安易になる。そういう態度からは異質的なものと積極的に接触するファイトは生まれてこない。むしろ自家中毒が起こりやすい。つまり惑溺が起こりやすい。思い込みによるナルシシズムがそこから生まれる。

そうでなくて、逆に自分のなかに、あるいは自分の属している集団のなかに、見出せないか、あるいは不足している思考法ないし価値、それを強調しなければいけない。独立、インデペンデンスということを言おうと思ったら、自ずからそういうことになります。

たとえ自分がそれが嫌いであろうと、自分が苦手であろうと、むしろその側面を強調しなければいけない。酒の嫌いなやつばかりいたら、断固として酒屋を開かなければいけない。自分が酒が嫌いであっても、酒屋を開かないといけないということになるわけです。

欠如理論というのは、日本ではマイナス・シンボルに使われる。日本にはこれがない、あれがない、とばかり言って、ないないづくしじゃないかと、だいたい悪口として言う。けれども欠如しているからこそ、ますますそれを強調しなければいけない。本来あるものなら、放っておいても生長するから大丈夫です。もし日本を豊かにしようとするなら、欠如している、あるいは不足している面を強調しなければいけない。本来もっている自然的な傾向というのは言わなくてもいい。むしろそれは自家中毒を起こしやすい。そこでさっき言ったナルシシズム、ないし自己輸出型、あるいはお国自慢の輸出型の思想家とは、どうしても反対の方向ということになります。

福沢について、いままでさんざんお聞きになったと思いますけれど、彼の言説からして、酒屋だから酒が好きなんだろうと推論するような誤解は、いままで無数に行われました。あいつは西洋びいきなんだ、あいつはイギリスにいかれているんだろうという式の……。

福沢の言葉によれば「いまの勁敵《けいてき》は隠然として西洋諸国に在りて存せり」(学問のすゝめの評)、西洋諸国こそ、もっとも恐るべき敵なんだというのが、彼の基本的な状況判断です。この敵から学ばないで、なにを学ぶのだということになる。最大最強の敵から学ぶのが、まさに現代の日本のやらなければならないことだ。幕末維新の状況において、彼はそう考えた。だから、彼は他方においては、西洋にいかれている開化先生というのを、さんざん茶化しています。これも惑溺の一種なのです。

彼の原体験では、彼は維新前に三度、外国に行っています。維新後には一度も行っていない。それもおもしろいことですけれど、いつでも西洋へ行ける時代になった維新後には、一度も外国へ行っていない。外国行きが非常に困難だった維新前に三度行っている。彼のヨーロッパに対するイメージは、その時できあがって、それが彼の西欧文明にたいする原体験になった。

とくに、香港においてイギリス人が中国人を鞭で追いまくる光景を目の当たりにした。そこで彼は言っています。「血気の獣心」――自分もいつかこういうふうにして、イギリス人を鞭でこき使ってみたいものだという血気の獣心をおさえることができなかった。これは、さっきの彼の例に比べると珍しい、内心の正直な告白のほうにあたります。だから、ちょっと照れて、血気の獣心と言っているわけです(圧制も亦愉快ならずや、明治十五年)。

あるいは、『文明論之概略』のおしまいの、自国の独立を論ず、の中にある、「今のアメリカは、もと誰の国なるや。その国の主人たるインヂヤンは、白人のために逐《お》われて、主客ところを異にしたるにあらずや。……この他《ほか》東洋の国々および大洋洲諸島の有様は如何《いかん》。欧人の触るるところにて、よくその本国の権義と利益とを全うして、真の独立を保つものありや。ペルシャは如何、インドは如何、シャムは如何、ルソン、ジャワは如何。……その開化と称するものは何事なるや。ただこの島の野民が、人肉を喰《くら》うの悪事をやめ、よく白人の奴隷に適したるを指していうのみ」。こういうところは彼の実感の正直な吐露になっています。さっき言ったのと反対の側面が、こういうところによく表れています。こういう実地体験から「いまの勁敵は隠然として西洋諸国に在り」、という断定が生まれた。

*もう一つ例をあげれば、横浜の居留地に来ている外国人というのは、十中八、九は碌《ろく》な人間はないと書いています。食い逃げ、飲み逃げ、強姦などなど、ずいぶんひどいことをやったらしいです。そういうことを書いて、それに対する痛憤を洩らしています。

そういう原体験を、そのまま直接的に思想に昇華させない。自分の好み(ライクス・アンド・ディスライクス)と思考とを直接表出しない。原体験をそのまま思想としない。むしろ命題で表現すると反対になるわけです、西洋は恐るべき敵だからこそ西洋の文明に学べ、貪欲に西洋から学べという命題になるわけです。

その文言の意味というのは、すでにいままでの講義でご説明があったと思いますから、私は申しあげません。要するに福沢の言動というのは、そういう意味で、いつも役割意識というのがつきまとっている。彼が教育者として自分を規定したというのも、この役割、この使命感ということに密接に関係しています。

つまり、教育というのは、長期的な精神改造なんだ。自分は政治家ではないから、政治にコミットしない、ということの対比において、彼はそういうことを言っている。ロングランの精神改造というものに彼は賭けているわけです。

彼の主張が自分の赤裸々な信条や行動の、直接的な、ナマの表現ではないという意味では、福沢は非常に演技的です。ですから日本の伝統的な思考法のなかに、真心主義、ないしは、真心主義を引っくり返した、さっき言った、あるがままの自分を率直に出すことが人間的であるという「自然主義」――そういう見方のなかに彼を置いてみると、福沢というのは、なんとなく嫌らしい人間に見えます。

もちろん、さすがの福沢でも、自分の言動を隅から隅まで役割意識でコントロールしていたわけではないのです。そんなことは実際には不可能です。もしすべての行動を、そういう意味で理性的にコントロールして、すべての行動が役割意識から発する演技になってしまったら、それこそ本当に嫌らしい。けれども人間はそれほど理性的動物ではありません。人間が理性的動物でないということを、福沢ぐらい強調した人はいない。人間は情が七分で理が三分ということをしょっちゅう言っています。

ですから、さすがの彼も、醒《さ》めた発言をしながら、ときどき直接的に自分の心情を爆発させることがあります。彼自身は好悪が非常に激しい人間です。それは、彼の言っていることとは明らかに矛盾してしまう。自伝の中で、人生に処する法を述べて、極端な事態というのを、いつも予想して生きよ、といっています。彼にはそういうところがあります。いや、彼だけではなくて、幕末に生きた人には多かれ少なかれあります。勝海舟なんかにもあります。いつも最悪の事態を予想して、そこから平生の覚悟ができる。慶応義塾も『時事新報』も、いつ潰れてもいいと、最悪の事態をいつも予想している。そこでかえって軽く決断して思いきったことができるというのが彼の考え方です。

人間の交際についてもそうです。人間というのは、いつ自分を裏切るかもしれない。そういう最悪の事態を予測している。だから、暗いというか、ある意味では、かなわない精神です。だけど福沢は結果において自分は一度も人に裏切られたことはないし、人と断交したことがないと書いている。これは明らかに間違い――すくなくも言いすぎです。彼は明治十四年の政変のときに、彼を藩閥政府に売った九鬼隆一を一生涯許さなかった。それはやはり福沢自身が自分のパトスというものを自分でコントロールできなかったことを物語っております。そういう面がありますけれども、彼の意識的な思想は、いま言ったような「役割」の認識から発しているということを申しあげたいのです。

先ほどから演技とか、役割とか申しましたけれども、私が勝手にそういう言葉を使ったのではないと私は思っています。というのは、福沢自身が、自分の生涯、ないし、その見聞を、しばしばドラマに例《たと》えています。

『福翁百余話』(明治三十四年)の中から引きますと、当時——維新直後——うち続く社会的・政治的変動や改革を見た彼だけでなく、洋学者一般の心境をこう述べています。「当時洋学者流の心事を形容すれば、恰《あたか》も自分に綴りたる筋書を芝居に演じて、其芝居を見物するに異ならず。固《もと》より役者と作者と、直接の打合せもなければ、双方共に隔靴《かっか》の憾《うらみ》はある可《べ》きなれども、大体の筋に不平を見たることなし」。ここでは、自分、ないし自分に代表される洋学者を、ドラマの台本作者に擬しています。

さらに、晩年、福沢の還暦の祝賀が慶応義塾で行われたときに、演説をしています。明治二十八年十二月十四日です。*「四十年来、時勢の変遷《へんせん》、文明の進歩は、正しく青年の時より今日に至るまでの活劇にして、此芝居を見物し、又その楽屋の趣向にもいささか関係して全国民の大入りを得たるは、古人の夢にも知らざる所のみならず、今の壮年輩と雖《いえど》も、唯《ただ》中幕以下を見たるのみにして、大序、初幕より四十余年を打通しに見物したるは、是《こ》れぞ還暦前後の老輩に限る特典として、老生の少しく誇る所なり」。

つまり、初幕からぜんぶ見たのだと。四十年前というと福沢は維新の時に三十五歳ですから、安政二年、開国のころに当たるわけです。一身にして二生を経たのだと、彼は言っています。半分の生涯を幕藩体制、半分の生涯を明治ということですから、通しで二幕みたようなものです。諸君たちは中幕以後だけを見たのだと言うのです。そうして、「この活劇に付て老生はいかなる役を勤めたるやと云ふに、唯《ただ》空論を論じ、大言を吐きたるのみ。俗に言へば、法螺《ほら》を吹きたるものなり」。明治の初期に、福沢について「嘘を言う吉《きち》、法螺を福沢」という悪口が言われたのですけれども、それを後年意識して自ら法螺を吹いたと、ここで言ったのかどうか知りません。

それから、いまを去ること、三、四十年前は、どういう時代だったかを述べて、そして、洋学者がこういう時代に「西洋の新主義に非ざれば、一国の独立を維持するに足らずと信じて、之に附するに、文明開化(シウイリジエーシヨン)の名を以てし」、これを妨げるものと闘った有様は、あたかも武陵桃源の仙会に酔漢が乱入したようなものである、虚誕をもって世人を驚かせた、とその後で言っているのですから、彼自身あまり空論と思っていたとは見えません。そうして「前に陳べたる如く、老生は四十年来の活劇を序幕より見物したりとて、いささか得色を催ほしたれども(得意になって言ったけれども)、一歩を進めて考ふれば、文明の進歩運動は百千年も止む可きに非ず。四十年前の一芝居にして、今日終りを告ると云へば、今日は正に替目《かわりめ》にて、新趣向の幕開《まくあき》なり(新しい芝居の幕開きである)。今後四十年の間に如何なる出物《だしもの》ある可きや。其巧拙は(その芝居のうまいまずいは)後進諸君の技倆如何に存するものなり」と慶応の学生に言っている。新しい芝居が始まる、これから諸君しっかりやれ、新しい役を演じろ、ということです。もし実践の点で「或は時勢の許さざることあらば、之を筆にし、口にして、高らかに唱道すべし」、大いに法螺を吹けということを言っているわけです。ただし、なにを言うかは、この席で言うべき性質のものではなくて、「諸君の工夫に一任するのみ」と。

これはつまり、彼自身が四十年来の自分の生涯というものを一つのドラマにたとえ、そのなかで自分がどういう役を演じたかということを、そういう譬喩で語っているわけです。

ついでに申しますと、では福沢は芝居を見ていたのかというと、あんまり見ていないのです。明治二十年になって初めて、もちろん歌舞伎ですけれど、芝居を見ています。二十年の三月二十八日に猪飼麻次郎あての書簡がありますが、その中に、「老生は此度芝居を見物致し候。生来初ての事にて、面白くもあり。亦《また》面白くも無之候」といって、次のような詩を、このあとに付しています。

誰か道《い》う名優の技は絶倫なりと　先生の遊戯、事尤《もつと》も新たなり
春風五十、独り醒《さ》むるの客　却《かえ》って梨園の一酔人と作《な》る

この時、福沢は五十四歳です。自分は酔っぱらわないで、醒めてこの五十までできた。ここに至って梨園の一酔人、いい気持ちで芝居を見て酔っぱらった。いい気持ちで芝居

を見て酔っぱらったという意味では面白かったけれども、よくよく考えてみると、この芝居よりは、自分が過ごしてきた生涯のほうがはるかに斬新ではないかということを、芝居を見た感じとして言っています。ここでも「遊戯」という言葉をつかっております。

この詩は、自伝*の中にも引用されていますから、それだけに、福沢が生涯を振り返っての感慨というものを率直に――詩として上手いかまずいかは別として――少なくも、自分の感慨を率直に表現していると、福沢自身が認めていたと思います。と同時に、自分の生涯を一つのドラマとして、その中で自分が一つの役を演じたということが、彼自身の自己意識でもあったわけです。

このごろは、福沢のことをあまりやっていないのですが、終戦直後、私は一生懸命勉強しまして、「福沢諭吉の哲学」という小論を書きました。その中で要するに、人生とは畢竟《ひっきょう》、遊戯なのだ、戯れなのだというのが、彼のぎりぎりの人生哲学だ、ということを述べました。人生は遊戯であるということが、今日申しました文脈に言いかえるならば、人生は一つの芝居であるという命題と密接に関連があると私は思います。

我々の生涯というのはウジムシみたいなもので、はかないものである。けれども、はかないからといって、そこから世間から、社会から逃避するという結論はでてこない。むしろその反対で、「既に世界に生れ出たる上は、蛆虫ながらも相当の覚悟なきを得ず。

即ち其覚悟とは何ぞや。人生本来戯と知りながら、此一場の戯を戯とせずして、恰《あたか》も真面目に勤め」るのが蛆虫の本分である――彼はこう言っています。

人生本来戯れと知りながら、この一場の戯れを、戯れとせずして、あたかも真面目に努める。これは、人生とは何かという認識の問題だけではなくて、実践的な生き方と関係してくるわけです。彼に言わせれば、「本来戯と認るが故に、大節に臨んで動くことなく、憂ふることなく、後悔することなく、悲しむことなくして、安心するを得るものなり」。本来、基本的に人生は戯れである、つまり、虚構である、フィクションである。こういうふうに認めているから、いざ大節にのぞんでも動揺しない。大きな精神的な振幅の揺れを防ぐことができる。精神的な揺れを防ぐというと消極的ですが、ポジティブに言いかえるならば、それが決断という活発な精神活動の秘訣なのだというわけです。「小事は重く思案すべし、大事は軽く決断すべし」という彼の言葉があります。大事は軽く決断すべしというのは、人生というのは戯れなんだという命題と非常に深く関係してくる。どうせ戯れなのだから、どっちへ転んでもたいしたことではない。それを、大変なことだ、と頭にきちゃうと、どう決断していいかわからなくなる。どっちへ転んでもたいしたことはないということから、サッと軽く決断できるというのが、彼の人生哲学です。

「浮世」を軽く視るは心の本体なり」、軽く見るその浮世を、あたかも真面目に、活発に渡るのが心の働きである。「内心の底に之を軽く見るが故に、能《よ》く決断して、能く活発なるを得べし。棄るは取るの法なり」。ここには彼の解釈した一種の仏教哲学的な考え方があります。ここでは仏教との関連とか、そういうことを、直接、私は問題にしているのではありません。いままで申しました、惑溺からの解放という、彼の基本的なテーマと密接に関係しているということを言いたかったわけです。

つまり、こういうふうに、浮世を軽く見て、戯れとみないということになると――人生は戯れなり、という基本命題がなくなると、「事物の一方に凝り固まりて、念々忘ること能はず。遂には其事柄の軽重を視るの明を失ふ」と言っています。事柄の軽い重いを見る明を失うというのは認識の問題であり、前にのべた状況認識の問題です。惑溺からの解放ということの、ぎりぎりの底を突きつめていくと、人生哲学というのは、人生は戯れであるという命題に行きつくということになります。

彼の場合は方法的にこういう考え方が貫かれています。たとえば、「唯《ただ》戯と知りつつ戯るれば、心安くして、戯の極端に走ることなきのみか……」。これは非常に面白いのですけれど、ゲームにあまり熱中しすぎると、ゲーム自体が惑溺のバリエーションになってしまうのです。たとえば、サッカーの試合なんかで、本当の喧嘩になってしまうというのは、ゲームがだんだん熱してしまって、ゲームだということを忘れてしまう。戯れが、いつのまにか本気になってしまう。熱中しすぎると、それ自身が惑溺のバリエーションになる。

したがって「戯と知りつつ戯るれば、心安くして、戯の極端に走ることなきのみか、時に或は俗界百戯の中に雑居して、独り戯れざるも亦可なり」。みんながいろんな踊りをしている、いろんな戯れをやっている。これがこの世の世界なのです。みんながいろんな踊りを演じている。もちろん自分も演じているのだけれども、演じていることを意識化して、対象化するならば、踊りから抜けて、ときどき休息することもできる。

人生は戯れの連続ですから、休息はあくまで休息であって、それ以上の意味を持たない。自分の人生だけは、人生を通じて醒めているのだと言っても、それは自己欺瞞になる。つまり、自分だけは醒めた観客なんだというのは、人生イコール戯れであるという基本命題に反した自己欺瞞になる。ただ、ときどき休んで他人の踊りを眺めるのも、自分の戯れを客観視する上に参考になる。戯れの極端に走らないで、俗界百戯の中に雑居して、独り戯れざるもまた可なり、といっているのであって、おれだけは戯れていないのだというのではない。自分もみんなと一緒に踊っている。ただ、そのなかで一人、戯れないようなことを、ときどきしているというわけです。

（録音中断――以下、植手通有氏メモからの復元）

福沢は西洋文明導入の先覚者ですが、こういう人生哲学を根本にもっていましたから、西洋文明にたいしても醒めた見方をしていました。明治二十五年十二月十六日から十八日まで発表された「富豪の要用」という論の冒頭には、次のような言葉があります。

「西洋文明国の事情を一見すれば、人生の自由を貴び、其同等同権を重んじ、文物燦然《さんぜん》として誠に文明の名に違はざるが如くなれども、其自由発達の極は貧富の不平均を生じて之を制するの手段なく、貧者はますます貧に陥り、富者はいよいよ富を積み、名こそ都《すべ》て自由の民なれ、其実は政治専制時代の治者と被治者との関係に異ならず。又各国互に利害を異にして権を争ひ、此権利を守るに最終の方便は唯《ただ》兵力あるのみにして、兵を増し武器を作り多々ますます際限あることなし。以上の事情は固《もと》より百千年の後まで持続す可きものに非ず、到底数理の許さざる所なれども、左ればとて今の人事の実際に於て貧富を平均するの術なきのみか、強ひて之を行はんとすれば、唯社会の混乱惨状を買ふに足る可きのみ。或は兵備を無益なりとして之を撤せんか、国力忽《たちま》ち微にして弱肉強食の奇禍を免かれ難し。故に文明世界今日の事態を評すれば、到底行く可らざる道を行きながら一歩を退く可らず、後世子孫の事は唯天命に在りとして真一文字に進行するものと云ふ可し。」

これを読むと、福沢が西洋文明の将来にたいして、いささかも幻想をもっていなかったことがよくわかります。福沢にとって、近代化はむしろ「宿命的なもの」と言う意味をおびていました。このように近代化を捉えながらも、しかも日本の課題として近代化を強力に推進していこうとする彼の態度は、ニヒリズムと紙一重の所にあったということができます。

（以上、植手メモより）

私のつたない話は、これでおしまいになるわけです。これで私の話は終わりですが、ご参考までに、ここに持ってきたのは、*『学商福沢諭吉』という本であります。明治三十三年に出た本です。匿名でありますが、全編、福沢を攻撃した本です。いろいろ書いてありますが、要するに、拝金主義者としての福沢を全編、攻撃してある。

明治三十三年というと、福沢が亡くなる一年前であります。これは公平の批評を試みたのだと言っていますが、学商というのはどういう意味で言っているかというと、「氏を盲信して之《これ》を崇拝する者或《あるい》は之を『三田賢人』と云ふ。然《しか》れども其実《そのじつ》氏は純粋の学者にあらず、即ち『学商』と云ふべき者なり。政事を以て利を営むの具となす者、之《これ》を政商と云ふ。学問を以て利を営むの具となす者、宜《よろし》く之を『学商』と云ふべし。氏は実に今世『学商』中の錚々たる者と謂《いう》て可なり」。こういう意味で学商と言っているわけです。

この内容は一々紹介しませんけれども、一、二例を挙げますと、幕末において「我邦をして遂に開国の説を採るに至らしめしにつきては、渠《かれ》多少の功なしと謂ふべからず。凡《およ》そ人の説は境遇に由りて異なり、氏が一身独立と各人平等の説は、其の小藩の下士の家に生れて、藩中に志を得ること能《あた》はざりしの賜ものと云ふも可なり。若《も》し氏をして今の藩閥中に生れしめば反《かえっ》て極端なる『ネポチズム』を執り、『アンチリベラリズム』に傾きしも未だ知るべからず」。

現に、福沢はこう言っているではないか。「余は初め中津藩の小士族にして、他人に軽蔑せられし其不平不愉快は骨に徹して忘るゝこと能はざるを以て、其後徳川政府の翻訳の職人に雇れしも、人に屈して低頭するを好まず」と言っているのではないか。「藩の如き小天地に跼蹐《きょくせき》せず、藩主の如き無用の長物を眼中に置かず、藩吏の如き愚昧の人物に頓着せずして、夙《つと》に全国の利害に注目し、又国外の形勢に着眼せしは大に善し。……是れ然しながら氏が郷里に於《お》いても、又幕府に於ても、大に用ゐられずして、其《その》志を得ざりし結果に外ならず」。これはさきほどのべた典型的なルサンチマンの見方ですね。福沢が、中津藩において、あるいは幕府において用いられなかったから、そういう心理的な動機から、彼の独立思想は出ている。こう言って攻撃している。

いろいろな悪口があるのですが、これは本当にあったことかどうか私は知りませんが、たとえば、「氏の曾《かつ》て米国に在るや、著名なるフレノロジスト(骨相学者)あり、氏を相して曰く、是《こ》れデブル(悪魔)の相なり。若《も》し夫《そ》れ善路に向はゞ大に善しと雖《いえど》も、一たび方向を転ずる時は悪漢となるべきの人なりと。氏之《これ》を聞きて懌《よろこ》ばず、其後は骨相学者に遇ふも、堅く観相を謝絶せり。亦《また》以て氏の神経鋭敏なるを見るべし」と。

ここでちょっと面白いのは、こういうふうにさんざん悪口を言いながら、「然れども氏は既に老いたり。氏の時代は既に去れり。今に於て之を咎《とが》むるは抑《そもそ》も酷なり。余等唯《ただ》後進の為に一言を加ふのみ」と。こう言っています。

明治三十三年というのは、『修身要領』が出た年です。『修身要領』は、福沢自身が直接つくったものではなくて、福沢の弟子が、独立自尊のプリンシプルに基づいて、いくつかの箇条を上げたわけですけれども、すでに明治三十三年頃は、忠君愛国主義と、家族国家観が勃興しはじめた時ですから、独立自尊ということ自体、かなり攻撃の的でした。ちっともラジカルなものではないのですが、かなり攻撃の的になっていました。明治の初めと、時代の全体の気候が変ってきたのです。ですから、福沢にたいするいろいろな批判を、この後につけています。

たとえば『日本主義』という雑誌(?)に載った論説とありますが、樗牛の「日本主義」か、そのへんは樗牛の原文をみないとわからないのですけれども、それを「附録」として紹介したところに、「三田翁の修身説を笑ふ」という一文が引かれています。「徳川の時代の圧制の夢未《いま》だ醒めず、頻《しきり》に自由独立を絶叫す。翁が経済録処世論、多くはこの頑夢の裡《うち》より吐き出づる。今日の日本にては、少しく時代おくれなり」。同じですね。やっぱり時代遅れという批判の仕方です。「翁はまた西洋の旧思想に迷溺し、ベムザム、ミル等の自主独立に服従す。翁既にベムザム、ミルの奴隷なり、その言行に於て、翁の既に独立特行の士にあらず。……翁の初め日本に向て、独立特行を揚言せし時や、実に効ありしなり。されど幕府たふれて、立憲国の美を成せる今日は、あまりに放恣に流れて、寧《むし》ろ独立自主の弊を矯《た》むべき時とは成れり」。いまや独立自主は行き過ぎている。「而《しこう》して翁はなほ以て自主独立を主張すべしとなす。翁も亦《また》耄せるかな」。耄碌《もうろく》したものであるなあ。これが明治三十三年における、福沢に対する一つの批評です。

それから、井上哲次郎の、『修身要領』への批評を、この後に付けてあります（*「福沢翁の『修身要領』を評す」『教育学術界』）。井上も、「ルソー氏の権利平等説とは何ぞ、独立自尊主義の謂《い》ひに非らずや。而《しこう》して氏に於ては（氏においてはというのは、ルソーにおいては）理想に過ぎざりし此《この》主義を社会に実現せんとせる、是れ仏国大革命に非ずや。之《これ》に由りて見れば服従なきの独立自尊主義は社会の基礎を動乱せしむる者なるや明らけし」。

独立自尊主義は危ないと。そして、西洋にばかりあるように言うけれども、東洋にもそういう思想はあるということを述べて、同時に、また西洋にしてみても、「之を西洋に見れば第十八世紀の思想にして、今日少しく哲学を研究せる者は知らざる者なき陳套《ちんとう》の思想なり。今更ら之を日本に唱道するが如き果して如何ぞや、吾人太《はなは》だ其意を了解し難きに苦しむ」と言っています。

明治三十三年の時点で、福沢の独立自尊というのは、すでに時代遅れであると言われていたということを申しあげておきます。

さて、この私の原稿の断片のいちばん最後に、こういう古い紙が出てきました。終戦直後の、昭和二十二年*に、私が福沢についてしゃべった時の原稿は、こういうザラ紙なのです。いま、明治三十三年の例を出しましたが、この原稿も昭和二十二年ですからずいぶん昔のことになりました。これをちょっと読んでみます。最後の結語のところだけです。

「今度の戦争中に、福沢の言説の中の「国権論」「大陸発展論」を強調し、戦後は彼の自由主義、民主主義の面を強調するというような傾向が、つまり、戦争中に福沢の言説の中の「国権論」や「大陸発展論」を、戦後になったら一転して、彼の自由主義・民主主義の面を強調するというような傾向がもしあるとするならば、それは福沢の精神とちょうど反対であります。

無論、そういう人々の意図はわからぬことはありませんが、地下の福沢はむしろ喜ばなかったでありましょう。福沢がもし生きていたならば、彼は必ずや、戦争中においては、一身独立し一国独立す、個人自由なきところ、下からの個人の自由な自発性に支えられずしてどうして国家の発展があるかということを切論したでありましょう。また、戦後の今日では、自由主義・民主主義・文化国家などと、美名が世を覆っているが、民族の独立の気概なく、世界情勢に右顧左眄《うこさべん》し、国際的に強そうな方に媚《こび》を呈するような奴隷根性のあるかぎり、個人の自由も民主主義も無意味なたわ言だと痛論したでありましょう。それこそが、独立自尊の戦いに一生を賭した福沢の真の精神であると、私は信じます。」

クズ紙のような原稿をお見せして恐縮ですが、これをもって、本日の話しの結びといたします。

（みすず、第四一二号、一九九五年七月、みすず書房『丸山眞男集』第一五巻）

福沢における「惑溺」

――昭和六〇年度福沢諭吉協会総会における講演――

只今は、富田〔正文〕先生から、過褒敢えて当らずというご紹介をいただきました。今日は一応「福沢における「惑溺」」という題を付けましたけれども、最初からお断わりしておきますが、これは文字通り羊頭狗肉《ようとうくにく》の話でございます。この問題について何か私が結論を持っているとすれば、むしろ話は簡単でございまして、結論を申し上げて、そして時間の許す限りそれをパラフレーズすればよいのですが、実は私もそれほど明確な結論がなくて、自分自身がさまよっているあいまいな問題について話をするわけでありますから、一体与えられた時間でどのくらいお話できるのかということを、非常に疑問に思っている次第でございます。最初から弁明めいて申しわけございませんが、羊頭狗肉だということをお断わりしておきます。

ご承知のように、福沢が依拠し、福沢の思想形成において、非常に重要な役割を果したところの外国書との関連につきましては、前から研究が進められておりまして、今、富田先生のお話にも出ました、例えば、板倉卓造博士が既に戦前に、『「学問のすゝめ」とウェイランドの「モラル・サイエンス」』をお書きになっておられますし、戦後におきましては、一層そういう外国書との比較研究が進みまして、いちいち例を申しませんが小沢栄一氏の『近代日本史学史』とか、亡くなられました甲南大学の伊藤正雄*先生のご研究とか、あるいはそのあとをついで、同じ大学の安西敏三氏とか、北大の松沢弘陽氏とかが、原典との比較を試みておられます。また福沢の用いる語彙《ごい》についての文献学的な研究も進藤咲子氏とか、丸山信氏とかによって盛んにすすめられております。私もそういう方々の、驥尾《きび》に付して、本日のテーマである「惑溺」という言葉をとり上げる次第でございます。

福沢がいろいろな外国書を非常に自由に読んで、自由に活かしたということについては、本日ご列席の方々は、十分ご承知のことで、ほとんどその点については申し上げる必要がないのではないか、と存じます。大幅に原典の文章に依拠している場合でも、比喩《ひゆ》は全部変えて日本史の中から比喩を取ってくるといった、そういう能力については、私が強調するまでもないと思います。

むしろ私は、こういうことを申し上げたいのです。しばしば日本の学者への悪口として「横のものを縦《たて》にしただけじゃないか」ということが言われます。けれども、考えてみますと横のものを縦にするということは大変なことであります。もし問題があるとするならば、横のものを縦にすることが大変なことであるという、その困難さの自覚というものが、逆に乏しい――もしくは乏しくなっていった――ということにこそ問題があるのではないか。これは言うまでもなく、何百年、あるいは何千年の伝統を持った異質的な文化との接触の問題と関係してきます。従って、そこには非常に難しい問題があります。今日でも、日本は翻訳文化国であるといわれるくらい翻訳はどんどん出ておりますけれど、果して横のものを縦にすることの困難さの自覚というものがあるかどうかという点については、必ずしも肯定的な答えはできないのではないか。

私どもの祖先は、かつて中国の非常に高度な、世界に冠たる文明と接触しまして、そして非常な苦労の末に、ご承知のように言葉の問題についても、訓読とか、あるいは返り点とか、驚くべき発明をいたしました。これは縦のものを縦にするわけですが、しかし中国語と日本語というのはそもそもグラマーの構造が違いますし、もちろん文化的背景も違います。ですからこれは実はやはり大変なことだったわけです。荻生徂徠という江戸時代の儒者がいますが、徂徠*がやったことを一言にしていえば、われわれが日常読んでいる『論語』というものは、外国語で書かれている古典だ、という宣言をしたということに尽きると思うのであります。これはコロンブスの卵でありまして、なんでもないことのようでありますが、大変な革命的宣言だったのであります。

「友あり遠方より来たる。また楽しからずや」というふうに読んで、千年以上も前からわれわれ日本人は『論語』を読んだつもりになっている。ところが実は、それは日本訳を読んでいるのであって、『論語』自身というものは古代中国語で書かれている。翻訳にともなう「和臭《わしゅう》」について無自覚な点を徂徠は突いたわけでありまして、この宣言から甚大なショックを受けることなしには、あの本居宣長の『古事記伝』の業績というものも私は生まれなかったろうと思います。

ですから、横のものを縦にするということを、軽々に言うことはできないということであります。その実質的な困難さの自覚というものは、近代日本の後の時代よりはかえって幕末及び維新の初めの思想家の方にあったように思われます。その自覚が、ヨーロッパ文明を貪欲に吸収するエネルギーになったと同時に、横のものを縦にすることの困難さの自覚が、逆説的ですけれども、彼らの思想を豊饒《ほうじょう》ならしめた、つまり、たんなる翻訳文化以上のものにしたという、そういう関係があるのではないかと思います。今は言語学とか、あるいは哲学的に言うと構造主義などで言葉の問題が非常に重視されておりますが、そういう難しい話は別としましても、とくに明治の初期の思想家にとっては、ヨーロッパ語を日本語にするという言葉の問題は、今日単純に「翻訳」という表現ではとうてい言いつくせないほど重要な思想的課題を内包していたのであります。

維新前後にヨーロッパ語が怒濤《どとう》のように流入しましたときに、ご承知のようにほとんど漢語をもって当てるわけです。従って幕末から維新直後にかけての思想家においては、漢語を翻訳語として用いる場合、用法が三つあったと思うのです。一つは、伝統的な漢語をほぼそのままの意味で使っている場合。第二は、伝統的な漢語を換骨奪胎して、やや違った意味に使ったケースであります。だれでも思い浮かぶのは、たとえば「自由」という言葉でありまして、もとは仏教語ですけど、江戸時代には自由というのは我儘《わがまま》勝手というような大体悪い意味で使われている。ところがそれに今度はリバティーとかフリーダムという言葉を当てるとなると、これは自由という言葉があるにしても、意味内容に非常に大きな転換があるわけです。これが第二のケース。第三のケースというのは全く該当する言葉が無い場合です。これは造語しなければいけない。福沢はご承知のように得意になって最初に出た全集*の緒言にそのことを書いております。例えばコピーライトを「版権」と訳す。「版権」というものは文字通り無かった言葉です。言葉が無いということはそういう観念が無いということの現われですから、ある文化にある言葉が無いということも重要な意味をもちます。実質的な観念が無いから言葉が無いわけです。もっとも右の二と三とのケースはそう簡単に区別できないわけで、両方にまたがっている場合もあると思います。たとえばブックキーピングを「帳合之法」と訳した。恐らく「帳合之法」というのは全くの造語というより、たとえやり方は大福帳式にしても、「帳合」に似た言葉が商家にはあったのだろうと思います。それにしても複式簿記などはとても想像外でありますから、造語とも言えるわけで、二と三の中間であります。そういうふうに三つのケースがあるわけです。

さて、本日のテーマの「惑溺」でありますけれども、これは福沢の思想に、とくに福沢の最も豊かな思想形成期について多少ともお読みになった方はお気付きのように、頻《ひん》発《ぱつ》してくる言葉であります。ですから私も昔からどうして「惑溺」という言葉をあんなに用いたのかということ――今日余り見なれない漢語でありますから――を、福沢研究者の一人として疑問に思っておりました。その頃、若い友人と、惑溺というのは何かきっと福沢の頭には、それに当る外国語があったに違いない、「溺」というのは溺れる、耽溺するということだから、インダルジェンス(indulgence)を当てたのかなぁなどと、話し合っていたのを覚えております。

一九五〇年代に、ここにいらっしゃる富田先生初め、塾の福沢関係のことをやっておられる方はご存じと思いますが、確かもう退任されたと思いますが、ケンブリッジ大学で日本学をやっていますカーメン・ブラッカー(Carmen Blacker)という女性学者が日本にまいりました。まだその頃若かった人ですけど、福沢の研究を慶應でされたわけです。その頃から今日まで私はずっとお付き合いがあります。その頃よく私の家にもやって来まして、いろいろ福沢のことを話したのを覚えておりますが、帰ってから彼女が出したのが、The Japanese Enlightenment(日本の啓蒙)、副題がa study of the writings of Fukuzawa Yukichiという書物でありまして、一九六四年に初版が発行されております。

この本は恐らく、思想家としての福沢について、西洋で書かれた最初の本ではないかと思います。この書物の最後にグロサリー(glossary)が付いています。その中の一番最後に「惑溺」という項目があります。そこにこうあるのであります。

Fukuzawa's pejorative term for intrinsic value, value attributed to things in themselves irrespective of the way in which they functioned.

つまり内在的な価値に対する福沢のけなし言葉。それが現実に作用する、機能する仕方にかかわりなく、そのもの自体に帰属されるところの価値、これが惑溺である——こういう説明があります。

内幕を申しますと、この解釈は、私がブラッカーさんにお話した説明(私がブラッカーからもらったのは一九六四年版)でして、こう申し上げても決してブラッカーさんの名誉を傷つけることにはならないと思うのです。ブラッカーさんは、福沢研究者にとっては残念ですけれども、その後だんだん研究の対象が変りまして、日本における神秘主義の研究、修験道とかそういうものに関心をむけられて、二、三年前に、岩波から『あずさ弓——日本におけるシャーマン的行為——』という訳が出ております。日本のシャーマニズムの研究を、東北に行って巫女《みこ》さんと直接インタヴューして出された。これは私の知る限り、日本人による研究も含めて、日本のシャーマニズムについて最も深い洞察を含んだ書物であります。私はブラッカーさんというのは、数ある日本研究者の中でも第一級の人であると言ってはばかりません。ですから、たまたま私が、右の解釈を示唆したといっても、ちっともそれはブラッカーさんの名誉を傷つけることにはならないと思うのです。

ただ私がそういうふうに申しました意味は、つまり現実に作用する仕方というものを問わないで、そのもの自身を尊いとする考え方は——福沢の言葉で言うならば「物の尊きにあらず働きの尊きなり」ということを倒錯しているからだ、そういうふうに働きを忘れて、物それ自身を尊ぶのが、「惑溺」だというわけです。ですから、内在的価値それ自体を惑溺というのではありません。その点、ブラッカーさんの説明はちょっと言葉が足りないと思います。ただ、そのころの私にしても現実には何も「惑溺」という言葉を研究していたのではなくて、福沢が実際の文章の中でどういうふうに「惑溺」という用語を、どういう文脈で使っているかというのをいろいろ当ってみて、そこから帰納して出した一応の結論にすぎないわけです。右のような解釈が間違っているというわけではありませんけれど、とくにその言葉について研究したのではありません。

さて、今日はもちろん時間の制約内ですけれど、もう少し言葉に即して「惑溺」ということについて、結論は出ないにしてもお話してみたいと思うのであります。

「惑溺」というのは、さきほどの三つの分類に入れると、どれに入るかというと、二でもあり三でもあるといえます。つまり「惑溺」という成語はあるわけです。これは実はブラッカーさんと話した時には私は気が付いていなかった。ただ福沢はどうしてそういう変な言葉をさかんに使ったんだろうという興味で、福沢の実質的な使い方に即して、さきほどのような定義をブラッカーさんと話したにすぎません。実際は「惑溺」という漢語は昔からあります。孫引きでありますが、例えば諸橋『大漢和辞典』にちゃんと出ています。諸橋さんは二つぐらい例を出しております。その一つは、中国の『*世説新《せせつしん》語《ご》』であります。この『世説新語』は、漢籍に多少通じていられる方はご存じの本でありまして、江戸時代においてかなり読まれたので、この『世説新語』についての注釈なども江戸時代に出ております。臨川に封ぜられた王の劉義慶の撰でありまして、できた年代は大体宋代、宋といっても南北朝時代の宋、大体六朝時代に当るわけです。この書物は大体後漢から東晋までにかけてのいろんな逸話を集めて、それを三十六門に分類してあります。詳しいことは*吉川幸次郎先生が「世説新語の時代」という論文を書いておられますから、どうかそれをご参照願いたいと思います。

その『世説新語』も、漢の劉向の「世説」という亡佚した書物に対して、注釈して、新しく作り直すという意味で劉義慶が「新語」と言った。もっとも義慶は「新書」と言ったらしいのですが、その後いつの間にか「新語」として通用するようになったのであります。これはアネクドートが三十六門に分かれているのでありますが、徳行とか言語とか、政事とか、文学とか、そういうふうに項目がある。そのおしまいから二番目に「惑溺」というのが出てまいります。つまり題名として出てくるわけであります。劉義慶においては、その「惑溺」についてのいろんなエピソードを載せているのでありますが、その内容はここでご説明はいたしません。大体、字から想像されるように、例えば酒色に惑溺するとか、そういう意味の「惑溺」の逸事であります。

それはともかく、江戸時代においても「惑溺」という言葉は、そんなに度々ではありませんが、使われておりました。つまり漢語としての「惑溺」でありますが、一例を申しますと、*安積澹泊《あさかたんぱく》の『大日《だいに》本史《ほんし》賛藪《さんそう》』という著があります。安積澹泊は水戸学の出で、徂徠とも文通のあった儒者であります。『大日本史』は結果的には論賛《ろんさん》を削除してしまったわけです。これもくだくだしくご説明申し上げませんけど、削除してしまったものですから、結局安積澹泊の『大日本史賛藪』というのは、安積澹泊が書いた論賛を別に集めて本にしたものであります。その安積澹泊の論賛の中の推古天皇――ですから帝紀になるわけですが、この帝紀の中の推古天皇、舒明天皇紀の賛(巻之八)にこうあるのであります。訓読いたします。「而《しか》るに皇太子の言を入れて(皇太子というのは聖徳太子のことです)、(中略)盛んに仏教を興し、寺院を刱《はじ》め、僧尼を度し(得度をさせるということです)、天下翕然《きゆうぜん》としてこれに嚮《むか》う。惑溺の甚だしき、女主にありては素より論ずるに足らず(推古は女帝ですから、女の天皇などというものはそういうものだ、まあしょうがない、ということであります)」。もちろんこれは、けなし言葉として使っているわけです。

更に同じく『賛藪』から例を出しますと、「逆臣伝」で、蘇我馬子及び子孫伝の賛(巻二百三十一)のところ、「蓋《けだ》し蘇我稲目の仏像・経論を其の家に蔵せしより、馬子の惑溺ますます甚だしくこれに事《つか》うること尤《もつと》も慎しむ」と。仏像とか、経論《きようろん》――経論というのは、三蔵*のうちの経蔵《きようぞう》と論蔵《ろんぞう》ですが――を有難がり、要するに仏教信仰が一種のフェティシズムにまで堕落して、惑溺にいったのだということでありまして、これは福沢が「惑溺」という言葉を使う場合にも、参考になる例ではないかと思います。

それから、これは諸橋さんの辞典の中にも引用している例でありますが、頼山陽の『日本政記』の中で、孝謙天皇の項のところには、例の和気清麻呂《わけのきよまろ》のことが出てまいります。その中に、われわれも中学の時に習った覚えがありますが、頼襄曰く、士に貴ぶところはその気節有るを以てなり云々とあって、橘諸兄《たちばなのもろえ》のことをさんざんけなしております。「橘諸兄は華冑《かちゅう》を以って(貴族の出身であって)位正一位を極む。聖武の婦言に惑溺し無益の興造を事とするも、その一言これを匡救《きょうきゅう》するを聞かざるなり」。つまり、橘諸兄は補佐の臣でありながら一言も諫言をしなかった。聖武天皇が婦言に――婦言というのは言うまでもなく光明皇后のことを指すわけです――惑溺したのを正そうとしなかったのはけしからん、というわけで、やはり「惑溺」の用法は安積澹泊の場合と共通しております。

それから「惑溺」そのものではありませんが、それに非常に似た例をもう一つ挙げますと、山片蟠桃《やまがたばんとう》という、ご承知のように大阪の懐徳堂系の、儒者というよりはよく言えば自由思想家がおりますけれど、彼の『夢の代《しろ》』の中に無鬼論という説があります。一種の無神論です。その中に鬼神論においては朱子のような大儒でも陥惑に陥る。「古は異端の害少なく、人の心も素朴なる故(素朴にすなおという仮名が付けてある)、聖人も鬼神の説をとり給ふなり、今の如く鬼神に溺惑(惑溺を引っくり返して使っている)するを見給はば、聖人また興るとも必ず無鬼をとり給ふべし」。

つまり聖人が現代に興れば、必ず無鬼論、鬼神などというものは存在しないという説をとるだろう、と言っております。鬼神に溺惑すると言っても惑溺すると言ってもほとんど同じ意味であります。陥惑あるいは溺惑という表現をつかっております。

時間がないので一々申しませんが、こういう例は、さかのぼりますけど、『山鹿語類』*の「論異端」(巻三十三)の中にも、例えば「宋の陸子静(陸象山でございます)、明の王陽明は切《しき》りに仏見《ぶつけん》*に陥溺す」と。素行《そこう》はまたこうも言っております。「異端の説を闢《ひら》いて、人をして邪路に陥溺せしめざるは聖人の心なり」とあります。

以上の例で「陥溺」「陥惑」というのも「溺惑」というのも、ほとんどこれらは「惑溺」と同じ意味に用いられていることが分ります。ですからこういう表現は漢語としては決してそんなに突飛な言葉でなく江戸の学者によって用いられていたということになります。

それから今度は、話が直《す》ぐ維新の直後に飛ぶわけでありますが、この言葉を使ったのは、必ずしも福沢だけでないのであります。維新初期の例、とくに啓蒙思想家の例を短い時間で申し上げます。その一人は西周《にしあまね》であります。西周はご承知のように日本の近代哲学の元祖でありまして、『百一新論』*という有名な本があります。『百一新論』を書く前に『*百学連環』というのを書いております。「百学連環」というのは、エンサイクロペディアという言葉の「サイクル」というのを連環と訳したのだろうと思います。明治三年の、旧暦で言うと十一月四日でありますが、その日から西周が家塾の育英舎で講義したものを筆記したのが『百学連環総論』であります。明治三年という非常に早い時期に西周が、この講義で次のように言っております。

「さて物に就て(ここで盛んに外国語を使っているのですが) prejudice, superstition の二ッあり(その prejudice という字に臆断をあてております。これも福沢がよく使う言葉です。それから superstition に惑溺という字があてております)。臆断とは自分流儀に事を決するを言ひ、惑溺とは徒《いたず》らに事を信ずるにあり。其《その》二ッの生ずる所以《ゆえん》は真理を得ざるにあり。譬《たと》へば今彼処《かしこ》に狐ありて能《よ》く人を欺《たぶ》らかすといへば、其を徒らに信じて実に狐は人を欺くものなりとせり。是を惑溺と言ひ、又人ありて狐の人を欺く能はずといふ所以の理を知らずして、徒らに狐は人を欺くものにあらずとなす。是を臆断といふ。臆断と惑溺とは学者最も忌《い》む所なれば、必ずしも真理を得て此二ッの病を避けざるべからず」云々と。そしてそれにはまず狐を捕えて、よくだますかどうか実験してみて、それでだまさないということがわかれば忽《たちま》ち真理がわかる、真理を知れば右の二病は忽ち消滅する。

こういうことを『百学連環』に書いているのであります。これは明治三年でありますから維新後の「惑溺」という言葉の使用としては非常に早い例です。先程の仏教、あるいは仏像に惑溺したという江戸時代の言い方と、大体連続した用法であります。

もう一つ例を挙げますと、これは関西大学の掛川〔トミ子〕教授から教示されたものでありますが、ご承知のように明治の初めに*『日新真事誌』という新聞がございます。その明治七年の五月十四日の投書欄に、こういう「投書」が出ています。

「余偶々《たまたま》愛知県下名古屋ニ遊ビ、博覧会ノ将《まさ》ニ始マラントスルニ際シ」一隊の芸者、芸妓数百名が人力車に乗って通過している。そこでこれは何のためだと人に聞いたら、豊川稲荷の御開帳があるので芸妓数百名が迎えに行くということだ。「余喟然《きぜん》トシテ歎ジテ曰、今ヤ文運開明ニ赴キ百事無用ノ物ヲ廃シ之ヲシテ活用セシメ而シテ（どうもこれは廃仏毀釈の平田学のイデオローグの一人ではないかと思うのですが）淫祠ヲ毀《こぼ》チ皇神ヲ尊崇スルハ一新ノ要旨ナルヲ、彼ノ愛知県下ノ如キハ聖意ノ在ル処ヲ知ラズ、旧染ヲ脱セズ、公然トシテ狐狸ノ淫祠ヲ信ジ、*仏氏ノ妄誕ニ惑溺シテ斯《かか》ル邪神ヲ尊敬シテ」云々と。あとは長いから略しますが、こういう「投書」があるのです。「仏氏ノ妄誕ニ惑溺ス」「妄誕」も「惑溺」もこれは両方とも福沢がよく使う言葉です。

そうするとこういう用語は、必ずしも福沢が作った言葉と言えない。むしろ明治の初期においては今申し上げたような意味において、福沢以外の人も使っていた。啓蒙思想家乃至《ないし》はこういう投書家も文運開明と相反するという意味で、仏氏の妄誕に惑溺するというような表現を使っていたわけです。

さらに一つ例を挙げますと、これはそのものずばり、バックル*の『英国開化史』であります。これは大島貞益、ご承知のように経済学者でありますが、大島貞益が太政官に勤めておりまして、その太政官の翻訳局訳述となっていますが、実質的には大島貞益が訳しているわけです。識語《しきご》を見ますと、明治七年六月とあります。従ってこのバックルの『英国開化史』は、福沢のものを読んで初めてそれに気が付いたのではなくて、独自に大島貞益が読んだということがわかります。バックルの『英国開化史』の初めの方、ジェネラル・イントロダクション、しかもその中のまた最初の方だけしか訳しておりません(訳稿の写本三巻が内閣文庫にあります)が、原文と比べますと非常に達意の訳であります。余計なことですが、太政官が『英国開化史』というような本を、維新後の混乱の際ですから何でも訳させた、と言えばそれまででありますけれども、直接文明開化に役立つわけではない、西洋文明の開化の由来を説いている本まで訳させたというのは、維新政府もなかなか大したものだったと思うのであります。それはともかくとしまして、この中の、第二篇のところにこうあります。

「総テ風土ノ模様ト名クル者ノ、主トシテ人ヲ感動スルハ、想像ノ心ヲ熾《さか》ンニシ、無数ノ惑溺ヲ惹キ起シテ、大ニ知識ノ進歩ヲ害スルニ在リ」

ここの「無数ノ惑溺」のところの原文を見ますと、"……by suggesting those innumerable superstitions which are the great obstacles to advancing knowledge" となっています。つまり superstitions が「惑溺」と訳されているわけです。そうして惑溺が「知識ノ進歩」の反対概念として用いられているところが、のちにのべます福沢のケースを考える場合に重要と思われます。さらに別の個所には「人民蠢愚《しゅんぐ》ナル間ハ惑想独リ旺張《おうちょう》シ（中略）人皆理外ノ理ヲ臆度ス。故ニ何ノ国ニ於テモ疾疫ヲシテ盛ナラシムル者ハ又必ラズ惑溺ヲ強クシ、理論ヲ圧倒シテ想像ヲ盛ニスルノ力アリ」とあります。大島訳は達意ですが、原文をかなり大幅に要約していますので一語一語必ずしも対応していませんが、右の文の「惑溺」云々のところは "strengthen superstition and aggrandize imagination at the expense of the understanding" を訳したものです。「惑溺」はやはり superstition の訳語で、また「理論」が understanding を、「想像」が imagination を訳したものであることが分ります。

イマジネーションというのは今は大体いい意味に使われますけれども、やっぱりバックル自身が、どっちかというと悪い意味で使っている。それを大島が想像と訳して、想像が理論を圧倒してしまう、そうすると惑溺が強くなる。そういうふうに、まさにバックルに即して、「惑溺」という言葉が使われているという例を、申し上げたわけでございます。

そういうまえおきの上に、さて問題の福沢が「惑溺」ということをどういう文脈の中で使っているか、という問題に入るわけであります。

大体福沢についてみますと、惑溺を使っている時期を三つに分けることができると思います。第一の時期は、これが実際は一番重要な時期になりますが、福沢がこの言葉を集中的に使った時期であります。これはおよそ明治二年頃から、戦後に発見されました*「覚書」というメモを書いた時期までです。「覚書」は大体これは推定でありますけど、八年頃から十一年頃まで、必要に応じて書いたものであります。したがって明治二年頃から明治十一年頃まで、これが第一期に当り、この時期が一番重要であります。もっと早い例があるかもしれませんが、私のみた限り最も早い例が『西洋事情二編』の中に出てまいります。

『西洋事情二編』に「仏蘭西史記」というのが巻之三にあります。これは明治二年に書いておりまして明治三年に発行しております。ここでフランス革命の経過を書いている。「ジャーコビンの党類」すなわちジャコバン党がルイ十六世をギロチンにかけて、

「政府の挙動、恰《あたか》も狂するが如く」「当時事を用る者の説に、邪蘇《ヤソ》の宗旨は徒に人心を惑溺せしむるものなれば、之を廃すべしとて、寺院を毀ち、寺領を没収し、(中略)国中に布告して曰く、以後仏蘭西《フランス》人は自由不羈《ふき》の趣意を信じ、公明正大の理に帰依し、此大義を以て天神に代ふ可しと。粗暴も亦《また》甚だし。名は自由なれども其実は然らず。今般の革命を以て仏蘭西の政治は暴を以て暴に代へたるのみならず、改革を望みし者も自由を求めて却《かえつ》て残虐を蒙《こうむ》ると云ふ可し」。

これはロベスピエール独裁の生んだ「恐怖《テロル》の支配」を福沢が、『西洋事情』の中でこういうふうに紹介しているわけです。彼の価値判断はともかくとして、その布告の中に、キリスト教というのは人心を惑溺せしめるもので理に反する、といっているのは、ちょうどさきほど紹介した仏教についての非難と、用法が非常に似ております。

ですから福沢が最初使用しているときは、さきの西周の場合とほとんど同じ意味に使っているということがわかります。

さて、ここでちょっと福沢自身の訳著からはずれますが、明治七年一月に(出版されたのは二月でありますが)*松山棟庵という人が、『傑氏萬邦史略』という訳本を出した。傑氏というのは、アメリカ人のケルネイのことで、その『世界史』という書物のようですが、私はその原書を実は見てないので、どういう人だか知りません。その書物に福沢が序文を書いている。この序文は明治七年の一月に書いておりますが、ここに惑溺という言葉が出てまいります（全集、第十九巻参照）。

「善を行ふの間は善人なり、悪を行ふの間は悪人なり。旧悪を思ふ可らず、旧善を思ふ可らず。正に其時の言行を以て其人を評す可きなり。和漢の歴史家この趣意を知らず、我先入惑溺する所の説を主張して妄《みだ》りに他人の善悪を評し、人の所業の一斑を見て我説に適せざるものあれば、定めてこれを悪人と為し、或は評して姦物と称し、他に見る可き美事あるも只管《ひたすら》これを覆はんとするのみ。太史公が史記を著したるも其一例なり」。ここでは司馬遷の『史記』が勧善懲悪史観として槍玉に上っています。さらに、日本の史書にもこういう例があるといって、これは史書の名前を出しておりませんが、例えば、北条氏、足利氏の扱いをみると姦物ぞろいである。「当時の人愚なりと雖《いえど》も、数十百年の久しき、甘じて此悪人に服従するの理あらんや。畢竟歴史家の惑溺に由て記事の趣旨を失したるのみ」と、こうあるのであります。西洋の歴史書にもこういう弊害はあるけれども、これほどひどくはない。日本の方が歴史家の惑溺は一層ひどい、と言っている。北条氏、足利氏の扱い方を例にあげているのは、頼山陽の『日本外史』のことではないかと思われます。これはもう『文明論之概略』における伝統史書批判の趣旨に非常に近付いている。現実にこの序文が書かれたのは明治七年の一月でありますから、論旨が似ていても当り前であります。

さて、いよいよ『文明論之概略』に入るわけでありますが、この『文明論之概略』はご承知のように、大体明治七年の三月頃から執筆をしております。明治七年の十月に、イギリスにいた彼の弟子の馬場辰猪に宛てた有名な手紙があります。この中に『文明論之概略』と非常に似た言葉が出てきます。

「方今日本にて、兵乱既に治りたれども、マインドの騒動は今尚《なお》止まず、此後も益々持続すべきの勢あり。古来未曾有の此好機会に乗じ、旧習の惑溺を一掃して、新しきエレメントを誘導し、民心の改革をいたし度、迚《とて》も今の有様にては外国交際の刺衝に堪不申」。ですから、このままだと法の権も商の権もみんな外人に犯されてしまうという、福沢のナショナリズムを非常によく示している手紙です。「我輩の目的は、我邦のナショナリチを保護するの赤心のみ」と言っております。で、そのあとに、「内の妄誕を払わざるを得ず」——つまり国内の平均を為そうとするには、階級制を打破して平均を為そうとするには、まず妄誕を払わなければならない。この「妄誕」というのも「惑溺」と同様にしばしば使っている言葉であります。これはほとんど『文明論之概略』と同じ論旨であります。

ご承知のように「惑溺」という言葉が最も頻発してくる『文明論之概略』の中で、彼は惑溺の定義を与えております。これはどなたもご存じの一節でありますが、第二章で、「此時に当て日本人の義務は、唯この国体を保つの一箇条のみ。国体を保つとは、自国の政権を失はざることなり」。ここで当時の国体論の批判をしているわけです。日本人が日本の政権を握ってるというのが、国体を保持しているということです。だから北条氏や足利氏に政権が移ったというのは、国体を失ったと言えない。日本人が日本の政権を持ってる限りは国体は保持されている。しかも、今、一番緊要な問題なのはこれなのだ、日本の独立を失わないことなのだ、ということが彼の言いたいことでありますが、その自国の政権を失わないためには、「人民の智力を進めざる可らず。其条目は甚だ多しと雖ども、智力発生の道に於て第一着の急須は、古習の惑溺を一掃して(先程の馬場辰猪への手紙とほとんど同じ言葉を使っています)、西洋に行はるゝ文明の精神を取るに在り。陰陽五行の惑溺を払はざれば、窮理の道に入る可らず。人事も亦斯《かく》の如し。古風束縛の惑溺を除かざれば、人間の交際は保つ可らず。既に此惑溺を脱して(こういうふうに盛んに「惑溺」が出てくるのです)、心智活潑の域に進み、全国の智力を以て国権を維持し、国体の基初て定るときは、又何ぞ患《うれう》る所かあらん。皇統の連綿を持続するが如きは易中の易のみ」。皇統の連綿をもって国体の本旨とする考えがあるがそれは間違いだ、日本人が日本の政権を維持することの方がプライマリーに重要である。そうすれば皇統の連綿を維持することはそんなに難事ではないのだ。逆に言うと、イギリス人が、インドの「土人」を利用して支配したように、日本人が日本の政権を失って、外国人が天皇制を利用して日本を支配することがありうる、この方が危険なのだというのが福沢の国体論です。国体論は当面のテーマではありませんが……。

こうして惑溺を頻発しておいてから、次の段に「惑溺の文字は其用る所甚だ広くして、世の事物に就き様々の惑溺あれども」云々といってその「惑溺」の定義を下しているわけであります。この点に立ち入りますと長くなりますので、時間がありましたらあとで論じることにして、他の論著での惑溺の使用法を見てゆきます。

先程、惑溺使用の第一期は、明治二、三年頃から「覚書」までと言いましたが、「覚書」(明治八年九月頃〜明治十一年頃)の中にこういう言葉があります。

「聖明の天子、賢良の臣、難有《ありがたき》御代、楽き政府などゝは、元来、何物を指して云ふことなるや」(これは「覚書」ですから、かなり思いきったことを書いているんですね)「偽に非ずして何ぞや。佞に非ずして何ぞや。人心の愚なることを以て見る可し。(中略) 活眼を開て古今の歴史を見よ。支那の湯武(湯王と武王)は何事を為したるや。書経などは湯武の奴隷たる史官の筆なり。何ぞ之《これ》を証するに足らん。仁徳天皇、何の功あるや。諂諛《てんゆ》を恥とせざる家来共の口碑に伝へたるまで(の)ことなり。況《いわ》んや近代の天子将軍に至ては、其人物の取るに足らざるは事実に於て明に見る可くして、天下衆人の心の内に認る所なれども、之を敢て外に見《あら》はす者なし。加之《しかのみならず》、学者士君子と称する一国の人物が、尚この惑溺を免るゝこと能はずして、動《やや》もすれば其著書又は建白等に不都合なる文字を用るもの多し」。学者士君子のような知識階級が、建白などに恐れながらというような表現を用いたりするのを、やはり惑溺とみているわけです。

それからとくに惑溺の使い方として重要なのは、西洋文明を絶対化しないで、これを相対的に見ようと主張しているときに、「惑溺」という言葉を使っていることです。だから逆にいえば「惑溺」というのは、今日の俗語で「いかれてしまう」といいかえたらいいと思うのですが、科学的根拠なしにいかれてしまうのはみな惑溺です。「覚書」のなかで、日本と西洋とはわずか一歩の差だということを言ってるところがありますが、

「日本の人心は、正に国王の聖徳を信じ、相将の賢才を信じ、先生を信じ、頭取を信じ、旦那を信じ、親方を信ずるの時代なり。西洋の人心は一歩を進め、政治を信じ、法律を信じ、約条を信じ、改革を信じ、所謂《いわゆる》ステートマシーネリ(これは英語を使ってるわけです。国家機構です)を信ずるの時代なり。一歩の前後はあれども、其軽信惑溺に至ては、趣を異にすることなし」

これが非常に大事な点なんですね。向うの方が進んでるけれども、ちょうど君主の聖

徳を信じてるのに代わって、ステートマシーナリを信ずるようになる。つまりパーソナリズムの信仰に代って、機構信仰、制度信仰になっただけだ。治者信仰よりはましだけれども充分な批判的な精神なくして信じてるという点では、あんまり差はないのだ、一歩の前後があるだけだ、ということを言っている。これは同時代の欧米にもある「惑溺」の例です。手段が自己目的化しているのは、福沢によればみんな惑溺の一種です。「覚書」にはほかにも例がありますが略します。

『文明論之概略』は皆さんよく読んでいらっしゃるからおわかりと思いますが、非常に重要な命題のところで、惑溺という言葉を頻発しています。ですからこれは時期としても一番大事なのです。

むしろ私が問題とするのはこの時期に集中的に使って、その後急速に使用度数が減るのは何故か、ということであります。そこで便宜上、明治十一年、ちょうど「覚書」が終った時期から大体明治十五、六年前後までを第二期とします。この時期にどういう場合に「惑溺」を使っているかという例を一、二申し上げます。有名な『通俗国権論』、これは明治十一年であります。「緒言」を書いたのが明治十一年七月で、出版されたのが九月であります。これは『通俗国権論』の二篇でない方です。そこでこう言っております。

「数百年以前までは、英雄豪傑と称する人物にして、或《あるい》は神仏に惑溺したる者もなきに非《あら》ざれども、旧幕府二百五十年の太平に、文物大に進歩して、儒林、文壇、学者の社会には、次第に惑溺の沙汰を聞かず。今日に在て苟《いやしく》も有智有徳、以て社会の実用を為す可《べ》き人物は、啻《ただ》に宗教を信ぜざるのみならず、其これを信ぜざること愈《いよいよ》固ければ、愈以て人品の貴きを表するの証と為す可きに至れり」とまで言っております。ここで福沢が、宗教を信じないというのは、べつに宗教を蔑視しているのではなく、また敵視してるのでもない、ただ宗教を度外視するだけだ、「宗教の外に逍遥してよく幸福を全《まっと》ふするは、我日本の士人に固有する一種の気風にして……」といって、ここでは幕藩体制をその点でむしろ再認識しているわけです。そうしてこれを西洋と対比している。「西洋諸国上等の社会が、宗門に熱心して(ここは惑溺とは言っておりません)、動もすれば親戚朋友の間にも争論を起し、小は日常交際の苦情、大は人民殺戮の惨酷を見るが如き流儀に比して、精神の自由・不自由、万々同日の論に非ざるなり」。だから彼が言いたいことは、「文明開化は必ずしも宗教の種類如何に由らず」。これは『文明論之概略』で既に言ってることであり、また実質的にはバックルも述べていることです。が、ここでは惑溺という言葉は用いていません。また忠義の情というものに対して、『国権論』においても批判的なのですが、二篇の方で忠義というのは心酔の情より出るものだといっている。心酔という言葉は今日でも言いますね、西洋への心酔とか何とかと。その心酔という言葉を使いながら「惑溺」という言葉はなぜか使っていない。『国権論』の二篇には、宗教の「虚飾」といった『文明論之概略』にも盛んに出てきた思想が出ていながら、「惑溺」の文字は出てきません。さきに『通俗国権論』でその字が出てきたのは、江戸幕府の期間にだんだん惑溺が減ったというそういう文脈の中でです。

もう一つの例は、明治十二年に出た『福沢文集』*の二篇巻二にあります「売薬論」という論文であります。これは新聞広告の過半は売薬広告で、とくに雑報や雑誌の中に売薬の流行を勧めるのはおかしいじゃないかという、一種の新聞批判でありますが、「一方には正義公論とて民権の説など唱へ、人民は愚にす可らず、我々良民は唯道理の在る所に基づき、以て次第に世間の惑溺を解て、遂には一国の方向を一にせんと欲す、などゝ……」一方ではこういう道理で固めたような立派なことを言っておきながら、他方では、愚民を煽動《せんどう》して売薬の披露吹聴するというのは、矛盾してるじゃないかというのです。世間の惑溺を解くといいながら、変なインチキな薬の広告をするのはおかしいじゃないか、というので、「道理」にたいする反対語として「惑溺」ということを言っているわけです。

ほとんど同じ時期に、これは明治十三年十月に栃木県に出張した菊地財蔵氏からの報告の裏表紙に、「覚書」というのを書いて、その本文の第一枚目にこういうふうに書いています（全集第十九巻所収）。

「日本の儒者流士族に特に惑溺の弊少なきは、仏に敵したる故なり。漢士の流に非ず、競争の功徳」。漢士の流にあらずという意味は、士族も中国の儒教の影響を受けてその惑溺が少ないわけではない。儒教にはもともと惑溺があるのに、その影響を受けた日本の武士に比較的惑溺が少ないのは、仏教と抗争したからだ——これは恐らく、戦国時代の石山本願寺などと戦国大名とのヘゲモニーの抗争を指していると思います。江戸時代の儒学に排仏論がありますが、排仏論というだけだったら、中国朱子学にもあるわけですから……。ともかく「競争の功徳」と言って、競争によって惑溺が減るという考え方は、やっぱり『文明論之概略』のテーゼの続きといえます。

それから同じ頃の著として、『時事小言』があります。ご承知のように、明治十四年の九月に出たものであります。*実際に出たのは十月でありますけど、九月に出たことになっています。ここで大いに清国を批判している。

「畢竟《ひつきよう》、支那人が其国の広大なるを自負して他を蔑視し、且《かつ》数千年来、陰陽五行の妄説に惑溺して、事物の真理原則を求るの鍵を放擲《ほうてき》したるの罪なり」。清国というのはまだその惑溺の中にあるというわけです。日本にもこういう「妄説」はあったが、我国に於て鬼神幽冥の妄説は、多くは仏者が宣伝し、これにたいして儒者は仏者を攻撃し、幽冥の説を駁撃《ばくげき》した。そこで一旦幽冥の説を攻撃するとなると、儒者も自分らの陰陽五行説というものをあんまり持ち出すわけにいかなくなった。それで、儒者が仏者を攻撃するのは、「儒者流の私なれども（つまり儒者のエゴから出たことだけれども）、此私論の結果を以て惑溺を脱したるは、偶然の幸と云ふ可し」。こういう所に「惑溺」が出て来ます。

ご承知のように、『時事小言』は、先程の『通俗国権論』と同様に、福沢が非常に「国権論」に傾斜した時期であります。この時期に批判の対象となったのは、主として清国であります。その場合「惑溺」ということに力点をこめて清国を大いに批判しているのです。大体、中国が西洋諸国の人に交わったのは、東インド会社の貿易に始まり、そのあとで一七九二年にイギリスの使節が来て、両国人民の間に交易が行われ、それ以来ほとんど百年になる。ところが百年を経ても西洋の書を講ずる者はほとんどいない。西洋の器品を使う者もほとんどない。「其《その》改進の緩慢遅鈍なる実に驚くに堪たり」といっています。福沢が幕末にご承知のようにロンドンに行くわけですが、その時中国人に会った折に、洋学が話題となり、全中国でヨーロッパ語を理解する者が十八名くらいという話なので、非常に驚いた。その時日本人は、オランダ語が多かったのですが、少なくも横文字を解する者は千をもって数えていた。日本のような小さい国で千をもって数えるのにあの広大な中国で、十八人しかヨーロッパ語を解する者がなかったという。そういう話を紹介して、さきに引用しましたように中国人が「数千年来、陰陽五行の妄説に惑溺して、事物の真理原則を求るの鍵を放擲したるの罪なり」というのです。ここで陰陽五行の妄説に惑溺することと、真理原則というものとを対比しているのは『文明論之概略』において、「陰陽五行の惑溺を払はざれば窮理の道に入る可らず」と言ったことと文字通り対応しているのでありますが、対象が今度は中国に向けられているわけです。結局ここでも、中国の儒教というのは、敵がないから、惑溺を逞しうしたのだ、日本の儒教の場合には非常に仏教の力が強かった、仏教という勁敵がいたから競争の結果として、偶然だけれども惑溺が比較的に少なくなってきた――。こういうことを言いたいわけであります。けれどもその日本でさえも、山崎闇斎の門弟六千余人と言ったけれども、その六千余人の中に、*有名な、孔孟が攻めてきたらどうするかという問答のときに、答えることができなかったというのは、如何に儒教の惑溺がひどいかを示しているとして、山崎闇斎も物徂徠も一緒にやっつけられるのです(もっともこの個所では「精神の教に心酔するの弊」といって「心酔」という表現を用いております)。ともかくここで「国権論」を非常に強調したことと、この時に「惑溺」という同じ言葉を中国に向けて頻発して、清国批判をしたこととの関係が重要であります。

明治十年代の国権論で果して福沢が変ったかということは大問題で、本日論じることではありませんから、詳しく申しませんけれど、『通俗国権論』が出ましたのは先程申しましたように明治十一年であります。ところが明治十一年という同じ時に塾でもって、福沢は『文明論之概略』の講義をしているわけです。もし福沢がどうも『文明論之概略』はまずいというように思ったとしたならば、テキストには使わないでしょう。したがってそう簡単にここで『文明論之概略』の論旨から変って、「国権論」の方に傾斜したというふうには言えないのではないか、曾《かつ》て日本文明を批判した同じ論旨を同じ惑溺の言葉をつかって、今度は清国に向けているということに当面注意したいと思います。

さて今度は第三期、最晩年であります。こうなるといよいよ「惑溺」という言葉は使わなくなります。一つ、さきほど言うのを忘れましたけど、ちょうど『通俗国権論』や『時事小言』が出た頃、まだ比較的に「惑溺」の語を使いつづけた理由の一つは、その当時政府が復古主義の教育をやってまた儒教を振興しはじめたわけです。福沢は口を極めてこれを批判した。それでどうしても、清国批判というものと、こういう政府の儒教主義復活批判というものがダブって、「惑溺」という言葉が登場してきたということであります。有名な「脱亜論」のなかにも「支那朝鮮の士人が惑溺深くして」云々といっております。それにしても第一期に比べると頻度はずっと減っています。これが晩年にてなりますとほとんど出てこなくなるわけです。実質的にこの「惑溺」という言葉と意味と共通し、また表現も類似しながら、最早《もはや》「惑溺」という言葉では出てまいりません。一例を挙げます。『福翁百話』、ご承知のように明治三十年に出ましたが、「序言」は二十九年であります。その中に「*士流学者亦《また》淫惑を免かれず」という項がありますが、ここで淫惑と書いてることは惑溺といっても同じことであります。

士族または他種族の士化したる者は、「心事淡泊」で――心事淡泊というのは、大体彼は惑溺と反対の意味、それにはまり込んでいかれていないということを心事淡泊と言うのでありますが――「曾《かつ》て謬信淫惑に染みたることなきものなるが故に」云々とありますが、これは昔だったら、「曾て惑溺に染みたる者」というでしょう。ところがここでは「謬信淫惑に染みたることなきものなるが故に」といっている。士族、または士君子、士流――これは士族が中心ですが、同時に平民の中で学問をした者を士流と言ってるわけです。それはともかく――そういう人を*宗門に導くことは困難だという説があるけれども、必ずしもそうでないというのがここでの論旨です。彼ら自身が数百年来儒教の中に薫陶《くんとう》せられ、また封建の「君臣主義」に養成せられてきた。この「君臣主義」というのは、「一種の宗門信徒と云ふも不可なきが如し。既に宗門とあれば(中略)、謬信淫惑の行はるゝも自然の勢にして、決して免かる可らず」。君臣主義という宗教を信じてるから、「謬信淫惑」を免かれない。その例として福沢が挙げるのは、大義親を滅すといって子供を殺して幼君の身替りにする――これは明らかに『菅原伝授手習鑑《すがわらでんじゅてならいかがみ》』の「寺子屋」を言っていると思います――、それから、人為の爵位勲章などをありがたがる、こういうのも「一種の「謬惑」に相違なけれども」といっています。誤謬の謬に惑という字を使っている。まさに「惑溺」という言葉を使えそうなケースなのですね。ところがその言葉と同じ意味を「謬惑」とか「謬信淫惑」とかいう表現で現しているのです。

また同じく『福翁百話』には、世間の学者がよく宗教の「霊怪説」を攻撃して「虚誕の甚だしきもの」というが、それほど咎めるには当らない、という論旨がありますが、この「虚誕」も福沢が早期から非常によく使っている言葉ですが、そのまま晩年まで用いています。それとならんで例えば、『女大学評論』(明治三十二年)で、ご承知の通り、男を天に譬え女を地に象《かた》どって陰陽などというのはまったく不当だ、ということを論じる場合にも、「無稽に非ずして何ぞや。古言古法を妄信して万世不易の天道と認め」云々と言っております。この場合の「無稽」にしろ、「妄信」にしろ、今日でも使う言葉です。そうして「惑溺」というのと実質的に意味はあまり変らないのに、「惑溺」とはいわない。初期から用いていた「虚誕」も「妄信」も最後まで残りながら、「惑溺」

という用語は『学問のすゝめ』と『文明論之概略』の二著であれほど頻繁に用いられながら、明治十年代には著しく減少し、晩年には使ってよさそうな場合にも使っていない。それは果して偶然だろうか、というのが私の「疑問」なのであります。

そこで、この問題についての私の仮説をのべる前に、これは皆様に講義するのもおかしなことでありますが、福沢の愛読した外国文献は、非常に大きく申しますと三つのジャンルに分けられる、ということを申し上げておきます。第一のジャンルは例のチェンバーズ社の Educational Course のような教材とか会話書とか地理書とか辞書の類、これが一つのジャンルです。

第二のジャンルは福沢の時代からそれほど遠くない時期に出た本で、しかも今日でも古典的位置を占めている著作であります。具体的に言うとJ・S・ミルの『自伝』や『自由論』や『代議政体論』、あるいはトックヴィルの——彼は英訳で読んでおりますが——『アメリカにおける民主主義』とか、明治十年代に入ると、バジョットの『イングリッシュ・コンスティテューション』といった書物です。こういうのは今日でも政治学上の古典となっております。右は便宜上、私の専門領域の書物をあげましたが、むろんミルの『経済学原理』や『論理学』もこのジャンルに入ります。

それから第三は、当時はベストセラーでありながら、急速に忘れられていった思想家の著作であります。この中にバックルが入ります。スペンサーもややこのジャンルに近い。私イギリスへ最近行きませんのでよく知りませんが、スペンサーがまた復興してきたという話もあります。けれどもスペンサーというのは、ミルなどと違って、持続的に読まれている古典とは到底言い得ない。当時は欧米であれだけ巨大な影響を与えたにもかかわらず、C・ブリントンの『十九世紀におけるイギリス政治思想』という本には「今日誰がスペンサーを読むだろうか」などと書いてあります。バックルの場合にはもっとひどい。私はイギリスに滞在した時でも、大体学者に聞いても、バックルなんていうとそんな人はいたかというぐらいなものであります。ところが当時における名声は大変なものであります。"History of Civilization in England"は未完ですが、二巻にわたる分厚い本です。博引旁証驚くべきものでありまして、英・仏・独・ギリシャ・ラテン語の文献まで注に出てくる。出版されると間もなくドイツ訳が出たくらい反響が大きかったのです。

私は、もちろん英語の文体を論ずる資格はありませんけれども、例えばハーヴァードのクレイグ教授なんかに聞くと、あのバックルの文章はヴィクトリア時代の典型的な悪文だと言うことです。大体ヴィクトリア時代というのは思想的にも文体の上でもドイツの影響を受けた時代です。これはJ・S・ミル自身もそうですね。ミルの"On Liberty”も、難文で有名で、昔は高等学校の入試によく出ました。センテンスが非常に長く、関係代名詞でどんどんつないでゆくのもドイツ語的文体です。バックルの本もそうです。そういえば注が多いというのもドイツ的で、ギゾーの文明史に注が一つもないのと対照的です(もっともギゾーのはソルボンヌの講義というためもありますが……)。

一八九五年にロバートソンという人が“Buckle and His Critics”という本を出していますが、そういう本が出るくらいバックルの英国文明史は反響が大きかった。それだけに、反発も大きかったのです。反発がおもにどこから出たかというと、オーソドックスな歴史家から出ているのです。G・P・グーチの有名な『十九世紀における歴史及び歴史家』の引用からの孫引ですが、オックスフォード大学のスタッブス*——『イギリス憲法史』というのを書いた人らしいですが、私はそっちの方に詳しくないもんですから、どういう人かよく知りません——そのスタッブスがこう言ってるのであります。「私は歴史哲学というものを信じない、だから私はバックルを信じない」。これは私の知ってるかぎり、いかにもイギリスの正統派の歴史家がいいそうな批評です。誰が、いつ、どこで、何をしたかをきちんと実証的に書くのが歴史であって、歴史の「法則性」というようなことを延々と論じているバックルは歴史家といえないというわけです。

そのバックルからあんまり抽象的な理屈が好きでない福沢が深甚の示唆を得たという

ことは、文化接触の問題としても非常に面白いと思うのです。今、示唆を得たと申しましたが、これもついでですけど、よくバックルの影響とかギゾーの影響とかいいますけど、私は影響という言葉を使いたくない。何故かといいますと、例えば加藤弘之は、自分で、バックルから最も影響を受けたと言ってますが、加藤弘之のバックルからの影響の受け方は、福沢とまさに対照的であります。どうして同じバックルから影響を受けながら対照的なのか。これはやっぱり受ける人の側の問題じゃないか。影響を与えたというふうに言うと、その違いがわからなくなる。つまりどういうふうにバックルから摂取したかという、こちら側の主体の問題の方が重要でありまして、バックルが影響を与えたというふうにバックルの方を主語にすると、その問題が理解できないのではないかと思うので、ついでにそういうことを申し上げるわけであります。

とにかく、このグーチの引用を見ても、ケンブリッジやオックスフォードにいるようなオーソドックスな歴史家からは、バックルというのは問題にされなかった。ところが実際は非常なベストセラーになり、さきほど申しましたように間もなく独訳が出る。当時にあって直ぐ独訳が出るということは、よほど売れなければ出ないので、一世を風靡《ふうび》したということがわかります。

エゴン・フリーデルの『近代文化史』(E. Friedell, Kulturgeschichte der Neuzeit)と

いうかなり有名な本がありますが、このフリーデルの「文化史」の中にこう言っております。

「コントに影響を受けたバックルのこの書物は、現われるや否や非常な反響を巻き起した」。バックルの本は脚注や引用でいっぱいで、「その巨大な読書量はこの本に、不健康なふくれ上がり(ungesunde Gedunsenheit)の相を示している」。つまりフリーデルはバックルの巨大な読書量というのは不自然だといって、ブルックハルトと対照しているわけです。ブルックハルトと比べると、バックルは博引旁証、ペダンティックなだけで、とても比べものにならぬ、というのです。とにかくそういうふうに当時において一世を風靡しながら、その後急速に忘れられた書物の部類にバックルの文明史が入るということだけを申し上げておきます。

さて、ここでようやくバックルの『イギリス文明史』と福沢の『文明論之概略』との比較に入るわけでありますけれど、残念ながら時間がありませんから詳しくは略して、ここでは、私の仮説だけ申し上げることにいたします。さきほどスーパスティション(superstition)――今日ふつう「迷信」と訳されている語です――が西周によって、「惑溺」という言葉を当てられたということを申し上げました。バックルもスーパスティションという言葉も盛んに使っております。要するにフリー・インクワイヤリー、自由探求、科学的な精神というものに対立する言葉であります。それはそれとして、私が注目したいと思うのは、クレデュリティ(credulity)という言葉なのです。クレデュリティというのはスーパスティションとちがって、あんまりお目にかからない言葉でありますす。形容詞だとcredulousになります。このクレデュリティとか、あるいはクレデュラスとかいう言葉をバックルが頻発しているわけです。そうして私が興味をもったのは、福沢がバックルに依拠しながら「惑溺」を批判している場合、しばしばその個所にバックルがこの言葉を用いているという点なのです。

いちいち例を申し上げませんけれど、例えば一番早い例で言いますと、福沢の手沢本《しゅたくぼん》と同じ頁数で申しますが、第一巻の一八四頁――「宗教・文学及び政府が行使した影響についての探求」という第五章――ここに初めてこの言葉が現われます。「非常に無智な人民というものは、彼らの無智によって奇蹟に富んだ宗教に向う傾向がある。その宗教は無数の神を誇り、そしてあらゆる出来事をこれらの神々の直接の権威に求めたがる。これに対して知識を通じてエヴィデンス、つまり明証によってヨリよい判断を下すところの国民においては、また懐疑の実践というものになじんでいる国民は、もっと奇蹟が少なく、もっと出しゃばることがなく、クレデュリティを強要する程度がヨリ軽いところの宗教に向う」。こう言っているわけです。

これは国民の知性と宗教との関係をのべているわけです。また、第一巻の第五章、同じ章でありますが、そこにクレデュリティが出てくる第二の例があります。こう言っております(二八九頁)。「暗黒時代においては、人々はクレデュラスであり、そして無智である。従って彼らは、大きな信仰と少しばかりの智識、つまり信仰が非常に大きく智識が非常に少ないような宗教を生み出した。十六世紀になると、彼らのクレデュリティと無智(ignorance)はなお大きかったけれども、急速に減少した。従ってこういう事情の変化に適した宗教を組織することが必要となった。その宗教というのは奇蹟がヨリ少なくて、儀式がヨリ頻繁《ひんぱん》でなく、それほど大きな負担をかけない宗教である。(中略)こうしたすべてのことがプロテスタンティズムの確立によってなされた」。つまりここで宗教改革のことをバックルが述べているわけです。ところが、それに続けてバックルは言います。「けれどもそこから必ずしも次のような結果は生まれない——つまり旧教を信ずる諸国は、新教を信ずる諸国よりも、ヨリ迷信が大きく(superstitious)、ヨリ不寛容であるとは必ずしも限らない」。そこでバックルが挙げているのは、一方でフランス国民、他方でスコットランドとスウェーデンです。「フランス国民というのは最も進んだ新教諸国と同じぐらいに、こうした憎むべき性質から遠い。いや、それどころか、スコットランドやスウェーデンのような新教の国民よりはむしろ一層自由である」。そこからちょっと頁が飛びますけれども「単純な事実の示すところでは、フランス人は自分自身よりも程度の悪い宗教を持ち、スコットランド人は自分自身よりも程度のいい宗教を持っている」(一九三頁)と、こう言ってるのです。

他方、これと比較するために『文明論之概略』の巻之三、「智徳の弁」の一節をあげてみます。

「*新教の盛なる由縁は、宗教の儀式を簡易に改め(さきほど引用しましたセレモニーズがレス・フリークエントであるというのとまさに対応しています)、古習の虚誕妄説を省《はぶき》て、正しく近世の人情に応じ、其智識進歩の有様に適すればなり」。こう一たん言っておいて、そのあとで、「右所記に従へば、欧羅巴《ヨーロッパ》の各国にて、文明の先なるものは必ず新教に従ひ、後なるものは必ず旧教を奉ず可き筈《はず》なるに、亦決して然らず。譬へば今、蘇格蘭《スコットランド》と瑞典《スウエーデン》との人民は、妄誕に惑溺する者多くして、仏蘭西《フランス》人の穎敏活潑なるに及ばざること遠し」と。つまり出てくる国の例までバックルと同じなんです。カトリックを奉じているフランスと他方ではスコットランドとスウェーデンの新教国とを対比して、「この趣を見て考れば、天主教も仏蘭西に在ては其教風を改めて自《おのず》から仏人の気象に適するもの歟《か》、然らざれば仏人は宗教を度外に置て顧みざることとなる可し。新教も、蘇瑞両国に於ては其性を変じて自から人民の痴愚に適するものならん。到底、宗教は文明の度に従て形を改るの明証と云ふ可し」。宗教如何によって文明の度が計れるのではなくて、逆に文明が宗教を変えていくのだというこの基本テーゼというものは、バックルそのままであります。

バックルと福沢との対応関係がもっとも表面に出ているのは、『文明論之概略』で申しますと、巻之二と巻之三――つまり智と徳との関係、その社会的な在り方（分布の仕方）を論じている個所でありまして、とくに文明の進歩が智の進歩であり、その社会的分布のひろがりであり、懐疑の精神の発達であることを強調しているくだりです。バックルによると、中世ヨーロッパにおいて人間のクレデュリティは智性の進歩を阻害すること五百年に及んだ。「文学は多年にわたって社会を裨益するどころか、クレデュリティを増大し、それによって知識の進歩をおしとどめた」「(人間精神が)解放されるまでは、クレデュリティとものの考え方の粗雑さとが一般的であって、それが人々をして探究の習慣に不適当ならしめたことは明白である」。そうしてクレデュリティをもっとも助長したのは聖職者階級であり、彼等によって完全に独占されていたのはとりわけ歴史の領域であった。「歴史は、その職業的習慣からして物事をいち早く信ずる階級、しかも一般の人々のクレデュリティを増大することに直接の利害をもっている階級、の人々に独占された。なぜならそれが自分たちの権威を築く基礎になっていたからである」。こうしてバックルが槍玉にあげるのが歴史家の尚古の風(love of antiquity)であります(以上の引用、いずれもバックル第六章より)。簡単な引用に限定しましたが、福沢が聖職者を儒者に読みかえて、儒者による歴史書に共通した尚古主義の「惑溺」を『概略』のなかではげしく批判した点が、右のバックルの考え方と対応していることは明白ではないか、と存じます。*民族の起源神話(たとえばマヌ法典)までバックルに依拠して、日本の神代史の皇統起源の「連綿」を皮肉っているのは、いまさら引用するまでもないと存じます。しかもバックルはクレデュリティの蔓延を「時代の気風」(spirit of the age)と結びつけて論じています。「十九世紀中葉に住んでいる普通の読者にとって理解に苦しむのは、今からわずか三百年前には public mind(これが、福沢のいう衆心とか衆論に当ると思います)が闇夜の状態にあった(中略)、しかも必ずしも普通教育しか受けていない人々だけでなく、きわめて有能な人々(中略)の間に、こうした暗愚が共有されていたことである」「歴史の文献だけでなく、あらゆる種類の文学――科学であれ宗教であれ立法であれ――あらゆるテーマにおいて君臨していた原則は盲目的でしかも躊躇することのないクレデュリティであった」「十五世紀に生きている人々は何人といえども、その時代の一般的なクレデュリティによって自分のマインドを薄弱なものにさせられてしまったのである」(以上、いずれも第七章)。これがバックルのいう“the spirit of his age”にほかならないのです。こうしてバックルは一方において、迷信(superstitions)・クレデュリティ・反動をおき、他方において理性・懐疑の精神・進歩をおき、一方から他方への漸次的な発展を文明化の過程と見るわけです。福沢が、儒教を含む伝統教義にたいしてラジカルな、破壊的ともいえるイデオロギー批判を『概略』や『学問のすゝめ』で行っている場合、バックルの進歩の思想が助け舟になっていることはこれ以上喋々《ちょうちょう》するまでもないと存じます。『学問のすゝめ』第十五編の、有名な「信の世界に偽詐多く、疑の世界に真理多し。(中略)西洋諸国の人民が今日の文明に達したる其源を尋れば、疑の一点より出でざるものなし」という宣言はその趣旨をもっとも簡明に表現しております。

もちろん、この場合も、福沢は他の場合と同様にけっしてただバックルをなぞっているのではありません。たとえば、クレデュリティに対立する「懐疑の精神」にしても、いまの『学問のすゝめ』の個所でいっているように、福沢が排するのは、軽信とともに軽疑です。軽々しく信じてはいけない。でも軽々しく疑ってもいけないというのは、これはバックルにない点です。バックルは疑うのはいいと言う、要するに懐疑の精神の全面肯定だけです。福沢の場合には、今の開化先生というのは、いままで軽々に信じていたものを軽々に疑って、ちょうどいままで東洋の伝統にいかれていたのと同じ精神で西洋にいかれてる。これもやはり惑溺ではないかというのです。流石《さすが》に当時の日本の現実に即してバックルを活《い》かしています。何《いず》れにしましてもバックルの根本命題は、結局懐疑の精神と対立させて、三つの根本的な誤謬を指摘することにあります。それは第一に政治においては余りにもコンファイディングだ、つまり人任せに信用するということであります。それから第二に学問においては余りにも、クレデュラスである。第三に宗教においては余りにも不寛容である、イントレラントだ。これが三つの根本的誤謬です。ところが日本の場合は、福沢が初めから言ってることですが、ヨーロッパのような宗教戦争はない。その点はいい側面と悪い側面と福沢は両方に使っておりますけれど、とにかく日本人は宗教については淡泊だと見ていますから、宗教的不寛容はあまり問題にしてない。そこで彼は、あとの二つ、つまり政治においてコンファイディング、人任せに信用してるという点と、学問においてクレデュラスであるという点、これを一番『学問のすゝめ』と『文明論之概略』で、集中的に批判の対象としているわけです。つまり彼が、バックルが書いた三つの誤謬のうち二つに力点を置いているということ、それはかなり重要なことではないかと思います。

さて、右のバックルの引用でも credulity という言葉はそのまま訳しませんでした。それは、この言葉はバックルが頻発しているわりには、他の superstitions とか blind faith とかの表現とちがって、あまり一般には使用されないので、その点に私は着目するからです。例えば英語辞典としていちばん権威があります“Oxford English Dictionary”を見ますと、「credulity」のところの第二の意味として、over-readiness to believe、たやすく信ずる傾向、あるいはdisposition to believe on weak or insufficient grounds、弱い不完全な理由に基づいて信ずる傾向、これがcredulityの説明です。形容詞の方の「credulous」は、over-ready to believe; apt to believe on weak or insufficient groundsです。そうして、その下に二つ具体的な使用例が出ています。一つはシェイクスピアの『オセロ』の中で、イヤーゴが、Thus credulous fooles are caughtという台辞《せりふ》です。こういうふうにしてクレデュラスなバカ者たちは捕まえられるんだ、という台辞です。それともう一つはバックルが出てまいります。バックルからの引用として An ignorant and therefore a credulous age と書いてある。こういうふうにバックルが出てくるということは、ほかに使用例がいくらでもあるなら、「ＯＥＤ」の編者がバックルをここに持ってこないだろうと思うのです。まれな例の一つとして眼についたから、まさにcredulityやcredulousの典型的な例として「ＯＥＤ」が出してきたのではないかと推測します。

といって私は、「惑溺」というのは「クレデュリティ」、あるいは「クレデュラス」そ・の・も・のの訳だということを断定しているのではありません。そういうふうに一対一の対応ということを想定すること自身がおかしいと思います。要するにバックルを読んだ時に、バックルが頻発して使っているこのクレデュリティ乃至《ないし》はクレデュラスという言葉が、ほかのスーパースティションズとか bigotry というような表現と似た意味ながら、学問についていわれている点で、とくに福沢の思考を刺戟したのではないか、従ってバックルを集中的に学んだ時期において、福沢は「惑溺」という言葉をもっともしばしば使って、それ以後においては、その言葉の使用は急速に減じているというのは、どうもそれに関係があるのではないかというのが、推論の域を出ないのでありますけれども、現在の私の考えなのであります。これ以上、この推論を具体例でもって実証していくということは、本日は時間がありませんので省かせていただきます。

　最後に本日の結びとして、明治二十六年の「*実業論」という論文を挙げておきたいと思います。それは私はかなり重要な論文だと思うのです。というのは時期が明治二十六年です。ここで彼が何を言ってるか。二十六年という時期に注意してください。これは日清戦争の前の年です。この時に彼は、日本では学事・政治の革命はできたが、実業の革命はまだできていない、と言っているのです。彼は維新のことをしばしば革命と言っております。付言しますけど、*騒擾《そうじょう》と革命とを福沢は区別します。これもバックルが言っております。騒擾というのは恐らくインサレクションだと思います。インサレクションはいくらあっても必ずしも文明は進まない。スペインを彼はその例として挙げている。騒擾が昔からしばしば起るけれど、スペインというのはそのわりに停滞していて文明が進まないとバックルはいいます。だから、たとえば百姓一揆などに対して福沢が非常に厳しい評価を下すのは、どうもそういうこととも関係しているのではないかと思うのです。他方、革命というのは福沢はよい意味に使って、御一新を革命と見ます。維新は何を革命したかと、学事と政治を革命したというのが、福沢の根本の見方であります。学問が根本から変った、つまり漢学というのは昔日の威を失って洋学になったと。これは大体そのとおりだと思うのです。われわれが自然科学はもとより人文・社会科学において使ってる言葉は、ほとんどヨーロッパからきた言葉の訳語でありまして、漢語を用いていても、それが昔の漢学そのままの意味で使われてるということはほとんどありません。いわんや大和言葉においてをやです。これは驚くべき変化であります。それからもう一つの革命は政治ですね。少なくとも歴史的にいって、幕藩体制があんなに急速に崩壊し、廃藩置県が無血革命で行われて、しかも如何《いか》に不完全とはいいながら、東アジアで初めて立憲政体というものができた。憲法ができ、立憲政体ができたというのは、これは福沢のように幕藩体制に半生——一生のうちの半分を暮らした者にとっては、驚くべき革命です。今日から見ると果して政治の領域で「革命」が達成されたか、と疑問を出す余地はありますけれども、少なくも福沢が維新の変革を体験して革命、革命と言うのは恐らく実感だと思うのです。ですから学問・政治の革命は成った、今や実業の革命の時代が近付いてるということを、この明治二十六年の時にいうのです。というのは実業はまだ革命ができてないということなのです。この時代の福沢の診断では……。

「今日我日本国の全面を通覧して、政法・教育等の実際を視察したらんには、殆んど西洋の文明国に対して愧る所なきのみか、却《かえつ》て誇る可きものこそ多きは、内外人の許す所」である。ところが、「顧みて、実業社会、商工の有様を見れば、其進歩の遅々たる、唯憐む可きのみ」というのが明治二十六年、もう彼の晩年に達したときの実業の状態であります。「実業社会は、今日尚《な》ほ未だ日本の外に国あるを知らずと云ふも過言に非ず」といって、日本の実業は「今尚ほ鎖国の中に在り」という言葉さえ使っております。学問における革命はできた、政治の革命はできた、それに比して実業界というのは相変らず鎖国だ、今日はまさに実業革命を促すそういう時期だ、と、こういう時代診断を明治二十六年にしているのであります。

ここでもう一遍バックルに帰りますと、クレデュリティ・イン・サイエンスということを言って、サイエンスにおけるクレデュリティというものを打破し、実験の精神、自由探求の精神というものをバックルは力説した。それが福沢によれば御一新において途がひらけた。それから政治においては、コンファイディングというのは、『文明論之概略』で*口を極めて神政府を批判し、セオクラシイと、英語まで使って、祭政一致の思想にたいする攻撃をしている。これは惑溺の甚だしきものであると痛論しているのがそれに当ります。*紀元の古いのを誇っているが、インドの方がもっとはるかに古いじゃないか、二十億年とか、これも前に申し上げましたように例をみんなバックルの、しかも注から取っているのです。注から取っているというのは如何に詳しく読んでいるかということです。それはともかくとして、要するにこうした政治の惑溺もいまや打破された、ですから彼に言わせると、学問と政治の革命は成った。宗教は日本人はもともと淡泊だから、宗教の不寛容というのはこれは西洋の悪いところであって、福沢に言わせれば、これは日本ではいまさら革命する必要がない。そうするとクレデュリティが跋扈する領域では一応革命は成った。ところが実業の革命というのはこれからなのだというのが福沢の晩年の診断です。この点は、あんまり今まで論じられていない問題ではないかと思うのです。

バックルが頻発しているクレデュリティに対する攻撃、それに対するフリー・インクワイアリーと懐疑の精神の強調に関しては日本は革命が成ったというのが福沢の楽観です。これが当ってるかどうかは別ですが、しかしこの福沢の楽観は必ずしも全体の日本について言ってるのではない、成功してるのは学問と政治の領域です。実業はこれからだ、という。ところが実業の場合だとクレデュリティというのは出てくる余地が少ないわけです。実業はそもそも算盤《そろばん》勘定の問題ですから、いわば初めから実用と合理主義の世界です。福沢もさきに引用しました、忠義の情が「心酔の情」から出ているといった個所で、これが「利害損得道理の勘定に出たるものに非ず」といっております。そこで、実業についてはは人品高尚とか、廉恥とかいうエートスの方がヨリ問題になる。ところが一方で士君子学者は実業に無関心で、他方で旧来の町人職人輩というのは大福帳主義か、そうでなければ「賤丈夫」の成金で、新しい社会にふさわしい実業家がほとんど出ていない、ということを彼は口を極めて歎くわけです。どうしても「士流」の学者君子が実業に従事しなければならないし、また将来必ずそうなるだろうという判断をしております。とにかく、学問・政治の進歩と実業の発達との間に非常なギャップがあり、学問と政治の革命は成ったけれども実業の革命はできていないということが、彼の晩年における日本に対する診断であったということは興味があります。このことと「惑溺」という言葉を急速に用いなくなり、似た意味のことをいう場合にも「惑溺」という言葉では表現しなくなったこととは何か関係があるように思います。ちょうどバックルが集中的にクレデュリティという言葉を使っている書物を福沢が熟読した時期に、福沢が惑溺という言葉を用いて歴史・政治・文化の領域でイデオロギー批判を行ったことは、果して偶然であろうかという問題を提出して、本日の拙い話を終りといたします。
どうもありがとうございました。(拍手)

(後　記)

当日の話は時間の制約のため、持参したメモ原稿を大幅にカットしながらすすめた。そこで、本来はこの『福沢年鑑』収録にあたって、もとの稿に即して全体を書きあらためるつもりであったが、種々の都合でその余裕がなくなり、不本意ながら当日のテープによって最小限度の加除を行い、文章表現を改めるにとどめた。ながらく締切を遅らせながら、結果的には遅らせた意味がなくなったのは、ひとえに筆者の責任であり、『福沢年鑑』編集当事者にはおわびの言葉もない。省略のために論旨を辿りにくくなった点も、読者に対して宥恕を請う次第である。

(福沢諭吉年鑑13、一九八七年一二月、福沢諭吉協会　『丸山眞男集』第一二巻)

*『福沢諭吉と日本の近代化』序

このたび、私の近代日本思想史についての、これまでの仕事(作品)のうち、福沢諭吉に関する研究、および福沢とほぼ同時代の知識人をめぐる思想的雰囲気に関する研究が、區建英《おうけんえい》氏によって翻訳され、中国にはじめて紹介されるのは、私にとって非常に光栄である。區氏の苦労に満ちた翻訳の意図と目的とは、「訳者序言」に明《あきら》かに示されており、原著者として、これに付け加えるものは何もない。すなわち、この訳業は、丸山眞男の著作活動それ自体の翻訳・紹介を目的としたものというよりは、むしろ丸山の福沢研究(及びそのテーマに密接に関連した諸論文)を通じて、近代日本のもっとも偉大な思想家の一人である福沢諭吉の足跡——とくに彼の思考方法——を現代中国に正しく伝達しようということに、訳者の狙いがある。

したがって、そこには二つの大きな問題が前提されている。一つは、丸山の福沢研究が、果して福沢の思想と行動とをヨリ正しく理解するために、どれほどの貢献として認められるか、という問題である。もう一つは、かりに丸山の研究がそういう貢献を果すとしても、そもそも一世紀以上も前に活動した知識人について——しかもさまざまの点で中国とは歴史と伝統を異にする日本の知識人の思想的足跡について——学ぶことが、現代の中国にとって、学者の書斎的な興味をこえた意味と価値とを持つだろうか、という問題である。

まず前者の問題についていうならば、それは福沢研究を中心とする丸山の研究の客観的価値にかかわることであるから、もともと著者としての私には判断する資格がない。ただ、この点に関しては次のことを附記しておこう。すなわち、ここに収録されている論文は同時期に発表されたものではない。そのうち最も早いものは一九四〇年代の前半、すなわち第二次大戦の只中に執筆されており、また福沢における「実学」観念の転換や、彼の「哲学」を主題とした論文は、戦争の終結直後の混乱した時代状況——日本はアメリカを中心とする連合国の占領下に置かれ、中国では、平和を迎えるどころか、新しい統一国家が樹立される以前の激しい内戦が進行中であった——の下で書かれ、公表された。これらの研究が、たとえ直接に時事をテーマとしたものでないとしても、そうした内外の混沌と激動の時代状況の刻印を帯びているとしても怪しむに足りない。したがって、私がこれらの論文の主題を今日の、一九九〇年代の時点で新しく取り上げるとするならば、その分析の概念装置や用語は、半世紀近くも現在から隔たっている時代に書かれたものとは、かなりちがったものとなるであろう。(もちろん、それだからといって、ここに収録された論文の基本的な観点が間違っていると、現在の私が思っているわけではない。もしそうならば、私はこの翻訳を許可しない筈《はず》である。) 本書の頁を微細に、また丹念に辿《たど》る読者は、ここに収録されている論文相互の間にも——たとえば戦時中の論稿と、一九五〇年代の後半に執筆されたものとの間に——たとい顕著な相異でなくとも、微妙な、力点(アクセント)の移動を感知するにちがいない。

にもかかわらず、區氏が、私のこれまでの福沢研究をまとめて訳出しようとした理由は、おそらく次のように推測される。すなわち丸山のアプローチが、福沢の——もしくは彼と比較される同時代の思想家の——果した政治的役割とか、彼の時代における具体的な個々の時事問題に対する福沢の個々の回答もしくは結論とか、にあるのではなくて、そうした数多い福沢の言論的活動の底流に一貫して流れている、彼の認識・判断の方法——その意味での福沢の「哲学」——を抽出し、その意味を分析しようとすることに特徴があるからである。繰り返しいうように、この点でも私は自分の研究成果に「客観的真実」がある、と自称するのではない。ただ、少なくとも次のことは言えよう。すなわち、福沢の政治・経済・教育についての発言や行動については、すでに汗牛充棟《かんぎゅうじゅうとう》もただならぬ多くの研究がなされているけれども、上のような意味での彼の思惟方法については、それが直接的な形で表面に表れていない――福沢自身が抽象的・一般的に自分の「哲学」や「世界観」を語ることを好まなかった――だけに、これまでそうした角度からのアプローチはきわめて少なかった。私の研究は日本においても、そうした特殊な観点の稀少価値ゆえに、注目を浴びたのである。

一般に、政治・経済・社会・教育の具体的・個別的問題についての直接的な発言は、どんなにすぐれた思想家の場合でも、その発言が行われた時代状況と密接に結びつき、それだけに歴史的条件による制約が大きいのに比べて、上に述べたような、具体的＝個別的な言説の基底に横たわる思考方法というものは、相対的に比較するならば、特定の時代と特定の風土をこえて、より普遍的な意味を帯びる。

訳者區氏もまさにそうした特定の状況をこえた丸山の観点に着目して、逆に言うならば、丸山の福沢研究が、福沢の政治・社会・思想の個々の結論に力点を置いていない、まさにそのゆえに、それが発表された年代の違いにあまり拘泥《こうでい》しないで、この論文集を編纂したものと思われる。

もちろん、このことは、福沢の「思考方法」には歴史的条件による制約がない、という意味ではなく、また福沢の作品は彼の置かれた時代的な状況と無関係に「抽象的」に思弁した産物である、ということを毛頭、意味しない。福沢が成人し、活動した時代は、西洋（アメリカとツァーリスト・ロシア帝国をふくむ）が圧倒的な産業力と軍事力をもって、東アジアに殺到し、しかもこれに対して、東アジアでは長い伝統的背景をもった旧体制と旧支配権力の権威が音を立てて、瓦礫《がれき》のように崩壊しつつあり、そこに巨大な真空状態が生まれ、広がりつつある時代であった。

福沢が繰り返し強調しているように、この十九世紀以来の西洋の圧力は、かつて十五、十六世紀にスペイン、ポルトガルが来航した時代とまったく情勢が異なるだけでなく、イギリスの東印度会社経営に代表されるような、長期にわたる「西力の東漸」のたんなる延長とも見なしえないような、まったく新しい世界史的事態の出現であった。なぜならば、十九世紀以後に、東アジアに「開国」を迫った「西洋」の圧力は、「産業革命」(industrial revolution)という、西洋諸国にとっても未曾有《みぞう》の実験をくぐりぬけたか、もしくはその実験の真只中にある、「列強」の圧力であったからである。それは単に狭い意味での軍事的侵略というイメージではとうてい捉えることができない性質のもので、政治・経済から文化・教育に及ぶ、社会の全領域に浸透する巨大なエネルギーを内包していた。そういうエネルギーの殺到に直面したところに、日本・中国・朝鮮に共通した東アジアの深刻な危機が存したのである。福沢にかぎらず、この危機を直視し、その重大性を洞察する能力をもった、上の三国における優れた知識人たちは、それぞれ彼らの全精力を傾けて、それぞれの祖国を救うための思想的課題は何か、を問いつづけたのである。こうした知的活動がどうして現実から離れた抽象的思索でありえようか。この書の主たる対象である福沢についていうならば、彼はまさにその危機の深さと広さを感じ取ったからこそ、たんに個別的問題と個別的処理をこえて、またたんに法的政治的制度の革新に甘んぜずに、大胆な知的勇気を必要とする「精神革命」の途を提唱したのであった。

それゆえに區氏が「日本の近代化」に着目したことは、氏が福沢の時事論それ自体でなくて、その基底に横たわる思考方法にその研究の力点を置いたことと、矛盾するのではなくて、むしろかえって區氏の着眼の卓抜さを物語っている。現代中国が日本の「近代化」から学ぶべきものがあると區氏が力説するのは、同氏の序文が語っているように、近代日本が現実に歩んだ歴史的道程を、中国が「模範」として、その足跡と成果を追う、という意味ではない。中国と(または朝鮮と)相似た歴史的危機に直面した幕末明治の日本の状況を、まだ結末のわからぬ、初々しい出発点においてとらえ、そうした近代化の出発点に立って、問題の所在を表面的・現象的な「事件」でなくて、もっとも深い層においてさぐり当てようとしたからこそ、區氏はそうした深いレベルにおける「近代精神」の代表として、日本の啓蒙時代の思想家のなかから、福沢をえらび出したのである。

「思考方法」への着目と「近代化」の意味限定とは、區氏において、二にして一の課題であった。

＊

そのことを前提としても、日本と中国とが歴史と伝統的背景において、少なからぬ相異点をもっており、したがって、上述のように巨大な西洋の「圧力」という共通した困難に対応する仕方においても、同一でありえなかったのは当然であり、その相異は表面的な制度改革のレベルにおいてだけでなく、基底の思考方法の変革とか「精神革命」の課題という、深いレベルにおいても、無視できない。このレベルにおいても、現代中国は、福沢の「思考方法」を異なった文脈において「読みかえる」ことがどうしても必要となる。福沢の思想の「直訳」でなくて「意訳」が大事なのであり、ある場合には、「意訳」をもこえた、福沢思想の「再創造」が要求されるかもしれない。そうした「読みかえ」や「意訳」の仕方、その具体的内容を論ずるとなると、この序文の冒頭に述べた二つの大きな問題のうちの、第二の問題――すなわち、一世紀以上も前の日本の思想家を中心とするこの研究が、現代の中国の読者にとって、どれほどの意味と価値を提供しうるか、という問題に立ち入らざるをえなくなる。

この第二の問題は、これまで縷々と述べてきた第一の問題以上に、日本人としての著者が多弁するのを躊躇《ちゅうちょ》する問題である。それは何よりも中国の読者自らの判断に委ねらるべき問題である。

區氏は「序言」において、明治以後の中国における福沢理解の歴史を簡単に紹介している。(區氏には、別に「中国における福沢諭吉理解——清末期を中心に」(日本歴史、第五二五号、一九九二年二月号、吉川弘文館)と「現代中国における福沢諭吉理解」(慶応義塾福沢研究センター編、近代日本研究、第七巻)という論稿があり、著者丸山はこの論稿から多大の教示を受けたことを付言する。)一九七〇年代末、八〇年代初の中国において「現代化」の推進が強調されるようになって、福沢の思想が新しい注目を浴びるにいたった。けれどもそれに先行する段階においては、とくに「五十年代以来の文化・思想界における閉鎖化によって、学問的意味での日本研究がほとんど休止し、福沢研究も当然同じ運命を辿《たど》った」と區氏は語っている。けれども、事を福沢研究の問題に限定するならば、中国の文化的・学問的「鎖国」のために、戦後日本の福沢論——というよりは福沢の日本でのイメージ——が中国に伝達されなかった、ということは必ずしもすべてマイナスの結果だったとは、私には思われない。むしろ福沢にたいする「先入見」を排して、福沢の文章に即して福沢をできるだけ客観的に理解する、という意味では、戦後日本における福沢イメージが中国の内部事情によってそのまま中国に伝播《でんぱ》しなかった、ということに私は皮肉な歴史的幸運――不幸のなかの逆説的な幸運――をさえ見いだすのである。

戦後日本における福沢イメージについて一般的概説をこの小文で述べるわけにはいかない。ここではただ、戦後日本における福沢イメージの戦前からの転換が必ずしも、福沢思想のヨリ正しい理解に自動的に途をひらくものではなかった、という私の結論だけを提出しておく。たしかに、福沢を「拝金宗」の高唱者とみたり、あるいは江戸時代の「町人根性」のたんなる継続と拡大と解釈するような、戦前日本にあった福沢への皮相で浅薄な誤解は、敗戦とともに影がうすくなり、逆に「天は人の上に人を造らず」の名文句が、戦後の焦土の上に洪水のように氾濫《はんらん》して、福沢は日本民主主義の先駆的思想選手としてもてはやされるようになった。そうした「個人崇拝」は、福沢の肖像が一万円札に刻印されるようになって絶頂に達したかのように見える。けれども、こうした「転換」の内実は、福沢思想の真の意味での普及からは遠かった。むしろ、極言するならば、戦前日本にあった歪められた福沢イメージの消滅にかわって、戦前にはほとんど存在しなかった新しい――しかし歪《ゆが》んでいる点では同様な――イメージが急速に流通し始めた、というのが、事の実相とさえ言える。このイメージの普及のテンポの早さと社会的広がりの広さは、いわゆる「情報社会化」の到来と結びついているので、戦前のイメージの普及度とは比較にならないほど大きい。それは限られた範囲の学界や知識人社会を突破して、マス・コミによって国民的規模に拡大され、その滔々とした流れが逆に、知識人・評論家・学者をも巻き込んで行く。したがって、そうした戦後イメージが「日中文化交流」の美名によって、新中国にも流れ込んでいたならば、それは福沢に対する巨大な「先入見」として沈澱し、埋積したにちがいない。私が中国の「文化大革命」における、不幸な文化的・思想的「鎖国」現象を、福沢のヨリ客観的な理解への進展という観点に関する限り、偶然の皮肉な幸運とみるのは、そのためである。

戦後日本に流通している福沢イメージが、福沢思想の均衡のとれた理解にとって妨げとなっていることを「抽象的」に論ずるかわりに、ここでその端的な具体例として、「脱亜入欧」という福沢イメージをあげておこう。これを例としてとりあげるのは、そのイメージが、日本と中国との「近代化」をめぐる争点と深く関連をもっているからである。

「脱亜入欧」というコトバとイメージには、二つの論点がふくまれている。一つは近代日本が維新以後今日まで歩んだ現実の歴史的道程を一言に要約してこう呼ぶ風潮である。これは福沢論をはるかにこえた近代日本論の問題となるので、この小稿で論ずるにはあまりにも巨大すぎる。私としては次のように反問するほかはない。――もし「脱亜入欧」が、日本の近代の支配的な動向を象徴する言葉であったならば、明治になって、全国的な組織化がはじまり、第二次大戦の敗北にともなって連合国の命令によって解体を余儀なくされるまで、「大日本帝国」の精神的支柱をなして来た「国家神道」(もっとポピュラーな当時の名称で呼ぶならば、日本の「国体」)は、果して「脱亜入欧」という言葉によって表現し尽されるのか。濃厚な儒教的色彩を帯びた徳目をちりばめた「教育勅語」(一八九〇年発布)が、一体どういう意味で「脱亜」であり、「入欧」であるのか。日中戦争の拡大にともなって新設された国民祭日(一九三九年九月以後毎月一日)は「興亜奉公日」と名付けられ、いうまでもなく、一九四一年以後の、第二次大戦における「皇国」の「聖戦」の思想的根拠は「大東亜共栄圏」の確立に求められた。そうした動向のどこに「脱亜」意識があり、どこに「入欧」意識がある、というのか。むろん大日本帝国の高唱した「アジアの共存共栄」が嗤《わら》うべき虚偽意識にほかならぬことは、すでに歴史によって証示されている。

「脱亜入欧」についての、第二の論点は、この言葉が、福沢の思想と果してまたどこまで関連するか、ということである。この点ではまず単純な用語の問題に注意していただきたい。福沢は明治十八年(一八八五)三月十六日の『時事新報』の社説を「脱亜論」と題し、そこで「脱亜」の論旨を展開した。これが論説の標題として、また社説の内容に、彼が「脱亜」の文字を使用した唯一のケースであって、それ以後、彼のおびただしい著書・論文の中で、この言葉は二度と用いられていない。ということは、少なくも、「脱亜」という言葉が、福沢において「自由」「人権」「文明」「国権」「独立の気象」といった言葉と並ぶような、福沢のキー・ワードでなかったことを物語っている。「入欧」という言葉にいたっては(したがって「脱亜入欧」という成句もまた)、福沢はかつて一度も用いたことがなかった。もちろん、言葉の問題と実質的な意味論とは区別して論じなければならない。けれども、たんなる言葉遣いの問題としても、「脱亜入欧」があたかも福沢の造語であり、愛用語であるかのような俗説が今日流布しているので、まずさきに用語をとりあげたのである。

福沢が、一八八五年の時点でただ一回、「脱亜」の文字を用いて書いた『時事新報』の短かい社説は、その直前の一八八四年十二月に、李氏朝鮮で勃発《ぼっぱつ》した「甲申《こうしん》事変」とそのクーデターの短命な崩壊の衝撃の下に執筆された。このクーデターで主役を演じた金玉均・朴泳孝ら李氏朝鮮内部の「開化派」(または「独立派」)の立場は、清国の場合と比較するならば、いわゆる「洋務派」よりは「変法派」に近かった。その「変法」のイデオロギーも、清朝末期の読書人開明派(康有為・梁啓超ら)よりも一層ラジカルであった。福沢は、これら金玉均ら朝鮮開化派の動向に、思想的にだけでなく、ある程度実践的にも早くからコミットしていた。それだけに、甲申の政変が文字通りの三日天下に終わったときの、福沢の失望は甚大であり、またこの事件の背後にあった日本及び清国政府と李氏政権とが、それぞれの立場から、政変の失敗を日和見《ひよりみ》主義的に傍観し、もしくは徹底的に利用した態度は福沢を焦立《いらだ》たせるに充分であった。「脱亜論」の社説はこうした福沢の挫折感と憤激の爆発として読まれねばならない。——ちなみに「脱亜」というのは、「興亜会」の結成(一八八〇年)を機縁に流通をはじめた「興亜」という言葉にたいするシニカルな反語的表現と思われる(後記)——もちろん李氏朝鮮政権内部の複雑微妙な動向にたいする福沢の観察の誤りや開化派＝独立派への過大評価について、福沢を批判する余地は十分ある。しかし、そのことと、福沢がこれ以後、中国や朝鮮における近代化・文明化への関心を失ったかどうか、ということはまったく別個の問題である。この問題を考える際に見失われがちなことは、たとい便宜上、シナとか朝鮮とかいう同じ表現が用いられていても、福沢の思想においては、終始、政府(政権)と国とをハッキリ区別する立場がとられ、また、政府の存亡と人民あるいは国民の存亡とをきびしく別個の問題として取り扱う考え方が貫かれていた、という点である。(日本語では「クニ」という上記の区別をまぎらわしくさせる表現が古来用いられてきたので、おそらく、そうした混用にたいする福沢の警戒感はそのため一段と高まったのであろう。)そのことを念頭に置いて、福沢の対外政策についての論稿を綿密に辿ると、彼が滅亡とか衰退とかいう悲観的言葉を語るのは多くの場合、その実質的な対象が中国や朝鮮の人民や国民にたいしてよりは「満清政府」あるいは李氏政権に向けられていたことが容易に判別される。福沢はこれら旧体制の政権が帝国主義列強の集中的な侵食に自力で抵抗する可能性を果してもっているか、そうした抵抗のために不可避な近代国家への自己変革――自由と独立への途――を自力できりひらくことができるか、という展望について、悲観的になって行ったことは否定できない。そうした悲観や失望はあくまで旧体制の政府にたいして発せられていた。だから、日清戦争について最強硬の「タカ派」であった福沢は、戦勝後の日本の中に、中国と中国人とを侮蔑し軽視する態度が一部に生まれていることに対し、憂慮し、警告することを忘れなかったのである(一例として、「支那人親しむ可《べ》し」『時事新報』社説、一八九八年九月二二日号)。「儒教主義」にたいする福沢の根深い敵意と反対も、上に述べたような区別の立場を考慮せずには理解できない。すなわち、彼の攻撃目標は、儒教の個々の徳目に向けられたというよりは、体制イデオロギーとしての「儒教主義」の病理に向けられたのである。国内的には父子君臣の上下倫理の絶対化によって、対外的には華夷内外の弁という階層的国際秩序観によって、政治権力と儒教とが構造的に癒着《ゆちやく》するところには、体制の停滞と腐敗とがくりかえし再生産される、というのが福沢の確信であった。したがって、「脱亜」という表現を脱「満清政府」及び脱「儒教主義」といいかえれば、福沢の思想の意味論として、いくらかヨリ適切なものとなるであろう。もし「脱亜論」を、このように再定義するならば、日本の徳川政府も決してその批判の例外ではなかった。「我が日本の徳川政府も之《これ》が為に(一八〇〇年代の西洋文明のために——という意味、丸山注)倒れたり。満清政府にして独《ひと》りよく之に抵抗するを得んや。文明を入れざれば外国の侵凌を受けて国を滅ぼすべし。之を入るれば、人民に権を得て、政府の旧物を転覆すべし。二者、その一を免かる可《べか》らず、後世子孫必ず之を目撃する者あらん」(民情一新、一八七九年刊、傍点丸山)という驚くべく予言的な福沢の長期的見透しは、福沢の最晩年においても変わるところがなかったのである。

＊

日本で、「脱亜入欧」という成句が、あたかも福沢自身の造句であるかのように喧伝《けんでん》され、いなそれ以上に、福沢の全思想のキー・ワードとして、学界だけでなく、一般ジャーナリズムの世界にまで流通するようになったのは、きわめて最近の現象であり、たかだか一九五〇年代以後の傾向である。その端的な証拠は、戦前の小泉信三らによる代表的な福沢研究、もしくは福沢のもっとも詳細な伝記として定評のある、石河幹明著

『福沢諭吉伝』(全四巻、一九三二年刊)のなかには、「脱亜」とか「脱亜入欧」とかの表現が解説のなかに登場しないだけでなく、福沢が「脱亜」の文字を実際に用いた唯一の社説「脱亜論」さえ、ほとんど引用されていないことに示されている。私の記憶が間違っていないならば、戦前に刊行された福沢論文の『選集』の類に、「脱亜論」が選ばれて入った例はなかった。

しかもいっそう皮肉なことに、一九三三年から一九三五年にかけて、かの近代日本の右翼――国粋団体の元祖ともいうべき「黒竜会」が発行した浩瀚《こうかん》な『東亜先覚志士記伝』全三巻(その最終章は「満洲国皇帝の御登極」という標題で結ばれている!)において、「東亜先覚志士列伝」という人名事典が記載されているが、その「東亜先覚志士」には、福沢諭吉も一項目として入れられている。「脱亜」主義者どころか、彼の名は大日本帝国における多くの著名な「大アジア主義者」の同志とされているのである。無論、福沢の霊は、こうした「黒竜会」系統によって与えられた「栄誉」を決して喜ばなかったであろうが……。

＊

では、何故に一九五〇年代以後の日本に、急激に「脱亜入欧」の成句が、多くの場合、否定的評価を伴って、福沢の名と結びつけられるようになり、かくも広く福沢イメージとして流通するようになったのか。これを問うことは、それ自体、戦後日本の思想史のきわめて興味あるテーマであり、別個の研究の出現を俟《ま》つほかない。著者がこの序文で「脱亜入欧」に触れた理由は、上述したように、中国の読者が福沢を論ずる際に、日本で流通しているイメージに流されることが、却《かえつ》て福沢思想の客観的理解の妨げになる一つの、しかしきわめて象徴的な——例として、あげたまでである。

私の望むところは、中国の読者が、福沢についての先入見や流通観念にとらわれることなく、自らの目で福沢の論著に即して、自由と独立のための福沢の思想的苦闘をたしかめることであり、もし、そうした方向に努力する読者に、私の研究が何らかの示唆を与えることができるならば、それは私にとって何よりの幸いである。そうして、日本の思想家福沢を中国のために「意訳」し、中国の歴史的状況に即して「読みかえ」た読者が、そうした自立的な理解と学習の上に立って、私の福沢研究にたいして疑義や批判を提出するならば、それがどのようにきびしいものであろうと、私はこれを心から歓迎して受け止めるであろう。この序文を結ぶ最後の言葉として、私は、この書の翻訳のために多年にわたって苦心を重ねた區建英氏の労にたいし、また、営利的に採算のとれないこの種の学術的出版を進んで引受けた「学林出版社」及び、その出版を助成した日本の

「国際交流基金」の好意にたいして、深甚の感謝の念を表したいと思う。

一九九一年初夏　於日本東京

(附　記)

訳者區氏に渡した日本語序文をこのたび雑誌『みすず』に転載するに当り、僅少の字句修正を施し、また読者への便宜を考慮して一ケ所、簡単な言葉を追加し、「後記」と註した。

(みすず、第三七九号、一九九二年一〇月、みすず書房『丸山眞男集』第一五巻)

注（以下において『福沢諭吉選集』とあるのは、特に説明しないかぎり、岩波書店刊行の全一四巻選集（一九八〇―八一年）をさす）

福沢諭吉の儒教批判

頁行

三16　**五倫五常を本然の性と等置する**　朱子学においては宇宙論、人間本性論、社会秩序＝実践倫理論が連続的にとらえられていた。すなわち宇宙を貫く「道」が、全ての人間に内在して「本然の性」となり、人がおのれの中に賦与された「本然の性」をあきらかにすることが倫理の根本であった。「本然の性」に従って行為することは、とりもなおさず、社会に内在する「道」を行なうことであり、それは具体的な社会秩序を守ることにほかならない。この具体的秩序を基本的人間関係とそれを律する徳目として示すのが五倫五常である。五倫は『孟子』滕文公篇上に由来する、父子の親、君臣の義、夫婦の別、長幼の序、朋友の信という人間の関係と徳目であり、福沢の引用文にあげられる君臣、父子、夫婦は三綱としてとりわけ重視された。五常は、これと同様の仁・義・礼・智・信という五つの基本的徳目である。ここに引かれた『文明論之概略』の本文については本書五三―五四頁でもふれられ、『「文明論之概略」を読む』第六講ではさらに詳しく論じられている。また朱子学を中心とした儒教思想の基本についての丸山の理解は、本書四九―五一頁、『丸山眞男講義録』第六冊第四章第一節、および第七冊第二章第三節にまとまってのべられている。なお「五倫五常」の成立の歴史については、手近には丸山眞男・加藤周一『翻訳と日本の近代』（岩波新書、一九九八年）Ⅱ章の「道徳の体系となった過程」と「「仁」から「仁・義・礼・智・信」」という二つの節が興味深い。

一五1　**其食を食む者は其事に死すなど丶……言ひ触らし**　『史記』淮陰侯列伝中に淮陰侯すなわち韓信のことばとして、「吾これを聞く……「人の食を食う者は人の事に死す」と」とある。人に食べさせてもらった—扶持を受けた—者は、その人の事のために死ぬべきであり、利益に走ってその人をかえりみず道にそむくようなことはできないの意。この句を一八七四(明治七)年七月刊行の『学問のすゝめ』十一編に引くのは、旧幕臣で、当時明治新政府の高官となった榎本武揚のことも念頭にあってかもしれない。ちなみに「瘠我慢の説」(一八九一年執筆、『福沢諭吉全集』第六巻、『福沢諭吉選集』第一三巻)では、榎本が戦死した幕府軍兵士の顕彰碑をたてて、この句を刻んだことをあげ、榎本の出処進退を批判しているが、それは一八八七年建立のこの碑を、九〇年に見てだといわれる。

一九16　**白石と云ふ先生**　白石常人、号照山。一八〇五(文化二)年、中津に生れる。江戸に学んだ後、中津に帰国して家塾を開いた。中津藩を追われて豊後の臼杵に移住し、臼杵藩に用いられたが、後中津藩に復帰した。一八八三(明治一六)年没。福沢は照山とその晩年にいたるまで交わりがあった。赤松文二郎編『照山白石先生遺稿』(一九三〇年)があり、照山の詩「贈福沢諭吉」一首を収め、六三一人の「門人連名簿」には福沢の名が見える。

二〇1　**経書を専らにして……**　二〇5　**殊に私は左伝が得意で**　福沢がここにあげる儒学の経典とそれ以外の漢籍のレパートリーの特色を理解するには、『丸山眞男講義録』第六冊第四章第一節の「儒学の根本経典」と題された項が役立つ。丸山はそこで中国における儒教本来の経典と、これら経典およびそれ以外の漢籍の日本における読まれ方の特徴について簡潔に説明している。また、注三16に引いた丸山・加藤『翻訳と日本の近代』Ⅱ章の「歴史を重んずるのは日本的儒教だからか」および「愛読された史書」と題する二つの節は『講義録』第六冊の上記の説明を敷衍するものとして興味深い。これらを補うために、福沢が挙げる漢籍について、以下に簡単に説明しておく。

二〇3　**世説**　『世説新語』ともいう。『世説新語』については本書二二七―二二八頁に説明がある。

二〇3　**左伝**　『春秋左氏伝』の略。

二〇5　**前後漢書**　漢書と後漢書。後漢書に対して漢書を前漢書と呼ぶ。

二〇5　**五代史**　中国の五代時代(九〇七―九六〇年)に興亡した後梁・後唐・後晋・後漢・後周の五王朝の正史。宋代に編まれた。

二〇5　**元明史略**　江戸時代の儒者後藤芝山が中国の史書を編集してまとめた中国の元・明二王朝の歴史。一七五一(宝暦元)年刊、一八一八(文政元)年、増補版刊。幕末から明治初年まで版を重ね広く読まれた。

二〇9　**徳川時代を通じて儒教は……士族の本格的な儒学の知識はきわめて低かった**　丸山はこのような認識を後年まで維持し発展させた。「儒学の学問としての普及度(あまり高くない)と、イデオロギーとしての儒教倫理の通俗化、常識化ということ」(傍点原文、『丸山眞男講義録』第六冊一九〇頁)との両面の併存という命題がそれである。『講義録』第六冊一九〇頁、および第七冊一七九―一八一頁の記述を参照。なおこのような見解は、注二四16でふれたような丸山の江戸時代における儒学の位置についての、当初のそれから修正された見方と連動していると思われる。

二三16　**民はこれに由らしむべしこれを知らしむ可らず**　『論語』泰伯篇。人民は政府の政策に従わせることは出来るが、政策の理由を理解させることは難しい、の意であろう。

二四1　**「駄民権説」として排撃していた**　一八八一(明治一四)年一〇月一四日付、井上馨・伊藤博文宛書簡で福沢は、井上・伊藤・大隈重信が申し合せて、政府の新聞を創設し、福沢がその刊行の任に当ることを提案したにもかかわらず、約束に反した責任を追及した。その中で福沢が提案に賛成した理由を説明して、「老生ノ本意ハ、元来新聞発兌ヲ以テ名ヲ得ルニモ非ズ金ヲ取ルニモ非ズ……此一発ヲ以テ、天下ノ駄民権論ヲ圧倒シ、政府真誠ノ美意ヲ貫通セシメントスルノ丹心(―まごころ)ナレバ……」とのべる。同月二八日に記した秘録「明治辛巳紀事」でも「駄民権論の愚」にふれる。

二六5 **「中津留別之書」** 『福沢諭吉全集』第二〇巻のほか『福沢諭吉選集』第九巻、山住正己編『福沢諭吉教育論集』、中村敏子編『福沢諭吉家族論集』(いずれも岩波文庫)に収める。

二六14 **『女大学』** 江戸時代の教訓書、著者不明。貝原益軒の作として流布して来たが、益軒以外の未詳の人物が彼の『和俗童子訓』巻之五「教女子法」を下敷きにして綴りなおしたもので、益軒の著作とはいえない。

二六15 **『女大学評論』** 福沢は、若い時から「心身多忙、寸暇を得ざる其中に、時々貝原の女大学を繙き、他日の記憶の為に簡単なる評語を書入るるを常とし、……自ら筆を加へたるもの二、三冊もある可し」(『女大学評論新女大学』への石河幹明の「序」)といわれるほどであったが、『福翁自伝』成稿の後引続いて執筆したのが『女大学評論』である。『女大学』の本文全編一九項目を項目ごとに引いて、逐一批判したもの。『女大学』にかわるべきものとして著した『新女大学』と一冊に合せて一八九九(明治三二)年に刊行され、福沢の最後の著作となった。『福沢諭吉全集』第六巻および『福沢諭吉選集』第九巻に収める。

三〇8 **『唐人往来』** 一八六五(慶応元)年の執筆。「唐人」は本来中国人であるが、江戸時代頃から広く西洋人をさしても用いられた。「往来」は、ここでは通行・通商を意味する。福沢はこの文で攘夷論を批判して組織だった開国論を展開した。この文は刊行されず、「之を写して色々の人に与へたる数も随分多かりし」と、下記「福沢全集緒言」で回顧されるように、筆写で読まれた。福沢の晩年に最初の全集『福沢全集』を編纂した際、福沢がその序文として執筆し、同『全集』第一巻巻頭に載せられた、「福沢全集緒言」の中に再録されて、広く知られるようになった。現在この「緒言」は『福沢諭吉全集』第一巻に収められ、また『福沢諭吉選集』では、「福沢全集緒言」は第一二巻に収められているが、編集方針からして、その中の「唐人往来」だけは、第一巻に収録されている。

三〇15　**「拍子そろへて支那朝鮮、周公孔子の末孫が……」**　一八八四(明治一七)年一二月三一日『時事新報』漫言「疫はらひましよ御疫はらひましよ」の一節。『福沢諭吉全集』第十巻所収。

三二2　**慶祐宮の刀風は、六個の首を吹飛ばし**　一八八四年甲申《カプシン》の年に起こされたクーデタ、甲申政変の一局面。朝鮮の開化派が、清国の勢力が清仏戦争のため後退した機に乗じ、日本の勢力を利用して清国と結ぶ守旧派・事大党に対して政治改革のクーデタを計画した。その第一段階で、国王を宮殿の一つ慶祐宮にみちびき出して日本軍によって警備し、駆けつけた事大党の高官六人を開化派の手で謀殺した。しかし、清国軍の攻撃のため開化派も日本軍も潰滅してクーデタは挫折した。このクーデタには、伊藤博文や井上馨が深く関与しており、在ソウルの日本勢力は「側杖喰ひし」とは反対に、積極的にかかわっていた。

三三16　**「朝鮮の改革は支那儒教の弊風を排除し文明日新の事を行ふもの」**　一八九四(明治二七)年八月七日『時事新報』社説「教育の改良最も肝要なり」の一節。『福沢諭吉全集』第一四巻所収。

三三1　**「改革の当局者は彼我両国の為めのみならず……」**　一八九四(明治二七)年八月一日『時事新報』社説「満清政府の滅亡遠きに非ず」の一節。『福沢諭吉全集』第一四巻所収。

二二3　**「今度の戦争は日清両国の争とは云ひながら……」**　一八九四年八月八日『時事新報』社説「直ちに北京を衝く可し」の一節。『福沢諭吉全集』第一四巻所収。

二二8　**思惟範型といい視座構造といい**　人間集団の社会的存在形態が彼らの意識・思想を拘束するというイデオロギー論を、社会科学的に精密にするために、K・マンハイムが導入した概念。社会的な存在と個々の観念とを直接に結びつけるのではなく、両者を媒介する中間項として、これらの概念をくみ入れた。丸山が、大学三年以来、思想史研究において『イデオロギーとユートピア』をはじめとするマンハイムの文献に親しんで、分析の用具として駆使してきた事情、また思惟範型および視座構造という概念についての簡潔な説明として「思想史の考え方について」(『丸山眞男集』第九巻六〇頁)、「思想史の方法を模索して」(同第一〇巻三二三―三三三頁)『日本政治思想史研究』英語版への著者序文」(同第一二巻九〇―九一頁)を参照。「福沢諭吉の儒教批判」に用いられる「イデオロギー曝露」と「イデオロギー論《レーレ》」についても、これらの記述から、マンハイムに示唆をうけていることがうかがわれる。最初期の論文「近世日本政治思想における「自然」と「作為」」では、マンハイムの名は引かれないが、マンハイムのこれらの概念が駆使されており(第一節および第三節2に明らかである)、丸山のそこでの表現をかりれば、儒教とその諸範疇は徳川社会の「視座構造」をなしたのであり、当時の学者にとって儒教とその諸範疇は、それを「通して」「現実社会をも解釈し理解」するメガネのような、世界を理解する枠組みだったということになる。

福沢に於ける「実学」の転回

二六1　**福沢における「実学」の転回**　すでに引いた丸山・加藤『翻訳と日本の近代』Ⅳ章の「世界観

にどう関わったか」および「福沢諭吉の科学観」と題する二つの節は、この論文についての丸山の自注として面白い。

三六8　**大西祝が『国民之友』三六二号に於て……**　この論説は、一八九七(明治三〇)年一〇月一〇日、『国民之友』三六二号に、「啓蒙時代の精神を論ず」と題して掲載された。『大西博士全集』第六巻(警醒社、一九〇四年)に収められている。

三七9　**その著『福沢諭吉』**　実業之世界社、一九一五年。なお一九八七年にはみすず書房から「みすずリプリント」11として復刊され、その際の折り込み付録に、この本の索引と「編集部」名の解説「尊徳・諭吉・王堂」(王堂の略歴、主要著作目録を含む)とが載せられた。

四一16　**宋学が我国に移入されて徳川初期に全盛を誇って……**　このような見方が本論文注(4)に引かれる、丸山の最初期の論文で前提されていたが、その後の研究の発展にもとづく批判を受け入れて丸山は見方を改めた。『『日本政治思想史研究』英語版への序文」(『丸山眞男集』第一二巻、『日本政治思想史研究』新装版、所収)はその事情を簡潔に説明している。そこで丸山は、「イデオロギーとしての儒教教義が社会に浸透してゆくのは、ようやく十七世紀の後半以後のこと」であり、しかも、「社会的イデオロギーとしての朱子学の普及と、「古学派」の朱子学への挑戦とは、ほとんど同時的に進行した、とみなければならない」(傍点原文)とのべている。

四二12　**古学**　一七世紀後半から一八世紀初頭にかけて、山鹿素行・伊藤仁斎・荻生徂徠らによってひきおこされた日本の儒教における新しい動向。彼らは形而上学の体系を通して儒教の経典を解釈する宋学を批判して、新しい経典解釈の方法によって、儒教の経典に直接にせまり、そのことによって古代における儒教の真の姿を明らかにすることを企てた。本論文注(4)に引かれる丸山の二つの論文特に「近世儒教の発展における徂徠学の特質並にその国学との関連」は、独自の視角から、この思想動向の展開を分析している。

四二12　**弘道館記**　水戸藩の藩校弘道館の建学の理念を示した文書。藤田東湖の草案をもとにして、一八三八(天保九)年三月藩主徳川斉昭の名で公表。なお斉昭の命を受けた藤田東湖が、一八四七(弘化四)年『弘道館記述義』を著し、『弘道館記』の全文の節・句ごとに解説を加えた。『弘道館記』はこの形で、いわば、水戸学の聖典として広く読まれた。

四三14　**アンシャン・レジームの学問的伝統**　本論文の直前に刊行された座談会「新学問論」(一九四七年一月、『丸山眞男座談』1)では、丸山が冒頭に「アンシャン・レジームの学問の大雑把な見取図」として、よくまとまった発題的な報告をしている。

四七5　**「修身要領」**　一九〇〇(明治三三)年、没する前年、福沢が慶応義塾門下の長老たちに命じて、国民道徳の標準を示すために編纂させた。この年二月一一日紀元節を期して発表。『福沢諭吉全集』第二一巻および『福沢諭吉選集』第三巻に参考資料として収める。なお「修身要領」に対する世論の反撥について本書二一五—二一七頁を参照。

五一6　**「誠は天の道なり」**　『孟子』離婁篇上の中の句。さらに『中庸』第二十章にも出る。

五一8　**「一物おのおの一太極を具ふ」**　朱子が、周濂渓の『太極図説』に注解した『太極図説解』中の句。『丸山眞男講義録』第七冊、二〇二頁参照。

五一10　**仁義礼智信**　儒教における基礎的徳目としての五常である。注二三16を参照。

五二14　**「貧福ともに天命なれば……」**　石田梅岩の著『斉家論』下。『斉家論』については、注三七4参照。

二五六13 **太極図説**　注二五一8を参照。宋の周濂渓の著、宇宙の本源である太極とその活動について二二八字で簡潔に記し、道の根本を示すものとして、朱子学で尊重された。本文に引用された一節は『易』文言伝にもとづく。本論注(4)に引く丸山の「近世儒教の発展における徂徠学……」の第二節はじめに詳しい分析があり、『丸山眞男講義録』第六冊二〇五頁、同第七冊二〇一―二〇二頁にも簡潔な説明がある。

二五七4 **斉家論**　心学者石田梅岩の最晩年の著作、一七四四(延享元)年刊。『倹約斉家論』ともいわれる。倹約して家を斉《ととの》える道を説く。

二五七4 **やしなひぐさ**　江戸時代後期の心学者脇坂義堂(?―一八一八＝文政元＝年)の教訓書。一七八四(天明四)年刊。二編、一七八九(寛政元)年刊。

二五八16 **「かねもうかるの伝授」**　同じく脇坂義堂の教訓書の表題。一七九八(寛政一〇)年刊。

二五九1 **「人間は欲に手足のついたるものぞかし」**　『好色二代男』巻三。

二六四16 **「近世儒教の発展における……」及び「近世日本政治思想に於ける……」**　この二論文は、『日本政治思想史研究』(東京大学出版会)に、第一章、第二章として収められた。また『丸山眞男集』では、それぞれ第一巻と第二巻に収録されている。

二六五16 **ゾンバルトが援用している例のアルベルティ家文書**　和辻が論文「現代日本と町人根性」(一九三二年執筆、『和辻哲郎全集』岩波書店、第四巻所収)で江戸町人のイデオローグから福沢まで変らない「町人根性」を、ヨーロッパの「ブルジョワ」と同一視し批判する立論において依拠したのは、W・ゾンバルトがその著『ブルジョワ』(一九一三年)において「アルベルティ家文書」(和辻の表現だが不正確、正しくは後述の『家政論』)を使って展開した議論であった。『ブルジョワ』は、近代資本主義の形成をめぐるゾンバルトとウェーバーの一連の論争の中で、ウェーバー批判として書かれたのだった。丸山がこの注で「例の……」とのべるのは、直接には、このゾンバルトの引照をさすことは明らかだが、さらに遡って、ゾンバルトが用いた、ルネッサンスの偉才レオン・バッティスタ・アルベルティの『家政論』を綿密に分析することによってゾンバルトへの反批判を行った、『プロテスタンティズムの倫理と資本主義の精神』(ゾンバルトの『ブルジョア』が批判の対象とした、最初の雑誌論文を大幅に改訂して一九二〇年刊行)第一章の異例に長い脚注が念頭にあることもまずまちがいないだろう。丸山はすでに、学者としての処女作「近世儒教の発展における徂徠学の特質並にその国学との関連」において、和辻の名をあげてはいないが和辻の「町人根性」=「ブルジョワ」説を、『プロテスタンティズムの倫理と資本主義の精神』に依拠して批判していた。(『丸山眞男集』第一巻二四四—二四六頁、『日本政治思想史研究』一二六—一二七頁。なお、「普遍の意識欠く日本の思想」(『丸山眞男集』第一六巻)五二頁以下、および『丸山眞男集』第九巻「解題」四四三頁参照)

福沢諭吉の哲学

六八4　**geschlossen**　ドイツ語。とじられた、それだけで完結した。

六八15　**ウエイランドの"*Elements of moral science*"**　Francis Wayland(一七九六—一八六五)は、米国の教育家。ブラウン大学学長をつとめたほか、*The Elements of Moral Science*, 1835, *The Elements of Political Economy*, 1837 などのカレッジの教科書の著作によって、一九世紀中期変動期にあった米国の高等教育に大きな影響をおよぼした。福沢は両書をいち早くうけ入れて『学問のすゝめ』などの著述に活かした上、初期の慶応義塾の教科書として用いた。これがいとぐちとなって両書は全国の上級教育の教科書として大量に用いられたほか、さまざまな翻訳も刊行され教科書などとしても全国的に広く読まれた。参照、藤原昭夫『フランシス・ウェーランドの社会経済思想　近代日本、福沢諭吉とウェーランド』(日本経済評論社、一九九三年)。

七四 9　**万国公法**　幕末から明治初年にかけてinternational lawの訳語として広く用いられた。なぜこのような訳語が生まれたかについて丸山は「近代日本思想史における国家理性の問題」(『丸山眞男集』第四巻)で論じている。また手近には丸山・加藤『翻訳と日本の近代』Ⅳ章「「万国公法」をめぐって」が興味深い。international lawの訳語としての「万国公法」を定着させる上で大きな役割を示したのは、Henry Wheaton, *Elements of International Law*, 1836, 10th ed. 1855. の在華米国宣教師William Martinらによる中国語訳『万国公法』(一八六四(同治三)年、なお日本での幕府開成所翻刻、一八六七年)、重野安繹によるその和訳『和訳万国公法』(一八七〇=明治三=年)であるが、これらについては、加藤周一・丸山眞男共編の『翻訳の思想』(日本近代思想大系15、岩波書店)に原文と訳文の一部の分析と研究とが収められている。

七四 16　**そこには諸社会力の平衡関係が見事に実現せられていた**　七五 6　**徳川社会において、諸権力のバランスが最もよくとれている……**　『時事新報』社説「時勢問答」(一八八二年六月二三日―七月八日、『福沢諭吉全集』第八巻)、「社会の秩序は紊乱の中に却って燦然たるものを見る可し」(一八八三年五月三一日、同巻)に始まり「国会の前途」(一八九〇年一二月一〇―二三日、全集第六巻、および『福沢諭吉選集』第六巻)で最もよくまとめられ、徳川社会の構造を「権力平均の主義」として概念化した。なお『丸山眞男講義録』第六冊一五九頁以下の「国会の前途」を引く記述を参照。

八一 2　**機会主義**　オポチュニズム　opportunism。本書一二〇頁および「政治学事典執筆項目　オポチュニズム」(『丸山眞男集』第六巻)を参照。

八二8　**W・ジェイムスの有名な栗鼠の比喩**　米国の哲学者ウイリアム・ジェームズが、その著『プラグマティズム』(一九〇七年)の第二講「プラグマティズムの意味」の冒頭で、論争解決の「プラグマティックな方法」を説明するためにのべた喩え。論点がかみあわずはてしなく続く論争を解決するには、それぞれの主張が実際的に何を意味するのか明らかにし、論点を正しく設定することが必要だとする。

八五2　**「開化先生」**　『学問のすゝめ』十五編に、西洋文明にいかれた「中人以上の改革者流、或いは開化先生と称する輩」の思考様式の倒錯ぶりが戯画化され、批判されている。

八八1　**ウェーバーの所謂カリスマ的支配**　八八3　**ウェーバーの伝統的支配**　マックス・ウェーバーの主著『経済と社会』で展開される支配の類型論をさす。ウェーバーによれば、支配が成立するためには、支配に服従する者が支配の正統性を認めることが条件となる。その正統性の根拠は、カリスマ、伝統、制定された規則の三つに帰著し、この三つの正統性根拠から理念型としての支配の三類型がみちびかれる。支配者個人に与えられた超自然的な資質(カリスマ)が正統性の信仰への源となる場合がカリスマ的支配、支配が古くからの伝統や慣習を背景にもち、そうした歴史的由来への信仰が正統性の根拠となる場合が伝統的支配である。丸山は「政治の世界」(『丸山眞男集』第五巻)では、このウェーバーの支配の類型論を一部修正して、正統性の根拠および支配の類型論を展開している。

九〇8　**ピラト的相対主義者**　ピラトはローマ帝国ユダヤ総督。『新約聖書』福音書特に「ヨハネによる福音書」で、イエスを訊問し十字架刑を決定したことで知られる。「ピラト的相対主義」とは、絶対的価値の認識可能性を否定する立場を意味するのであろう。丸山の念頭には、H・ケルゼンの『デモクラシーの本質と価値』の末尾のピラトを引く議論、さらに田中耕太郎によるケルゼンの相対主義批判があったと思われる(「田中耕太郎先生を偲ぶ」『丸山眞男座談』8 一三三頁)。

九三 3　**パティキュラリズム**　particularism。ここでは、他者の一面のみにとらわれて排斥する、排他性。自己中心性の意であろう。

九三 10　**「束縛化翁是開明」**　「化翁」は造化あるいは化育の翁か。自然界の働きの擬人化として福沢が造語したものであろう。自然を支配することが進歩の意。

九七 5　**「天邪鬼」**　「福沢諭吉の人と思想」、本書一八〇頁の「天の邪鬼」論を参照。

九八 13　**「駄民権論」**　注二四1参照。

一〇三 9　**かの『哲学の貧困』の著者**　*Misère de la philosophie*, *1847* は、マルクスがフランスの無政府主義者プルードンの『貧困の哲学』を批判して著し、マルクス経済学理論の原型をうち出した。

一〇八 5　**tough-minded 型**　注八二8に引いたウイリアム・ジェームズの『プラグマティズム』第一講「哲学における今日のディレンマ」における人間の気質の類型論に出る。ジェームズはそこで the tough-minded を経験主義的(「事実」に拠る)、感覚論的、唯物論的、ペシミスティック、非宗教的、宿命論的、多元論的といった特性と結びつくとし、理念的(「原理」に拠る)、主知的、観念論的、楽観論的、宗教的、自由意志論的、一元論的といった特性と結びつく、the tender-minded と対比した。ちなみに丸山は、この論文の執筆からほど遠くない時期の座談会「唯物史観と主体性」(一九四八年二月、『丸山眞男座談』1、一三五—一三六頁)でも、タフ・マインデッドとテンダー・マインデッドの対比を論じて、自己の立場にもふれている。「科学主義的世界観が通有観念になればよいが、残念ながらそれで割り切れない面が残る。その空虚をみたすために大多数の人が宗教や実存哲学に赴くのではないでしょうか。それは、根本的には弱い精神なのかも知れない。タフ・マインデッドの人なら科学主義一点ばりでいい。しかしぼくのようなテンダー・マインデッドのものは、科学だけで人間の問題を覆いうるとは思えない。」

一〇八10 **「安心」** 一般に心が思い煩いから解放されて平安であること。福沢の場合には、浄土真宗の家に育ち、蓮如の「御文章」を文体の模範の一つとして親しんだことから、そこで繰り返し語られる「安心」・「安心決定《あんじんけつじょう》」をよく用いた。浄土真宗の安心は、一心に念仏して救いにあずかると確信することからえられる心の平安、あるいは救いにあずかることを意味する。福沢は晩年の文集『福翁百話』の中のいくつかの文で自己の「安心法」をまとめて論じた。注一〇九8以下を参照。

一〇八11 **「黄金世界」** 『福翁百話』四「前途の望」、六「謝恩の一念発起す可きや否や」、百「人事に絶対の美なし」、に出る人類の知的道徳的完成状態の表現。「前途の望」では「満世界の人、皆七十歳の孔子(「七十にして則を踰《こ》えず」という「徳心の極度」を表わす)にニウトンの智識を兼ね……」とのべられる。

一〇九8 **「宇宙の間に我地球の存在するは……」** 『福翁百話』七。

一一〇2 **「既に世界に生れ出たる上は……」** 前注に同じ。

一一〇7 **「浮世を軽く認めて人間万事を一時の戯と視做し……」** 『福翁百話』四十四。

一一八10 **G. Simmel, Grundfragen der Soziologie……中の "Geselligkeit" の章** ゲオルク・ジンメルの『社会学の根本問題』の第三章が「社交」と題されている。

『福沢諭吉選集』第四巻解題

二九1　**『福沢諭吉選集』第四巻**　一九五一年五月から五二年一一月にかけて刊行された福沢諭吉著作編纂会編、岩波書店刊行の『福沢諭吉選集』全八巻の第四巻で、福沢の政治論を集める。この選集各巻の内容は、著作編纂会の原案をもとに、解題執筆者と編纂会編集部との協議によって選ばれたが、第四巻に収められたのは、「旧藩情」「通俗民権論」「通俗国権論」「国会論」「時事小言」「東洋の政略果して如何せん」「条約改正論」「馳せ登りたり」「治安新策」「疫はらひましよ御疫はらひましよ」の一〇編である。

三〇6　**社会契約説……ヨリ正確には統治契約説**　社会契約論には、政治社会の形成にあたって、個々人が合意によって、相互の秩序をつくる面と、その秩序を維持するための統治機構を組織する面とが含まれる。二つの面を区別する場合に前者を狭義の社会契約、後者を統治契約とよぶ。

三〇14　**ノミナリスティックな社会観**　nominalism　唯名論は、本来西洋中世哲学の基本概念であり、普遍は個物に先立つ客観的実在であるとする実在論に対して、実在するのは個物であり、普遍は名辞にすぎないと主張する立場が唯名論と呼ばれた。そのような見方を社会認識に応用すれば実在するのは個々人であり、「天下」(―国家)を含めて、一切の社会は個々人の集合体に付した名称にすぎず、それ自体が客観的に実在するのではないということになる。丸山は、本論文に先立ち、論文「近世儒教の発展における徂徠学の特質並にその国学との関連」の第五節で、一四世紀ヨーロッパにおける、実在論とそれを批判するウイリアム・オッカムらの唯名論との普遍論争を引いている。また『「文明論之概略」を読む』第七講では、『文明論之概略』第四章の一節(岩波文庫版七六頁)に注解して、福沢の「実在するのは個人とその集合だけだ、というきわめてノミナリスティックな考え方」に論及している。

一二三 7　**Conditio sine qua non**　ラテン語、必要不可欠の条件。

一二三 14　**威ありて猛からざるもの**　『論語』述而篇に、弟子が孔子の性行を記して、威ありて猛からず、とする。威厳があってしかもたけだけしくない。

一二六 7　**須田辰次郎**　一八五三(嘉永六)年生、一九二八(昭和三)年没。最初期の慶応義塾に学び、義塾で福沢を助け、また各地の師範学校、中学校で教えた。『福沢諭吉書簡集』第二巻三九四頁に略伝がある。

一三二 8　**「肝胆相照」**　「肝胆相照」はもと中国の成句、互いに心の底までうちあけて親しく交わること。一八九八(明治三一)年一一月八日、藩閥の首領山県有朋が第二次内閣を成立させると、日清戦争まで激しく対立した自由党の後身憲政党を抱きこむ戦略をとり、憲政党の要求をうけ入れた上、一一月三〇日、憲政党代議士を招いて茶話会を開き、憲政党と「肝胆相照」す提携を声明した。

一三二 14　**「コンヂショナル・グード」**　注一九五 2と、それが対応する本文とを参照。

一三三 4　**学問のすゝめ、の批判に答えた朝野新聞への寄書**　注一八六 5参照。

一四一 10　**「平和とは闘争から免れていることではなくして……」**　スピノザの最晩年の作『政治論』(*Tractatus politicus*, 1677. 畠中尚志訳岩波文庫版は『国家論』と題されている)の第五章国家の目的、第四節。

一四七 2　**入札**　幕末維新の時代まで、今日の投票の意味で用いられたことば。

一四七 9　**過而勿憚改**　『論語』学而篇、子罕篇に「過則勿憚改」とある。過ちをおかしたらためらわず改めよ。

一四八 3・5　**国家理由(raison d'État)**　レーゾン・デタ　国家の権力を維持し強化するためにはそれ

をどのように運用すべきかについての経験的実際的な準則。今日では国家理性ということばの方が一般に用いられる。丸山はこの国家理性の問題について、「近代日本思想史における国家理性の問題」(一九四九年、『丸山眞男集』第四巻)を書き、その後半で福沢にふれた。この論文は未完に終わったが、その欠を補う形で「「近代日本思想史における国家理性の問題」補注」(一九九一年、『丸山眞男集』第一五巻)が書かれ、ここでも、西欧における国家理性観念の歴史とともに、福沢の場合を検討した。また『「文明論之概略」を読む』第一九講では、『文明論之概略』第十章に即して、国家理性について、前記二論文とは別な角度から論じている。

一兲1　**M・ウェーバーのいう「醒めた」精神**　ウェーバーのキイ概念の一つとしての nüchtern は、丸山がこの論文を書く頃までに親しんだ著作では(参照、安藤英治との対談「ウェーバー研究の夜明け」『丸山眞男座談』8)、「職業としての政治」「新秩序のドイツにおける議会と政府」に、政治的態度に関連して出、『プロテスタンティズムの倫理と資本主義の精神』には、プロテスタンティズムのエートスに関連して頻出する。

一六〇4　**松隈内閣**　一八九六(明二九)年、松方正義が首相となって第二次松方内閣が成立し、進歩党の事実上の党首である大隈重信を外相にむかえて、進歩党との提携をはかった。この内閣の通称が松隈内閣である。

福沢諭吉の人と思想

一六三1　**義を見てせざるは勇なきなり**　『論語』為政篇に孔子のことばとして記される。行うべきことを前にしながら、しりごみして行わないのは勇気がない人間である。

一六六 13　**「立身論」**　『時事新報』社説、連載五回。『福沢諭吉全集』第一〇巻所収。

一七四 3　**大阪の慶応義塾同窓会での演説**　同年一一月九日、『時事新報』雑報欄に要領筆記が掲載された。『福沢諭吉全集』第十九巻に、「明治三十年十一月六日大阪慶應義塾同窓会に於ける演説筆記」と編者による題を付して収める。

一七九 4　**小泉信三さんが、福沢のいろいろな発言を……**　小泉信三『福沢諭吉』(岩波新書、一九六六年)二七ページ。

一八三 2　**「社会の形勢、学者の方向」**　正確には「社会の形勢学者の方向、慶應義塾学生に告ぐ」、『時事新報』社説。『福沢諭吉全集』第一一巻所収。

一八六 3　**「楠公権助論」が大変な波紋を呼び起こして**　『学問のすゝめ』各編は刊行とともに、反撥をもふくんだ大きな反響をよんだが、なかでも第六編「国法の貴きを論ず」・第七編「国民の職分を論ず」の両編は、ほとんど一年におよぶ激しい非難・脅迫と弁護・弁明の応酬をひき起した。とりわけ第七編で国法に対する服従と抵抗を論じた福沢が、主君のために命をすてる「忠臣義士」と、旦那の金を落して申し訳に首をくくる忠僕「権助」とは、いずれも主人のために命を捨てればよいという私的心情の自己満足にとどまり、「文明の趣意に叶い」「世に益する」という公的な目的について盲目である点で、同様であると断じたのが、いわゆる「楠公権助論」として激しい反撥をまねいた。すなわち福沢は楠木正成について全くふれていないにもかかわらず、感情的な反撥の中で、福沢は正成を権助と同列に貶しめていると読まれたのである。この応酬の始終については、『福沢諭吉書簡集』第一巻(岩波書店、二〇〇一年)所収の一八七四(明治七)年一一月六日付大槻磐渓あて書簡および補注四〇〇—四〇四頁を参照。

一六六5　**『朝野新聞』に、慶応義塾五九楼仙万という匿名で寄稿をして**　福沢は「福沢全集緒言」で、自分が「学問のすすめの評」と題して『朝野新聞』に投稿し、これが明治七年一一月七日の紙面に載ったのが、非難を鎮静する転機になったと回顧し、「学問のすすめの評」の全文を引いている。丸山もこれによっているが、最近の研究により、「緒言」の記述には、福沢の記憶ちがいがあり、事実はより複雑であることが明らかになった。すなわち福沢自身は、当時慶応義塾関係者が多く、福沢に最も近かった『郵便報知新聞』に「学問のすすめ之評」と題して投稿し、一一月五日付同紙付録に掲載された。これが、おそらく『朝野新聞』の客員であった福沢の旧知大槻磐渓の配慮によって、同紙に『学問ノススメ之評』として転載され、さらに一一月八—九日付の『日新眞事誌』、一一月九日付の『横浜毎日新聞』にも載ったというのが、一連の経過である。なお「学問のすすめの評」を再録した「福沢全集緒言」(注三〇8を参照)は『福沢諭吉全集』第一巻、『福沢諭吉選集』第一二巻に収められているが、その中「学問のすすめの評」とそれに関する記述は岩波文庫版『学問のすゝめ』にも付録として載せられている。なお前注一六六3を参照。

一九三2　**コンディショナル・グード**　福沢の読書ノート「覚書」の一八七六(明治九)年五月から七七年三月の間に記されたと思われる部分に、'Absolute good bad' と 'Conditional good bad' とを対比し、価値基準の相対性を「コンヂショナルグード」として論じる箇所がある。なお「『福沢諭吉選集』第四巻解題」の一節、本書一三二—一三三頁を参照。「覚書」は『福沢諭吉全集』第七巻、『福沢諭吉選集』第一二巻所収。

一九三3　**福沢の娘さんで、いま生きている方……に会いましたが**　丸山は、一九六六年、福沢の四女志立タキ(一八七六—一九七〇)を訪ねて対談した。その記録は「ふだん着の諭吉と英語教育」と題して刊行され『丸山眞男座談』7に再録されている。

二〇三5 **もう一つ例をあげれば、横浜の居留地に来ている外国人というのは……** はじめ『学問のすゝめ』一二編の原稿として執筆されたが用いられぬまま蔵いこまれて、戦後になって発見され、『福沢諭吉全集』第一九巻に、編者によって「内は忍ぶ可し外は忍ぶ可らず」という仮題をつけて、収録された。丸山はおそらくこの文を念頭においているものと思われる。『「文明論之概略」を読む』第二〇講でもこの文について論じられている。

二〇五8 **福沢の還暦の祝賀が……演説をしています** 正しくは一二月一二日。この日慶応義塾と紅葉館とで演説し、両者の記録を一本にまとめて「還暦寿筵の演説」と題し、『時事新報』に社説として載せられたのが一四日である。本文に引かれるのは、慶応義塾での演説の一節。

二〇八4 **自伝の中にも引用されています** 『福翁自伝』の「品行家風」と題する章。「初めて東京の芝居を観る」という小見出しがついている。

二三三8 **『学商福沢諭吉』という本** 「焉用氏著」となっており、大学館刊、一九〇〇年六月。匿名で著されたが、著者は著作家渡辺修二郎であることが、本文中の記述からわかる。

二三六12 **「福沢翁の『修身要領』を評す」** 『教育学術界』一九〇〇年五月号に掲載。伊藤正雄編『資料集成明治人の観た福沢諭吉』(慶応通信、一九七〇年)に抜粋が載せられている。この本にはその他、朝比奈知泉、高山樗牛、幸徳秋水の『修身要領』批判(ただし、樗牛の「三田翁の修身説を笑ふ」は含まれない)とそれらについての解説をおさめる。『修身要領』に対する反響について詳しくは、石河幹明『福沢諭吉伝』第四巻(岩波書店)三一四—三一八頁、『慶応義塾百年史』中巻(前)四七八—四九四頁を参照。

三七9　**昭和二十二年に、私が福沢についてしゃべった**　交詢社福沢文庫開設記念会における「福沢先生の思想に就いて」と題する講演ではないかと思われる。

福沢における「惑溺」

三〇4　**伊藤正雄先生のご研究とか……**　丸山の念頭にあったと思われる研究を福沢研究の参考文献紹介をかねて、現在利用できる形で示す。

伊藤正雄『福沢諭吉論考』吉川弘文館、一九六九年

安西敏三『福沢諭吉と西欧思想――自然法・功利主義・進化論――』名古屋大学出版会、一九九五年

松沢弘陽「社会契約から文明史へ――福沢諭吉の初期国民国家形成構想・試論――」『福沢諭吉年鑑』一八、一九九一年

進藤咲子『明治時代語の研究――語彙と文章――』明治書院、一九八一年

安西・松沢の著書と論文とは、この講演が行われた頃は未だ刊行されていなかったが、そのもとになる研究が当時進められており、丸山はそれに論及していると思われるのであげた。

三三14　**徂徠がやったことを一言にしていえば……**　徂徠の最初の著書の一つ『譯文筌蹄』(一七一四―一五＝正徳四―五＝年)でうち出され、晩年の作『学則』(一七二七＝享保一二＝年刊)で大成された。徂徠の言語論・翻訳論については、丸山・加藤周一『翻訳と日本の近代』(岩波新書)Ⅰ章ではさらに詳しく論じられている。

三三12　**最初に出た全集の緒言**　注三〇8、一六六5参照。

三七13 **『世説新語』**　福沢もこの本を読んだ一人であることが、『福翁自伝』に記される。注三〇3にあたる本文を参照。

三八3 **吉川幸次郎先生が「世説新語の時代」という論文を……**　丸山の記憶ちがいではないか。『吉川幸次郎全集』第二七巻の著作目録にこの表題の文はなく、「世説新語の文章」が同全集第七巻(筑摩書房、一九六八年)に収められている。

三八16 **安積澹泊の『大日本史賛藪』という著**　安積澹泊は水戸藩の儒者(一六五六―一七三七、明暦二―元文二年)、ほとんど終生『大日本史』の編集にたずさわる。『大日本史』は中国の正史の体裁にならって、歴代天皇の伝記「本紀」(丸山のいう「帝紀」)と皇后・皇太子から「諸臣」以下「逆臣」までを含む「列伝」からなる。これら紀伝の本文に、これも中国の史書の伝統にならい、本文の史実について道徳的評価を加える「論賛」を付することとし、澹泊がほとんどひとりでこれを執筆した。彼の没後その論賛の内容について編纂事業を継承した学者の間から激しい批判が起り、結局論賛の全面削除に決定して、論賛のない紀伝のみの『大日本史』が幕府と朝廷に献納された。この後澹泊執筆の論賛の部分のみが写本で伝えられていたが、一八六九(明治二)年はじめて木版で刊行された。

三九14 **三蔵のうちの経蔵と論蔵**　仏教の経典を、仏の教えを記す経、戒律を記す律、経を注釈・解説する論の三部にわかち、それぞれに属する経典の全体とその内容を経蔵、律蔵、論蔵と呼ぶ。三蔵は仏教経典の総称。

三一5 **『山鹿語類』**　山鹿素行が、朱子学から離れて新たな学問体系の模索を始め、その思索を弟子に編纂させたもの、一六六五(寛文五)年成稿。注四二12およびそれに対応する本文を参照。

三一7 **仏見**　仏教徒の見方。

二三16 **『百一新論』**　西周の著、一八七四(明治七)年刊。諸学術の全体(「百教」)が一つの原理に帰するという考えで構想した、諸学の体系。

二三1 **『百学連環』**　一八七〇(明治三)年刊。

二三4 **『日新真事誌』**　英国人ジョン・R・ブラックによって一八七二(明治五)年から七五年まで刊行された新聞。官公庁の公示やニュースに加えて新しい世論を表現する論説や投書を重視し、少部数であったが影響力が大きかった。

二三12 **仏氏**　釈迦、仏、さらには仏教の僧。

二亖3 **バックルの『英国開化史』**　(太政官)翻訳局訳述『伯克爾氏英国開化史総論　巻一』印書局刊行、一八七五年。Henry Thomas Buckle, *History of Civilization in England*, 2 vols., 1857–1861. の第一巻冒頭の General Introduction の始めの部分の訳。本文の前の「凡例」の終りに「明治七年六月　大島貞益識」と識語がある。丸山・加藤周一共編の『翻訳の思想』(『日本近代思想大系』15、岩波書店、一九九一年)に始めの部分の原文と訳文が収められている。

二三8 **「覚書」というメモ**　『福沢諭吉全集』第七巻、『福沢諭吉選集』第一二巻に収める。

二三14 **松山棟庵**　一八三九(天保一〇)年—一九一九(大正八)年。蘭法医の子で、最も早い時期の慶應義塾に学び、医師・教師として大きな働きをした。『福沢諭吉書簡集』第一巻三七〇頁以下に略伝がある。

二四6 **『福沢文集』の二篇巻二にあります「売薬論」**　『福沢諭吉全集』第四巻に収める。

二四12 **実際に出たのは十月でありますけど、九月に出たことになっています**　表紙には明治一四年九月出版と印刷されているが、実際に刊行発売されたのは一〇月に入ってからのようである。

二四八11　**有名な、孔孟が攻めてきたらどうするかという問答**　山崎闇斎が弟子に、孔子孟子が日本に攻めて来たら、日本にあって孔孟の道を学ぶ者はどうするかと弟子に問うたところ、弟子は誰一人答えられなかった。これに対して闇斎は、孔孟を生けどりにして国恩に報いるのが孔孟の道だと語ったという。原念斎の『先哲叢談』に記されて有名になった話。福沢も『時事小言』第六篇に『先哲叢談』から長文の引用をしている。なおこのエピソードについては、日本儒教における「道の普遍主義と民族・国家の特殊性との関連」を示す事例として「闇斎学と闇斎学派」(『丸山眞男集』第一一巻)でも論じられている。

二五〇4　**「士流学者亦淫惑を免かれず」**　『福翁百話』一六。「士流」は、士族の、旧武家の。「学者」は知識人の意。

二五〇12　**宗門**　この時期には、西洋語の religion に当る語として用いられた。

二五一8　**世間の学者がよく宗教の……という論旨**　『福翁百話』一五「霊怪必ずしも咎るに足らず」。

二五四9　**スタッブス**　William Stubbs(一八二五―一九〇一)。オックスフォード大学近世史欽定講座教授、*Constitutional History of England*, 3vols. 1874-78. をはじめ著作が多い。

二五九6　**「新教の盛なる由縁は……」**　巻之三第六章、岩波文庫版一五八頁。

二六一5　**民族の起源神話(たとえばマヌ法典)までバックルに依拠して**　巻之一第二章、岩波文庫版五三―五四頁。

二六五10　**「実業論」**　一八九三(明治二六)年三月三〇日から四月一五日までにわたって『時事新報』社説として発表され、同年五月一冊にまとめて刊行された。『福沢諭吉全集』第六巻および『福沢諭吉選集』第八巻に収める。福沢は一八九三年に著したこの論説でもなお、「王政維新の革命」とのべている。

二六五15　**騒擾と革命とを福沢は区別します。これもバックルが言っております**　バックルの『英国文明史』第二巻第一章「五世紀から一九世紀中葉にいたるスペインの知性の歴史」に、スペインには'in-surrection'はたびたび起るが'revolution'は起らないという一節がある。また第一巻第二章「物理的諸法則が社会組織と個人の性格に及ぼす影響」で、インドを例として、豊かで肥沃な国では宮廷革命や王朝の戦争はあるが、人民の間からの革命はないとのべる。これらの箇所に触発されたと思われる記述が、『文明論之概略』第九章の「政府は新旧交代すれども、国勢は変ずることなし」という要約が付された一節(岩波文庫版二一四―二一九頁)にある。『「文明論之概略」を読む』第一六講には、前記のバックルの本への福沢の書込みまで遡った、この問題についての説明がある。

二六八2　**口を極めて神政府を批判し……**　『文明論之概略』第二章の「支那と日本との文明異同」を論じる部分および政府の「虚威」への「惑溺」を論じる部分。

二六八4　**紀元の古いのを誇っているが……**　以下の記述は少しわかり難い。『文明論之概略』第二章の、政府における「虚威」の一形態としての「古習」への「惑溺」を論じる部分において、「二十億年」は、注二六五5でふれたマヌ法典の来歴についてのべられ、「注からとっている」は、インドの伝説上の初代の王「プラザマ・ラジャ」についてのバックル原本の注から取られている。

『福沢諭吉と日本の近代化』序

二七一1　**『福沢諭吉と日本の近代化』序**　一九九二年一〇月、当時中国からの留学生であった區建英が、丸山の福沢論八編と論文「思想史の考え方について」および福沢についての座談会一編を翻訳・編集し「訳者序：福沢諭吉研究与丸山眞男」を付した上『福沢諭吉与日本近代化』と題し、上海の学林出版社から刊行した。本編は區建英によって中国語訳され「原作者序」として、この本の巻頭に載せられたものの原文である。この本に収められた論文等を、編集の配列順にあげると次のとおりである（カッコ内は『丸山眞男集』の収録の巻数を示す）。「福沢諭吉」（5）、『「文明論之概略」を読む』第一講（13）、「福沢に於ける「実学」の転回」（3）、「福沢諭吉の哲学」（3）、「福沢諭吉選集第四巻　解題」（5）、『忠誠と反逆』第一―三章（8）、「近代日本思想史における国家理性の問題」（4）、および「「近代日本思想史における国家理性の問題」補注」（15）「福沢・岡倉・内村」（7）、「思想史の考え方について」（9）、座談会「近代日本と福沢諭吉」（『丸山眞男座談』9）。なお本書は、「訳者再版序」を加え、『日本近代思想家福沢諭吉』と改題の上、一九九七年三月、北京の世界知識出版社から、再版が刊行された。訳者と丸山との学問的交わりについては、區建英「自由と民主への深甚なる愛着」（『丸山眞男集』第二巻「月報」）に詳しい。

解説

本書には、丸山眞男の福沢諭吉についての論説の中、内容的にも分量的にもまとまったもの七篇を収めた。「凡例」に示したように『丸山眞男集』収録のものを底本とし、配列も同集と同じく原出の発表順によっている。ただ、「福沢諭吉の人と思想」だけは、原型である講義が一九七一年になされ、『丸山眞男集』刊行をきっかけとして、二四年後の一九九五年に『みすず』誌に載せられたものである。このような特別な事情を考え、講義の年に拠って「『福沢諭吉選集』第四巻解題」の後、「福沢における「惑溺」」の前に置くことにした。

一

注については、丸山が期待をかけた、学問の世界における「在家信徒」あるいは「平信徒《レイ・メン》」つまり非専門家が、福沢流にいえば「独立の学問」をすすめられる一助となることを願って、次のような方針によった。

1 『広辞苑』ていどの辞書に出ていることがらは省く。

2 丸山の世界と福沢の世界とが重なる、本書の諸論文の背景にある、丸山と福沢とそれぞれの思想世界へのいとぐちを示す。

3 学問の特定の専門分野の基本概念が引かれている場合には、読解がそこであまり手間どらぬように、簡単な説明をする。

本書収録の論文以外にも丸山が福沢について論じた文章は、論文や座談会の一部でふれたものまで含めればかなりの数に上るが、主なものを次にあげる。

1 『丸山眞男集』に収めるもの（カッコ内は『丸山集』の巻数）

「福沢における秩序と人間」一九四三年(2)

「近代日本思想史における国家理性の問題」一九四九年(4)

「福沢諭吉」一九五三年(5)

「福沢・岡倉・内村――西欧化と知識人」一九五八年(7、なお丸山眞男『忠誠と反逆』ちくま学芸文庫、一九九八年にも収める)

「福沢諭吉について」(7)

「開国」一九五九年(8、『忠誠と反逆』ちくま学芸文庫にも収める)

「暗い時代の救いの書物」　一九六〇年(8)
「忠誠と反逆」　一九六〇年(8、『忠誠と反逆』ちくま学芸文庫にも収める)
「近代日本における思想史的方法の形成」　一九六一年(9)
『「文明論之概略」を読む』　一九八六年(13・14、岩波新書にも収める)
「福沢諭吉訳「アメリカ独立宣言」解題」　一九九一年(15)
『丸山眞男座談』に収めるもの(カッコ内は『座談』の巻数)
「福沢から何を学ぶか」　一九五七年(2、巻末の「丸山眞男発言抄」に、丸山の発言だけを抄録)
「福沢諭吉の文体と発想」　一九五八年(3)
「ふだん着の諭吉と英語教育」　一九六六年(7)
「近代日本と福沢諭吉」　一九八四年(9)

2

丸山眞男・加藤周一『翻訳と日本の近代』(岩波新書、一九九八年)は、次に引く『翻訳の思想』を共同編集するために行われた、二人の「問答」の記録であるが、福沢を論じることが多い。この「問答」を経て作られたのが加藤・丸山編『翻訳の思想』(日本近代思想大系15、岩波書店、一九九一年)であるが、この本に収められた加藤の解説「明治初期の翻訳」には丸山からの「直話による教示」の要約が注として付されている。

丸山の福沢論を検索するには『丸山眞男集』別巻の人名索引が便利。また『丸山眞男講義録』第六冊(東京大学出版会、二〇〇〇年)に付された、第四―七冊の人名・書名・事項の総合索引は、本書を読解するのにも大変役立つ。

福沢については、現在刊行中の『福沢諭吉書簡集』(岩波書店)各巻に、「ひと」と「こと」についての最近の調査にもとづく注があり、有益。最終巻第九巻にはこれらについての索引がつけられる予定。富田正文の刻明な評伝『考証福沢諭吉』上下(岩波書店、一九九二年)には、人名・事項(福沢の著作、書簡)索引および参考文献索引が付されている。また『福沢諭吉全集』第二一巻(岩波書店、一九六四年)には福沢の著作・書名・人名索引と詳しい年譜がある。さかのぼると、石河幹明『福沢諭吉伝』全四巻(岩波書店、一九三二年)の第四巻には人名・書名・事項の索引が付されている。なお、大駒誠一編『學問のすゝめ・文明論之概略・福翁自傳総文節索引』(慶應義塾福澤研究センター、一九九八年)は、福沢著作の初めての文節索引として貴重である。

最後に、丸山の福沢研究に対する批判で、丸山が論及しているもの、また丸山の福沢研究において念頭においていたことが明らかなものを挙げる(以下、集九は『丸山眞男集』第九巻、座九は『丸山眞男座談』第九巻を示す）。

1　服部之総「福沢諭吉」初出一九五三年。『服部之総著作集』第六巻（理論社、一九五五年）所収。「『福沢諭吉選集』第四巻解題」を高く評価した上で、批判する。『「文明論之概略」を読む』の「まえがき」で論及される。

2　梅本克己「マルクス主義と近代政治学――丸山眞男の立場を中心として」、梅本克己著作集編集委員会編『梅本克己著作集』第三巻（三一書房、一九七七年）所収。「福沢諭吉の哲学」にマルクス主義の立場から批判を加えた。丸山は『「文明論之概略」を読む』第四講で、この論文にふれて「私の論文が受けたいろいろな批判のなかで、最も的を射たものであると私自身感じました」とのべる。

3　竹内好「伝統と革命」（初出時の題、初出一九四九年。のち「日本人の中国観」と改題）『竹内好全集』第四巻（筑摩書房、一九八〇年）所収。同「日本のアジア主義」初出一九六三年、『竹内好全集』第八巻所収。後の論文の第七節で福沢の「脱亜論」をとりあげる。竹内は丸山にとって論敵かつ「畏友」であり、対立点は福沢の中国観、日本の近代化における福沢の位置づけを含む。この点をめぐる二人の共感と対立については「好さんについての談話」（集九）、「竹内日記を読む」（同一二）、『「文明論之概略」を読む』第五講（同一三）でふれられている。なお、「福沢と言うと「脱亜論」

とくる。近代日本は、福沢の引いた脱亜入欧の路線を歩んだと言う」「今非常に流行している通念」について丸山は、「亡くなった竹内好君の見解がやや福沢の「脱亜論」の誤解の因をなしたと思っています」(座談会「近代日本と福沢諭吉」一九八四年一一月、座九)とのべている。

4 遠山茂樹『福沢諭吉』東京大学出版会、一九七〇年。丸山の『文明論之概略』読解に当って念頭にあった研究の一つである。『「文明論之概略」を読む』第一九講(集一四)冒頭とその部分への「解題」注を参照。

以上は、丸山の存命中に刊行されたもののうち、丸山が論及したごくわずかに過ぎない。没後に発表されたものまで含めれば、丸山の福沢論への批判は数多い。その意味でこのリストは丸山のがわから見たものの一部という制約を免れないが、批判のいくつかのタイプを代表するものとして、また4のように今日なお意味を失わない評伝として参考までにあげた。

二

本書所収の七篇を読まれた方は、そこからだけでも、丸山の福沢論におけるきわだった個性を感じとられるだろう。後にのべるように、福沢における知性の行使の方法に集中したアプローチについて丸山自身、「私の研究は日本においても、そうした特殊な観点の稀少価値ゆえに、注目をあびた」(『福沢諭吉と日本の近代化』序」(本書二七四頁)とのべている。しかし、丸山の福沢論にはそのような「特殊な観点」ゆえに、読者のゆき届いた理解を難しくして来た面があるのではなかろうか。ここに収めた丸山の福沢論は、はっきりした方法意識をもって「特殊な観点」に自己限定したものであって、彼がのべた所は、彼自身の福沢観のある側面に限られており、その全容ではない。さらに、丸山が考えぬいた「特殊な観点」からする福沢論自体も、十分に理解することは必ずしも容易ではない。丸山の福沢論に共感する者にもそれを批判する者にも、避けられないこのような困難は、丸山の福沢論をうけついでさらに発展させる上でも、丸山の福沢論にかみあった適確な批判をする上でも妨げとなって来たように思われる。それは、ひいては福沢理解をも阻むことにならないだろうか。

以下は、本書収録論文を中心にした丸山の福沢論について、丸山の自己理解に即して、その特徴を素描するとともに、おちいり易い迷路に入りこむことを避けるための、筆者の立場からの簡単な道案内と議論の交通整理のこころみである。

1　本書に収められた丸山眞男の福沢論に共通していちじるしいのは、福沢の方法への関心の集中である。それは「旧社会のイデオロギー」としての儒教に対する福沢のイデオロギー批判の方法への注目から始まって、あらゆる領域での福沢の知性の活動を導く方法の検討へとひろがり深まって行った。注目する範囲は、福沢における、日本社会のさまざまな病理的思考・行動様式に対する批判と解体の方法から、新しい社会秩序の形成の方法まで、また福沢個人の著作演説のような知的営みの組織化と構成の方法までわたっている。先にあげた本書所収以外の論文においても、「福沢諭吉について」はもっぱら福沢の思考方法を論じているし、各論的な論文でも、「開国」や「近代日本における思想史的方法の形成」では、福沢の「方法的自覚」(「開国」集八、八三頁、傍点原文、以下断らない限り同様)に焦点があわされている。

このように福沢における方法の問題に集中した丸山の研究は、本書所収のうち初期の論文が発表された戦中末期・戦後初期においてはいうまでもなく、福沢研究が多様化し数をました、丸山の晩年においても、さらに丸山没後の今日においても、福沢研究の中で類例が少ない独特の位置をしめ続けて来た。そのことは、丸山の福沢研究に、つねに同時代の福沢論・福沢研究に支配的な傾向をふまえ、それに対する批判をなげかけるポレミックの性格が強いことと関連している。「福沢に於ける「実学」の転回」が示すように、そもそも丸山を福沢の「哲学」研究におもむかせたのは、福沢を啓蒙思想家として讃美するとき、「日本の社会的病理現象に対する彼の具体的な批判の適確さと華麗さに目を奪われて、深くその批判の底に流れる思惟方法に注意を向けようとしない」(「福沢に於ける「実学」の転回」、本書三八頁。傍点引用者)傾向に対する批判であった。こうした福沢研究の出発点での立場は、さらに一般化し、深められた。丸山の晩年に記した次のことばは、彼の生涯にわたる福沢研究の特質の彼自身による総括といえよう。

「(丸山のアプローチは)福沢の……果した政治的役割とか、彼の時代における具体的な個々の時事問題に対する福沢の個々の回答もしくは結論とか、にあるのではなくて、そうした数多い福沢の言論的活動の底流に一貫して流れている、彼の認識・判断の方法——その意味での福沢の「哲学」——を抽出し、その意味を分析しようとすることに特徴がある」(『福沢諭吉と日本の近代化』序」本書二七三頁)

個々の意見や態度決定の内容ではなく、それを導く方法への注目は、別な意味でもポレミックである。すなわち福沢の個々の具体的意見や態度決定への関心の集中が、多くの場合、それらの特定の歴史的条件や政治的あるいは階級的立場による拘束に注目するのに対して、それらの背景にある方法への集中は、福沢からそのような特定の条件や立場をこえた普遍的な意味をひき出すことを可能にするのである。

このような福沢における方法の問題への集中は、福沢という知識人に対して、きわめて適合的であった。明治啓蒙の時期、福沢のみならず多くの知識人が方法の問題に強い関心をよせた。「方法」という由来の古いことば自体が新たにハイライトをあびるにいたり、「講究ノ方法」(西周「知説」三『明六雑誌』二〇号)としての論理学や統計学が同時代の具体的問題と結びつけてしきりに論じられた。しかし西周のこの論文で「講究」ということばに「インエスチケーション」とルビがふられ、また頻繁に登場するようになった演繹、帰納といったことばにもしばしば、原語の片仮名表記が付された事例が示すように、多分に翻訳的で、具体的問題への適用も、机上の練習問題を解く感を免れないものだった(例えば、西周が外国人の「内地旅行」の可否を論じた「内地旅行」『明六雑誌』二三号)。これに対して福沢の方法は、同時代の課題から、個人の仕事や生活設計にいたるまであらゆる局面にわたる問題と実践的にとりくんで、知性の活動を導くものだった。このような福沢の方法についての丸山の分析は、先に引いた晩年の丸山自身の説明をこえて、より広い範囲にわたっていた。

方法に注目することによって、丸山は福沢の著作の理解に新しい局面をきり開いた。例えば、「彼の『自伝』についてさえ、はたしてどこまでが自己表現であり、どこまでが「役割」意識から発した「演技」かを疑ってかかる必要があるだろう」(「福沢・岡倉・内村」集七、三五五―三五六頁)という認識は、福沢の、つねに具体的状況における課題を設定し、それに対して自分が果たすべき「役割」を特定して演じるという方法への注目から導かれた。『「文明論之概略」を読む』のアプローチの特徴も、この本を明瞭な方法意識に従って構成された作品として分析するところにあった。この本で福沢は、同時代の日本が直面する多様な問題を重層的にまた連鎖的に構造化してとらえ、同時にこれらの問題を解くための多様な方法を関連づけて説いていた。丸山は、『文明論之概略』が、その著述のプロセス＝構成の方法自体から始めて、一種の方法集である面を鮮かに描き出したのである。丸山の福沢研究に対して現在までさまざまな批判があるにもかかわらず、また批判を受けいれた上でなお、彼の福沢論が読者の心をとらえるのは、一つには丸山が描き出す福沢の方法が、現在においてもなお意味をもち、身近に新鮮に感じられるからのように思われる。

けれども、方法に従って知性を行使し、環境を、また自己自身を制御するという丸山の福沢像が魅力的であればあるだけ、福沢を「福沢諭吉の哲学」が描く「強靭な主体的精神」の権化のようにとらえやすいが、もしそうであれば、それは丸山の福沢理解からは離れることになるだろう。読者は、丸山には知性を方法的に行使する福沢とは別な福沢も存在することを意識しなければならないだろう。方法の問題に集中するということは、視野をそこに限定することを、福沢という世界はその外に続いていることを意味する。福沢が、後にもふれるような方法によって、「自己本然の好悪と、状況認識に立った発言との間を完全に遮断し、言動の隅々まで「役割」の考慮でコントロールすることに成功していたならば、そこにはかえってどうにもならぬある種のいやらしさが発酵していたにちがいない」(「福沢・岡倉・内村」集七、三五六頁)と丸山はのべる(なお「福沢諭吉の人と思想」本書二〇三頁も参照)。福沢がそうした印象から免れているとすれば、福沢におけるそのような自覚的・方法的な行動をこえる「非合理的なパトスと、その間歇的な爆発」(「福沢・岡倉・内村」集七、三五六頁)とのゆえではなかろうかというのが丸山の理解である。しかし、問題設定の限定ゆえに丸山は、福沢のパーソナリティーの愛憎いずれも強く激情的な面などには、おりにふれて論及するけれども深くはふみこまない。「「福沢における理と情」という……問題は今日まではっきりした結論が出ない」(座談会「近代日本と福沢諭吉」一九八四年一一月、座九、七二頁)という丸山の晩年の述懐は、この辺にもかかわっているかもしれない。丸山は福沢の伝記を書いてみたいと語ったことがあるがもしそれが実現していたら、そこには、方法的に知性を行使する福沢とは、かなり異った相貌の福沢も現れていたことだろう。

　また方法の問題に集中することは、実際的な問題としても、そこに執筆の時間や紙数を費して、特定の具体的問題を扱うことを意図していても果たせなくなるという結果をもたらす。「『福沢諭吉選集』第四巻解題」において福沢の「東洋政略論」の分析を予定していながらそれを割愛せざるをえなかった(本書一五六―一五七頁)のもその一例であろう。

2　以上では、丸山の福沢論における方法の問題への集中と、それ自体がポレミックであることを見た。丸山の福沢論は、さらに他のいくつかの理由からも、他の福沢論に対して福沢を擁護するポレミックという意味をもった。

第一に、丸山には、方法の問題を別としても、福沢は彼を肯定するにせよ批判するにせよその時々につねに誤解されて来たという判断があった(たとえば、「福沢諭吉の人と思想」本書二二七―二二八頁、『福沢諭吉と日本の近代化』序」本書二七九―二八〇頁以下。またとくに、福沢「亜流」による「教祖」化がもたらす歪曲の問題を含めて、「福沢諭吉について」集七、三七〇―三七四頁)。丸山の福沢論は、おのずから、これらの誤解や歪曲に対する批判とならざるをえなかった。丸山の晩年に「福沢思想の均衡のとれた理解にとって妨げとなっている」、広く流通するイメージとして丸山がとりあげようとした一つは、「「脱亜入欧」という福沢イメージ」(「『福沢諭吉と日本の近代化』序」本書二八〇頁以下)であった。

丸山は、福沢の「脱亜論」が一般にはほとんど問題にされていない、むしろ福沢を「興亜」と結びつける傾向が支配的だった時期に「脱亜論」を問題としてとりあげていた(が発表の機会をえなかった)(「福沢諭吉の儒教批判」本書三四頁)。福沢＝「脱亜入欧」というイメージが雪だるまのようにふくれ上る逆の状況の中で、彼はあらためて、福沢の「脱亜論」をとり上げようとした。「『福沢諭吉と日本の近代化』序」を書いた前年一九九〇年九月、丸山は日本学士院で「福沢諭吉の「脱亜論」とその周辺」と題して報告し、それを受けて九二年九月には同じく、「福沢における文明と独立」と題する報告を行なっている。この前後から丸山は、「脱亜論」をめぐる福沢とその周辺についての史料と日朝・日中関係についての研究文献の収集を始めていたが、研究をまとめることなく世を去った。

さらに、丸山の見るところでは、このような福沢誤解や歪曲はしばしば、その時々の時代状況のもとでのさまざまな形の大勢同調になっていた(ある意見が福沢についての誤解や歪曲か否か、またそのような意見が大勢か否かは、もちろん丸山の判断の問題である)。意見の内容の当否にかかわらず、意見の凝集化傾向に対してあえて批判をさしはさみ、そのような傾向を解体するというのが、丸山の方法であった。丸山はそのような「アマノジャク精神の「先生」はだれかと言えば、やっぱり福沢諭吉です」(対談「普遍的原理の立場」一九六七年五月、座七、一〇三頁)とのべているが、このような知的方法は、丸山が福沢の知性の活動について最も注目したところであった。(たとえば「福沢諭吉の

哲学」本書九七頁、「福沢諭吉の人と思想」本書一七九―一八〇頁、前出「福沢諭吉について」集七、三七七頁以下）

第三に、このような、意見の「一方に凝り固まる」傾向への批判は、つねに特定の状況における課題を設定し、その状況の中でのその課題に対する自分の「役割」を特定してそれを演じるという方法に結びついていた。いいかえれば、自己の意見を表出する主体性ではなく、状況判断にもとづいて自己に課した「役割」を遂行する主体性である。丸山はこの面でも福沢から学んでいるように思われる（福沢における「役割」の「演技」への丸山の注目について「福沢諭吉の人と思想」本書一八五―一九五頁、なお、「福沢・岡倉・内村」集七、三五五―三五六頁）。

3　丸山は福沢から多くの方法を学んで自分のものとし、福沢を論じるに当ってもその方法を駆使した。また丸山の福沢論には基本的に、福沢についての誤解・歪曲（福沢支持、福沢批判をとわない）が支配的だという状況認識のもとで、福沢の真実を擁護するという態度が強く、福沢批判を中心に押し出すことはしなかった。ここから、丸山の思想と福沢の思想とを同一視する傾向、丸山は福沢の思想のうちに自己のそれと同一のものを見出しているという理解、あるいは、丸山は福沢に托して自己の思想を語っているというイメージが生れ、広がった。しかし丸山の福沢論は、福沢に対して、彼自身のことばをかりれば「他者をあくまで他者としながら、しかも他者をその他在において理解する」(「現代における人間と政治」集九、四四頁)態度によって貫かれていた。

丸山の福沢に対して距離をおく留保や批判は、先にふれた福沢における、知性の方法的行使をこえる、パーソナリティや具体的状況での言動についていちじるしい。しかし、それに先立って、丸山は、彼が高く評価し、学ぼうとする福沢の知性の方法自体について醒めた批判と留保を忘れていない。以下この点に少し目を向けて、解説の結びとしよう。

福沢の方法についての丸山の留保・批判は、二つの次元にわたっている。一つは、方法の有効性が反面にともなう問題性についてであり、もう一つは方法が有効でありうる範囲と限界についてである。

先ず、つねに「楯の両面を見る」思考が、丸山が福沢に認めた方法の一つであった(『「文明論之概略」を読む』第二講、集一三、八〇頁)。丸山はそのような見方を福沢の方法についてもとる。そのいくつかの例を見よう。

丸山は福沢における国家理性的思考の積極的な意味を重視する(「『福沢諭吉選集』第四巻解題」)。彼は、国家理性を国家間の権力政治における判断を導く方法としてとらえ、権力の維持という目的のための手段という限りでの、その合理性を重視した。しかし同時に彼は「こうした危機的な思想に本質的に内在する陥穽」(本書一五六頁。傍点引用者)に注目することを忘れず、福沢もそれに陥らざるをえなかった思想過程を抉り出した。福沢の東アジア政策論は、その顕著な例としてとらえられるのである。

丸山はしばしば近代日本の思想的な巨人として福沢と内村鑑三とを対比して、両者の思考の長所と弱点が裏腹の関係にあることを指摘する。こうして「状況判断に基づいて緊急な課題を優先的に選択する福沢の「論理」はヨーロッパ帝国主義によるアジア分割の切迫した現実に当面し……たときに結局天心(岡倉)と同じく「ジャガノート(インドのクリシュナの神像、巨大な車にのって破壊をほしいままにする)の車輪の下に粉砕されたくないなら、その車上へ上るほかはない」(岡倉天心のことば)という帰結に導かれていった」(福沢・岡倉・内村、集七、三五八頁)という判断が下される。このような東アジア政策論において、福沢は転向したと見ないのかという問いに、丸山は「基本的には見ませんね。敢えていえば、彼の思想自体の中に転向がふくまれている。彼の物の考えかたが状況論的発想なんですね。……現在の状況では何が相対的に大事な課題かということを考えて、そこから自分の「役割」を考えて行く。『文明論之概略』の最初の方法論にあたるところでハッキリそういう論理をのべている。だから内村鑑三みたいに……状況のいかんにかかわらず俺はこれだという発想と逆になる」と答える。こうして「プラグマティックな論理だけじゃ激烈な転換期はのりきれない」(座談会「日本における危機の特性」一九五九年一月、座三、一五〇、一五二頁)という福沢の「方法論」と「論理」の問題性が指摘されるのである。

第二に、丸山が福沢における知性の方法を分析して最も深く、また最も高く評価しているのは「福沢諭吉の哲学」の結尾第七節であろう。丸山はそこで、福沢の知性の方法が極限にまで洗練されていることと、それ以上にはいたらないこととの両面を示している。この節は、知性の方法に集中する丸山の福沢論に魅力を感じ共感して来た者にとって、しばしばつまずきの石であったように思われる。筆者もその一人であり、この一節で丸山が云おうとするところを正確に理解しえたとは未だに思えない。難しさの一因は、丸山が、この論文の「任務」からして自分の判断を全面的にのべることを留保している(本書一一二頁)ところにあるだろう。そのような条件のもとで筆者が現在理解する所を簡単にのべて参考にしたい。

丸山はそこで、福沢における「人生全体の意義に対する終局的な「問い」とそれへの「安心」観」をとらえる。それは丸山の表現をかりれば、福沢の「人生は遊戯である」という命題に集約される。そして遊戯こそは、人間の知性の最も洗練された方法的行使だといえよう。「福沢は……自ら意識すると否とを問わずヒューマニズムの論理をぎりぎりの限界にまで押しつめたのであった」というこの論文の結びの一節はこの意味において理解することができよう。「ヒューマニズムの論理をぎりぎりの限界にまで押しつめ」るとはどういうことがらだろうか。「神も自然も借りない」ヒューマニズムを全面的に信頼するならば、この一句は福沢のヒューマニズムへの讃歌として読まれるだろう。しかしもし、「ヒューマニズムの論理」の「限界」の彼方にある領域を認める立場に立つならば、この一句は、福沢の「ヒューマニズムの論理」の限界を示唆するものとしても読めるだろう。この論文と、そのすぐ後での座談会「唯物史観と主体性」で丸山が語った、福沢―タフマインデッド・丸山―テンダーマインデッドという対比を考えあわせれば、この一句は、福沢の「ヒューマニズム」がヒューマニズムとして極限まで展開されていることを肯定した上でなお、その限界を示したものといえよう(注二〇六5参照)。

「福沢諭吉の哲学」の少し前に行われた座談会「新学問論」での丸山の発言は、この論文と「唯物史観と主体性」での発言とに連なっている。丸山はそこで宗教への懐疑を投げかける問いにこう答える。「結局人間性と云うものをどうみるかという問題になってくる。人間理性が発達していないうちは、人間の中にひそむエゴイズムを克服する力として宗教が必要であったけれども、人間が強くなってくれば、神は必要ないじゃないか。そういうふうに見るか、それとも人間理性にそれだけの力があるか……という人間観の問題になってくる。だから神がないという立場は、ドストエフスキーが『悪霊』でいっているように、人間がすなわち神だという立場にほかならない」(座談会『新学問論』一九四七年一月、座1、五九頁)。この考えに従えば、人間が神も自然もかりず、人間の知性の行使によって知的道徳的完成の「黄金世界」にいたることが出来る、という福沢は、人間を神化するものだということになる。

丸山が、福沢における知的方法の究極の局面について、自らの立場から裁断するような批判はしないまでも、慎重な留保をしていることは明らかだろう。そこでは丸山と福沢の間に深い淵が横たわっているといえよう(この問題については『丸山眞男集』第一四巻への筆者の「解題」三六七―三六八頁でものべた)。

丸山は、彼が最も高く評価した、方法の問題においても、福沢の思想と彼の思想とは、全くは同じでないことを示唆した。それは、丸山が、福沢のいわゆる「自由の気風」―知性の自由な活動―の条件として好んで引いた、『文明論之概略』第二章のことば「あたかも(読者の)胸中に二物を容れてその運動を許したるが如し」(岩波文庫版三八頁)を想起させる。私たちには、福沢と丸山とを重ね合せて、まるごと受けいれたり斥けたりするのではなく、福沢と丸山とを対比もしつつ、方法の問題を始めとして、さまざまの問題を一つ一つ、自由に考え自由に問う道が開かれているといえよう。

本書の刊行を先ず丸山先生に報告したい。編者の注や解説が、収録論文の理解を妨げず、その価値をおとしめないことを願ってやまない。

その注についても、何人かの方から教示を受けた。特に平石直昭氏は、注の原稿を綿密に検討された上、本文にも目を通して、貴重な助言を下さった。心からお礼申し上げる。

丸山先生在世中から先生の論文の岩波文庫化の構想を温め、文庫編集部にバトン・タッチされた方々にも、刊行を感謝の念をこめて報告したい。文庫編集部の塩尻親雄氏は、ただでさえ多忙な業務の中で、手数をかけることはなはだしい私を寛容にうけとめ、綿密に仕事を進めて下さった。校正や印刷にあたられた方々の労へとあわせて感謝する。

二〇〇一年五月

松沢弘陽

【追記】

第一刷刊行後に、三二八頁四行目で紹介した「福沢諭吉の「脱亜論」とその周辺」は、録音テープから起されたものが『丸山眞男手帖』二〇号(二〇〇二年一月)に掲載された。

福沢諭吉《ふくざわゆきち》の哲学《てつがく》 他六篇

2001年6月15日　第1刷発行
2023年3月6日　第13刷発行

著　者　丸山眞男《まるやままさお》

編　者　松沢弘陽《まつざわひろあき》

発行者　坂本政謙

発行所　株式会社　岩波書店
〒101-8002　東京都千代田区一ツ橋2-5-5
案内 03-5210-4000　営業部 03-5210-4111
文庫編集部 03-5210-4051
https://www.iwanami.co.jp/

印刷・理想社　カバー・精興社　製本・中永製本

ISBN978-4-00-381041-5　Printed in Japan

読書子に寄す

——岩波文庫発刊に際して——

岩波茂雄

真理は万人によって求められることを自ら欲し、芸術は万人によって愛されることを自ら望む。かつては民を愚昧ならしめるために学芸が最も狭き堂宇に閉鎖されたことがあった。今や知識と美とを特権階級の独占より奪い返すことはつねに進取的なる民衆の切実なる要求である。岩波文庫はこの要求に応じそれに励まされて生まれた。それは生命ある不朽の書を少数者の書斎と研究室とより解放して街頭にくまなく立たしめ民衆に伍せしめるであろう。近時大量生産予約出版の流行を見る。その広告宣伝の狂態はしばらくおくも、後代にのこすと誇称する全集がその編集に万全の用意をなしたるか。千古の典籍の翻訳企図に敬虔の態度を欠かざりしか。さらに分売を許さず読者を繋縛して数十冊を強うるがごとき、はたしてその揚言する学芸解放のゆえんなりや。吾人は天下の名士の声に和してこれを推挙するに躊躇するものである。このときにあたって、岩波書店は自己の責務のいよいよ重大なるを思い、従来の方針の徹底を期するため、すでに十数年以前より志して来た計画を慎重審議この際断然実行することにした。吾人は範をかのレクラム文庫にとり、古今東西にわたって文芸・哲学・社会科学・自然科学等種類のいかんを問わず、いやしくも万人の必読すべき真に古典的価値ある書をきわめて簡易なる形式において逐次刊行し、あらゆる人間に須要なる生活向上の資料、生活批判の原理を提供せんと欲する。この文庫は予約出版の方法を排したるがゆえに、読者は自己の欲する時に自己の欲する書物を各個に自由に選択することができる。携帯に便にして価格の低きを最主とするがゆえに、外観を顧みざるも内容に至っては厳選最も力を尽くし、従来の岩波出版物の特色をますます発揮せしめようとする。この計画たるや世間の一時の投機的なるものと異なり、永遠の事業として吾人は微力を傾倒し、あらゆる犠牲を忍んで今後永久に継続発展せしめ、もって文庫の使命を遺憾なく果たさしめることを期する。芸術を愛し知識を求むる士の自ら進んでこの挙に参加し、希望と忠言とを寄せられることは吾人の熱望するところである。その性質上経済的には最も困難多きこの事業にあえて当たらんとする吾人の志を諒として、その達成のため世の読書子とのうるわしき共同を期待する。

昭和二年七月

《日本文学（古典）》〔黄〕

- 古事記　倉野憲司校注
- 日本書紀　全五冊　坂本太郎・家永三郎・井上光貞・大野晋校注
- 万葉集　全五冊　佐竹昭広・山田英雄・工藤力男・大谷雅夫・山崎福之校注
- 原文 万葉集　全二冊　佐竹昭広・山田英雄・工藤力男・大谷雅夫・山崎福之校注
- 竹取物語　阪倉篤義校訂
- 伊勢物語　大津有一校注
- 玉造小町子壮衰書 ―小野小町物語　杤尾武校注
- 古今和歌集　佐伯梅友校注
- 土左日記　紀貫之／鈴木知太郎校注
- 源氏物語　全九冊　柳井滋・室伏信助・大朝雄二・鈴木日出男・藤井貞和・今西祐一郎校注
- 枕草子　池田亀鑑校訂
- 更級日記　西下経一校注
- 今昔物語集　全四冊　池上洵一編
- 西行全歌集　久保田淳・吉野朋美校注
- 建礼門院右京大夫集 付 平家公達草紙　久松潜一・久保田淳校注
- 梅沢本 古本説話集　川口久雄校訂

- 後拾遺和歌集　久保田淳・平田喜信校注
- 詞花和歌集　工藤重矩校注
- 古語拾遺　斎部広成撰／西宮一民校注
- 王朝漢詩選　小島憲之編
- 新訂 方丈記　市古貞次校注
- 新訂 新古今和歌集　佐佐木信綱校訂
- 新訂 徒然草　西尾実・安良岡康作校注
- 平家物語　全四冊　梶原正昭・山下宏明校注
- 神皇正統記　北畠親房／岩佐正校注
- 御伽草子　全二冊　市古貞次校注
- 王朝秀歌選　樋口芳麻呂校注
- 定家八代抄 ―続王朝秀歌選　全二冊　樋口芳麻呂・後藤重郎校注
- 中世なぞなぞ集　鈴木棠三編
- 謡曲選集 読む能の本　野上豊一郎編
- 東関紀行・海道記　玉井幸助校訂
- おもろさうし　外間守善校注
- 太平記　全六冊　兵藤裕己校注

- 好色五人女　井原西鶴／東明雅校註
- 武道伝来記　井原西鶴／横山重・前田金五郎校注
- 西鶴文反古　井原西鶴／片岡良一校訂
- 芭蕉紀行文集 付 嵯峨日記　中村俊定校注
- 芭蕉 おくのほそ道 付 曾良旅日記・奥細道菅菰抄　萩原恭男校注
- 芭蕉俳句集　中村俊定校注
- 芭蕉連句集　中村俊定・萩原恭男校注
- 芭蕉書簡集　萩原恭男校注
- 芭蕉文集　潁原退蔵編註
- 芭蕉俳文集　全二冊　堀切実編注
- 芭蕉自筆 奥の細道　上野洋三・櫻井武次郎校注
- 蕪村俳句集 付 春風馬堤曲 他二篇　尾形仂校注
- 蕪村七部集　伊藤松宇校訂
- 蕪村文集　藤田真一編注
- 国性爺合戦・鑓の権三重帷子　近松門左衛門／和田万吉校訂
- 折たく柴の記　新井白石／松村明校注
- 近世畸人伝　伴蒿蹊／森銑三校註

排蘆小船・石上私淑言 ―宣長「物のあはれ」歌論　本居宣長／子安宣邦校注

雨月物語　上田秋成／長島弘明校注

宇下人言 修行録　松平定信／松平定光校訂

新訂 一茶俳句集　丸山一彦校注

一茶 父の終焉日記・おらが春 他一篇　矢羽勝幸校注

増補 俳諧歳時記栞草　全二冊　曲亭馬琴編／藍亭青藍補／堀切実校注

北越雪譜　鈴木牧之編撰／京山人百樹刪定／岡田武松校訂

東海道中膝栗毛　全二冊　十返舎一九／麻生磯次校注

浮世床　式亭三馬／和田万吉校訂

梅暦　全二冊　為永春水／古川久校訂

日本民謡集　町田嘉章／浅野建二編

芭蕉臨終記 花屋日記 付 芭蕉翁終焉記・前後日記・行状記　小宮豊隆校訂

醒睡笑　全二冊　安楽庵策伝／鈴木棠三校注

与話情浮名横櫛 切られ与三　瀬川如皐／河竹繁俊校訂

歌舞伎十八番の内 勧進帳　郡司正勝校注

江戸怪談集　全三冊　高田衛編・校注

柳多留名句選　山澤英雄選／粕谷宏紀校注

鬼貫句選・独ごと　復本一郎校注

井月句集　復本一郎編

花見車・元禄百人一句　雲英末雄／佐藤勝明校注

江戸漢詩選　全二冊　揖斐高編訳

《日本思想》〔青〕

- 風姿花伝（花伝書） 世阿弥／野上豊一郎・西尾実校訂
- 五輪書 宮本武蔵／渡辺一郎校注
- 葉隠 全三冊 山本常朝／和辻哲郎・古川哲史校訂
- 養生訓・和俗童子訓 貝原益軒／石川謙校訂
- 貝原益軒 大和俗訓 石川謙校訂
- 町人嚢・百姓嚢・長崎夜話草 西川如見／飯島忠夫・西川忠幸校訂
- 日本水土考・水土解弁・増補華夷通商考 西川如見／飯島忠夫・西川忠幸校訂
- 蘭学事始 杉田玄白／緒方富雄校註
- 吉田松陰書簡集 広瀬豊編
- 島津斉彬言行録 牧野伸顕序
- 塵劫記 吉田光由／大矢真一校注
- 兵法家伝書 付 新陰流兵法目録事 柳生宗矩／渡辺一郎校注
- 南方録 西山松之助校注
- 長崎版 どちりな きりしたん 海老沢有道校註
- 仙境異聞・勝五郎再生記聞 平田篤胤／子安宣邦校注
- 茶湯一会集・閑夜茶話 井伊直弼／戸田勝久校注

- 新訂 海舟座談 巌本善治編／勝部真長校注
- 西郷南洲遺訓 附 手抄言志録及遺文 山田済斎編
- 文明論之概略 福沢諭吉／松沢弘陽校注
- 新訂 福翁自伝 富田正文校訂
- 学問のすゝめ 福沢諭吉
- 福沢諭吉教育論集 山住正己編
- 福沢諭吉家族論集 中村敏子編
- 福沢諭吉の手紙 慶應義塾編
- 日本道徳論 西村茂樹／吉田熊次校
- 新島襄の手紙 同志社編
- 新島襄 教育宗教論集 同志社編
- 新島襄自伝 —手記・紀行文・日記 同志社編
- 近時政論考 陸羯南
- 日本の下層社会 横山源之助
- 中江兆民 三酔人経綸問答 桑原武夫・島田虔次訳・校注
- 中江兆民評論集 松永昌三編
- 憲法義解 伊藤博文／宮沢俊義校註

- 日本開化小史 田口卯吉／嘉治隆一校訂
- 新訂 蹇蹇録 —日清戦争外交秘録 陸奥宗光／中塚明校注
- 茶の本 岡倉覚三／村岡博訳
- 新撰讃美歌 植村正久・奥野昌綱・松山高吉編
- 武士道 新渡戸稲造／矢内原忠雄訳
- キリスト信徒のなぐさめ 内村鑑三
- 余はいかにしてキリスト信徒となりしか 内村鑑三／鈴木範久訳
- 代表的日本人 内村鑑三／鈴木範久訳
- 後世への最大遺物・デンマルク国の話 内村鑑三
- 宗教座談 内村鑑三
- ヨブ記講演 内村鑑三
- 足利尊氏 山路愛山
- 徳川家康 全二冊 山路愛山
- 豊臣秀吉 全二冊 山路愛山
- 妾の半生涯 福田英子
- 三十三年の夢 宮崎滔天／島田虔次・近藤秀樹校注
- 善の研究 西田幾多郎

思索と体験	西田幾多郎
続思索と体験・『続思索と体験』以後	西田幾多郎
西田幾多郎哲学論集 I —場所・私と汝 他六篇	上田閑照編
西田幾多郎哲学論集 II —論理と生命 他四篇	上田閑照編
西田幾多郎哲学論集 III —自覚について 他四篇	上田閑照編
西田幾多郎歌集	上田薫編
西田幾多郎講演集	田中裕編
西田幾多郎書簡集	藤田正勝編
帝国主義	幸徳秋水 山泉進校注
麺麭の略取	クロポトキン 幸徳秋水訳
基督抹殺論	幸徳秋水
日本の労働運動	片山潜
吉野作造評論集	岡義武編
貧乏物語	河上肇 大内兵衛解題
河上肇評論集	杉原四郎編
西欧紀行 祖国を顧みて	河上肇
中国文明論集	宮崎市定 礪波護編
中国史 全二冊	宮崎市定
大杉栄評論集	飛鳥井雅道編
女工哀史	細井和喜蔵
奴隷 —小説・女工哀史1	細井和喜蔵
工場 —小説・女工哀史2	細井和喜蔵
初版 日本資本主義発達史 全二冊	野呂栄太郎
谷中村滅亡史	荒畑寒村
遠野物語・山の人生	柳田国男
木綿以前の事	柳田国男
こども風土記・母の手毬歌	柳田国男
海上の道	柳田国男
蝸牛考	柳田国男
野草雑記・野鳥雑記	柳田国男
孤猿随筆	柳田国男
婚姻の話	柳田国男
都市と農村	柳田国男
十二支考 全二冊	南方熊楠
津田左右吉歴史論集	今井修編
特命全権大使 米欧回覧実記 全五冊	久米邦武編 田中彰校注
日本イデオロギー論	戸坂潤
明治維新史研究	羽仁五郎
古寺巡礼	和辻哲郎
風土 —人間学的考察	和辻哲郎
和辻哲郎随筆集	坂部恵編
倫理学 全四冊	和辻哲郎
人間の学としての倫理学	和辻哲郎
日本倫理思想史 全四冊	和辻哲郎
宗教哲学序論・宗教哲学	波多野精一
「いき」の構造 他二篇	九鬼周造
九鬼周造随筆集	菅野昭正編
偶然性の問題	九鬼周造
時間論 他二篇	九鬼周造 小浜善信編
復讐と法律	穂積陳重
パスカルにおける人間の研究	三木清

古代国語の音韻に就いて 他二篇　橋本進吉
漱石詩注　吉川幸次郎
吉田松陰　徳富蘇峰
林達夫評論集　中川久定編
新版 きけ わだつみのこえ —日本戦没学生の手記　日本戦没学生記念会編
新版 第二集 きけ わだつみのこえ —日本戦没学生の手記　日本戦没学生記念会編
君たちはどう生きるか　吉野源三郎
懐旧九十年　石黒忠悳
武家の女性　山川菊栄
覚書 幕末の水戸藩　山川菊栄
忘れられた日本人　宮本常一
家郷の訓　宮本常一
大阪と堺　三浦周行 朝尾直弘編
新編 歴史と人物　三浦周行 林屋辰三郎 朝尾直弘編
国家と宗教 —ヨーロッパ精神史の研究　南原繁
石橋湛山評論集　松尾尊兊編
湛山回想　石橋湛山

手仕事の日本　柳宗悦
工藝文化　柳宗悦
南無阿弥陀仏 付 心偈　柳宗悦
柳宗悦 民藝紀行　水尾比呂志編
雨夜譚 —渋沢栄一自伝　長幸男校注
中世の文学伝統　風巻景次郎
平塚らいてう評論集　小林登美枝 米田佐代子編
日本の民家　今和次郎
倫敦《ロンドン》！ 倫敦《ロンドン》？　長谷川如是閑
原爆の子 —広島の少年少女のうったえ 全二冊　長田新編
臨済・荘子　前田利鎌
『青鞜』女性解放論集　堀場清子編
大津事件 —ロシア皇太子大津遭難　尾佐竹猛 三谷太一郎校注
幕末遣外使節物語 夷狄の国へ　尾佐竹猛 吉良芳恵校注
極光のかげに シベリア俘虜記　高杉一郎
古典学入門　池田亀鑑
イスラーム文化 —その根柢にあるもの　井筒俊彦

意識と本質 —精神的東洋を索めて　井筒俊彦
神秘哲学 —ギリシアの部　井筒俊彦
意味の深みへ —東洋哲学の水位　井筒俊彦
コスモスとアンチコスモス 東洋哲学のために　井筒俊彦
幕末政治家　福地桜痴 佐々木潤之介校注
フランス・ルネサンスの人々　渡辺一夫
維新旧幕比較論　木下真弘 宮地正人校注
被差別部落一千年史　高橋貞樹 沖浦和光校注
花田清輝評論集　粉川哲夫編
新版 河童駒引考 —比較民族学的研究　石田英一郎
英国の文学　吉田健一
英国の近代文学　吉田健一
明治東京下層生活誌　中川清編
中井正一評論集　長田弘編
山びこ学校　無着成恭編
考史遊記　桑原隲蔵
福沢諭吉の哲学 他六篇　丸山眞男 松沢弘陽編

政治の世界 他十篇　丸山眞男／松本礼二編注
超国家主義の論理と心理 他八篇　丸山眞男／古矢旬編
田中正造文集 全二冊　由井正臣／小松裕編
国語学史　時枝誠記
定本 育児の百科 全三冊　松田道雄
大西祝選集 全三冊　小坂国継編
哲学の三つの伝統 他十二篇　野田又夫
中国近世史　内藤湖南
大隈重信演説談話集　早稲田大学編
大隈重信自叙伝　早稲田大学編
人生の帰趣　山崎弁栄
通論考古学　濱田耕作
転回期の政治　宮沢俊義
何が私をこうさせたか ―獄中手記　金子文子
明治維新　遠山茂樹
禅海一瀾講話　釈宗演
明治政治史　岡義武

転換期の大正　岡義武
山県有朋 ―明治日本の象徴　岡義武
近代日本の政治家　岡義武
ニーチェの顔 他十三篇　氷上英廣／三島憲一編
伊藤野枝集　森まゆみ編
前方後円墳の時代　近藤義郎
日本の中世国家　佐藤進一

《哲学・教育・宗教》〔青〕

- ソクラテスの弁明・クリトン　プラトン　久保勉訳
- ゴルギアス　プラトン　加来彰俊訳
- 饗宴　プラトン　久保勉訳
- テアイテトス　プラトン　田中美知太郎訳
- パイドロス　プラトン　藤沢令夫訳
- メノン　プラトン　藤沢令夫訳
- 国家　全二冊　プラトン　藤沢令夫訳
- プロタゴラス —ソフィストたち　プラトン　藤沢令夫訳
- パイドン —魂の不死について　プラトン　岩田靖夫訳
- アナバシス —敵中横断六〇〇〇キロ　クセノポン　松平千秋訳
- アリストテレス　ニコマコス倫理学　全二冊　高田三郎訳
- アリストテレス　形而上学　全二冊　出隆訳
- アリストテレス　弁論術　戸塚七郎訳
- アリストテレース詩学・ホラーティウス詩論　松本仁助・岡道男訳
- 物の本質について　ルクレーティウス　樋口勝彦訳
- エピクロス —教説と手紙　出隆・岩崎允胤訳

- 生の短さについて 他二篇　セネカ　大西英文訳
- 怒りについて 他二篇　セネカ　兼利琢也訳
- エピクテトス　人生談義　全二冊　國方栄二訳
- マルクス・アウレーリウス　自省録　神谷美恵子訳
- 老年について　キケロー　中務哲郎訳
- 友情について　キケロー　中務哲郎訳
- 弁論家について　全二冊　キケロー　大西英文訳
- キケロー書簡集　高橋宏幸編
- エラスムス＝トマス・モア往復書簡　沓掛良彦・高田康成訳
- 方法序説　デカルト　谷川多佳子訳
- 哲学原理　デカルト　桂寿一訳
- 精神指導の規則　デカルト　野田又夫訳
- 情念論　デカルト　谷川多佳子訳
- パンセ　全三冊　パスカル　塩川徹也訳
- 知性改善論　スピノザ　畠中尚志訳
- スピノザ　エチカ（倫理学）　全二冊　畠中尚志訳
- モナドロジー 他二篇　ライプニッツ　谷川多佳子・岡部英男訳

- ハイラスとフィロナスの三つの対話　バークリ　戸田剛文訳
- 市民の国について　全二冊　ヒューム　小松茂夫訳
- 自然宗教をめぐる対話　ヒューム　犬塚元訳
- 人間機械論　ド・ラ・メトリ　杉捷夫訳
- エミール　全三冊　ルソー　今野一雄訳
- ルソー　告白　全三冊　桑原武夫訳
- 人間不平等起原論　ルソー　本田喜代治・平岡昇訳
- ルソー　社会契約論　桑原武夫・前川貞次郎訳
- 政治経済論　ルソー　河野健二訳
- 学問芸術論　ルソー　前川貞次郎訳
- 演劇について —ダランベールへの手紙　ルソー　今野一雄訳
- 言語起源論 —旋律と音楽的模倣について　ルソー　増田真訳
- ディドロ、ダランベール編　百科全書 —序論および代表項目　桑原武夫訳編
- ディドロ　絵画について　佐々木健一訳
- 道徳形而上学原論　カント　篠田英雄訳
- 啓蒙とは何か 他四篇　カント　篠田英雄訳
- 純粋理性批判　全三冊　カント　篠田英雄訳

カント 実践理性批判　波多野精一・宮本和吉・篠田英雄訳
判断力批判 全二冊　カント 篠田英雄訳
永遠平和のために　カント 宇都宮芳明訳
プロレゴメナ　カント 篠田英雄訳
学者の使命・学者の本質　フィヒテ 宮崎洋三訳
シュライエルマッハー 独白　木場深定訳
哲学史序論 —哲学と哲学史　ヘーゲル 武市健人訳
ヘーゲル 政治論文集 全二冊　金子武蔵訳
歴史哲学講義 全二冊　ヘーゲル 長谷川宏訳
法の哲学 —自然法と国家学の要綱　ヘーゲル 上妻精・佐藤康邦・山田忠彰訳
自殺について 他四篇　ショウペンハウエル 斎藤信治訳
読書について 他二篇　ショウペンハウエル 斎藤忍随訳
知性について 他四篇　ショーペンハウエル 細谷貞雄訳
将来の哲学の根本命題 他二篇　フォイエルバッハ 松村一人・和田楽訳
不安の概念　キェルケゴール 斎藤信治訳
死に至る病　キェルケゴール 斎藤信治訳
体験と創作 全二冊　ディルタイ 柴田治三郎・小牧健夫訳

眠られぬ夜のために 全二冊　ヒルティ 草間平作・大和邦太郎訳
幸福論 全三冊　ヒルティ 草間平作・大和邦太郎訳
悲劇の誕生　ニーチェ 秋山英夫訳
ツァラトゥストラはこう言った 全二冊　ニーチェ 氷上英廣訳
道徳の系譜　ニーチェ 木場深定訳
善悪の彼岸　ニーチェ 木場深定訳
この人を見よ　ニーチェ 手塚富雄訳
プラグマティズム　W・ジェイムズ 桝田啓三郎訳
宗教的経験の諸相 全二冊　W・ジェイムズ 桝田啓三郎訳
純粋経験の哲学　W・ジェイムズ 伊藤邦武編訳
純粋現象学及現象学的哲学考案 全二冊　フッセル 池上鎌三訳
デカルト的省察　フッサール 浜渦辰二訳
愛の断想・日々の断想　ジンメル 清水幾太郎訳
ジンメル宗教論集　深澤英隆編訳
笑い　ベルクソン 林達夫訳
道徳と宗教の二源泉　ベルクソン 平山高次訳
物質と記憶　ベルクソン 熊野純彦訳

時間と自由　ベルクソン 中村文郎訳
ラッセル教育論　安藤貞雄訳
ラッセル幸福論　安藤貞雄訳
存在と時間 全四冊　ハイデガー 熊野純彦訳
学校と社会　デューイ 宮原誠一訳
民主主義と教育 全二冊　デューイ 松野安男訳
歴史と自然科学・道徳の原理に就て・聖 「プレルーディエン」より　ヴィンデルバント 篠田英雄訳
我と汝・対話　マルティン・ブーバー 植田重雄訳
アラン 幸福論　神谷幹夫訳
アラン 定義集　神谷幹夫訳
天才の心理学　E・クレッチュマー 内村祐之訳
英語発達小史　H・ブラッドリ 寺澤芳雄訳
日本の弓術　オイゲン・ヘリゲル述 柴田治三郎訳
饒舌について 他五篇　プルタルコス 柳沼重剛訳
ことばのロマンス —英語の語源　ウィークリー 寺澤芳雄・出淵博訳
人間 —シンボルを操るもの　カッシーラー 宮城音弥訳
国家と神話 全二冊　カッシーラー 熊野純彦訳

天才・悪 人間の頭脳活動の本質 他一篇 ブレンターノ 篠田英雄訳
プラトン入門 R・S・ブラック 内山勝利訳
反啓蒙思想 他二篇 バーリン 松本礼二編
マキアヴェッリの独創性 他三篇 バーリン 川出良枝編
論理哲学論考 ウィトゲンシュタイン 野矢茂樹訳
自由と社会的抑圧 シモーヌ・ヴェイユ 冨原眞弓訳
根をもつこと 全二冊 シモーヌ・ヴェイユ 冨原眞弓訳
重力と恩寵 シモーヌ・ヴェイユ 冨原眞弓訳
全体性と無限 全二冊 レヴィナス 熊野純彦訳
啓蒙の弁証法 —哲学的断想 M・ホルクハイマー T・W・アドルノ 徳永恂訳
ヘーゲルからニーチェへ 十九世紀思想における革命的断絶 全二冊 レーヴィット 三島憲一訳
統辞構造論 付『言語理論の論理構造』序論 チョムスキー 福井直樹 辻子美保子訳
統辞理論の諸相 方法論序説 チョムスキー 辻子美保子 福井直樹訳
言語変化という問題 —共時態、通時態、歴史 E・コセリウ 田中克彦訳
快楽について ロレンツォ・ヴァッラ 近藤恒一訳
古代懐疑主義入門 判断保留の十の方式 J・アナス J・バーンズ 金山弥平訳

ニーチェ みずからの時代と闘う者 ルドルフ・シュタイナー 高橋巖訳
人間精神進歩史 全二冊 コンドルセ 渡辺誠訳
人間の教育 全二冊 フレーベル 荒井武訳
フレーベル自伝 長田新訳
旧約聖書 創世記 関根正雄訳
旧約聖書 出エジプト記 関根正雄訳
旧約聖書 ヨブ記 関根正雄訳
旧約聖書 詩篇 関根正雄訳
新約聖書 福音書 塚本虎二訳
文語訳 新約聖書 詩篇付
文語訳 旧約聖書 全四冊
キリストにならいて トマス・ア・ケンピス 大沢章 呉茂一訳
聖アウグスティヌス 告白 全二冊 服部英次郎訳
アウグスティヌス 神の国 全五冊 服部英次郎 藤本雄三訳
新訳 キリスト者の自由・聖書への序言 マルティン・ルター 石原謙訳
シュヴァイツェル イエスの生涯 メシアと受難の秘密 シュヴァイツェル 波木居齊二訳
キリスト教と世界宗教 シュヴァイツェル 鈴木俊郎訳

水と原生林のはざまで シュヴァイツェル 野村実訳
コーラン 全三冊 井筒俊彦訳
エックハルト説教集 田島照久編訳
ムハンマドのことば ハディース 小杉泰編訳
新約聖書外典 ナグ・ハマディ文書抄 荒井献 大貫隆 小林稔 筒井賢治 編訳
後期資本主義における正統化の問題 ハーバーマス 山田正行・金慧訳
シンボルの哲学 —理性、祭礼、芸術のシンボル試論 S・K・ランガー 塚本明子訳
ジャック・ラカン 精神分析の四基本概念 全二冊 ジャック=アラン・ミレール編 小出浩之 新宮一成 鈴木國文 小川豊昭訳
精神と自然 生きた世界の認識論 グレゴリー・ベイトソン 佐藤良明訳

《法律・政治》〔白〕

人権宣言集　高木八尺・末延三次・宮沢俊義編

新版 世界憲法集 第二版　高橋和之編

君主論　マキアヴェッリ　河島英昭訳

フィレンツェ史 全二冊　マキァヴェッリ　齊藤寛海訳

リヴァイアサン 全四冊　ホッブズ　水田洋訳

ビヒモス　ホッブズ　山田園子訳

法の精神 全三冊　モンテスキュー　野田良之・稲本洋之助・上原行雄・田中治男・三辺博之・横田地弘訳

ローマ人盛衰原因論　モンテスキュー　田中治男・栗田伸子訳

第三身分とは何か　シィエス　稲本洋之助・伊藤洋一・川出良枝・松本英実訳

教育に関する考察　ロック　服部知文訳

完訳 統治二論　ジョン・ロック　加藤節訳

寛容についての手紙　ジョン・ロック　加藤節・李静和訳

キリスト教の合理性　ジョン・ロック　加藤節訳

ルソー 社会契約論　桑原武夫・前川貞次郎訳

アメリカのデモクラシー 全四冊　トクヴィル　松本礼二訳

犯罪と刑罰　ベッカリーア　風早八十二・五十嵐二葉訳

リンカーン演説集　高木八尺・斎藤光訳

権利のための闘争　イェーリング　村上淳一訳

近代人の自由と古代人の自由・征服の精神と簒奪 他一篇　コンスタン　堤林剣・堤林恵訳

民主主義の本質と価値 他一篇　ハンス・ケルゼン　長尾龍一・植田俊太郎訳

外交談判法　カリエール　坂野正高訳

危機の二十年 ―理想と現実　E・H・カー　原彬久訳

アメリカの黒人演説集 ―キング・マルコムX・モリスン他　荒このみ編訳

モーゲンソー 国際政治 ―権力と平和 全三冊　原彬久監訳

現代議会主義の精神史的状況 他一篇　カール・シュミット　樋口陽一訳

第二次世界大戦外交史 全二冊　芦田均

憲法講話　美濃部達吉

日本国憲法　長谷部恭男解説

民主体制の崩壊 ―危機・崩壊・再均衡　ファン・リンス　横田正顕訳

《経済・社会》〔白〕

政治算術　ペティ　大内兵衛・松川七郎訳

国富論 全四冊　アダム・スミス　水田洋監訳　杉山忠平訳

道徳感情論 全二冊　アダム・スミス　水田洋訳

法学講義　アダム・スミス　水田洋訳

コモン・センス 他三篇　トーマス・ペイン　小松春雄訳

経済学における諸定義　マルサス　玉野井芳郎訳

オウエン自叙伝　ロバアト・オウエン　五島茂訳

戦争論 全三冊　クラウゼヴィッツ　篠田英雄訳

自由論　J・S・ミル　塩尻公明・木村健康訳

ミル自伝　朱牟田夏雄訳

大学教育について　J・S・ミル　竹内一誠訳

功利主義　J・S・ミル　関口正司訳

ユダヤ人問題によせて ヘーゲル法哲学批判序説　マルクス　城塚登訳

経済学・哲学草稿　マルクス　城塚登・田中吉六訳

新編輯版 ドイツ・イデオロギー　マルクス・エンゲルス　廣松渉編訳　小林昌人補訳

マルクス・エンゲルス 共産党宣言　大内兵衛・向坂逸郎訳

賃労働と資本　マルクス　長谷部文雄訳

賃銀・価格および利潤　マルクス　長谷部文雄訳

マルクス 経済学批判　武田隆夫・遠藤湘吉・大内力・加藤俊彦訳

マルクス 資本論 全九冊　エンゲルス編　向坂逸郎訳

- 文学と革命 全二冊　トロツキイ　桑野隆訳
- ロシア革命史 全五冊　トロツキー　藤井一行訳
- 空想より科学へ ―社会主義の発展　エンゲルス　大内兵衛訳
- イギリスにおける労働者階級の状態 ―一九世紀のロンドンとマンチェスター 全二冊　エンゲルス　一条和生・杉山忠平訳
- 帝国主義論 全二冊　ホブスン　矢内原忠雄訳
- 帝国主義　レーニン　宇高基輔訳
- 国家と革命　レーニン　宇高基輔訳
- ローザ・ルクセンブルク 獄中からの手紙　秋元寿恵夫訳
- 雇用、利子および貨幣の一般理論 全二冊　ケインズ　間宮陽介訳
- シュムペーター 経済発展の理論 全二冊　塩野谷祐一・中山伊知郎・東畑精一訳
- シュムペーター 経済学史 ―学説ならびに方法の諸段階　中山伊知郎・東畑精一訳
- 租税国家の危機　シュムペーター　木村元一・小谷義次訳
- 日本資本主義分析　山田盛太郎
- 恐慌論　宇野弘蔵
- 経済原論　宇野弘蔵
- 資本主義と市民社会 他十四篇　大塚久雄　齋藤英里編
- 共同体の基礎理論 他六篇　大塚久雄　小野塚知二編

- ユートピアだより　ウィリアム・モリス　川端康雄訳
- 民衆の芸術　ウィリアム・モリス　中橋一夫訳
- 社会科学と社会政策にかかわる認識の「客観性」　マックス・ヴェーバー　富永祐治・立野保男訳　折原浩補訳
- プロテスタンティズムの倫理と資本主義の精神　マックス・ヴェーバー　大塚久雄訳
- 職業としての学問　マックス・ヴェーバー　尾高邦雄訳
- 社会学の根本概念　マックス・ヴェーバー　清水幾太郎訳
- 職業としての政治　マックス・ヴェーバー　脇圭平訳
- 古代ユダヤ教 全二冊　マックス・ヴェーバー　内田芳明訳
- 宗教と資本主義の興隆 ―歴史的研究 全二冊　トーニー　出口勇蔵・越智武臣訳
- 世論 全二冊　リップマン　掛川トミ子訳
- 王権　A・M・ホカート　橋本和也訳
- 鯰絵 ―民俗的想像力の世界　C・アウエハント　小松和彦・中沢新一・飯島吉晴・古家信平訳
- 贈与論 他二篇　マルセル・モース　森山工訳
- 国民論 他二篇　マルセル・モース　森山工編訳
- ヨーロッパの昔話 その形と本質　マックス・リュティ　小澤俊夫訳
- 独裁と民主政治の社会的起源 ―近代世界形成過程における領主と農民 全二冊　バリントン・ムーア　宮崎隆次・森山茂徳・高橋直樹訳
- 大衆の反逆　オルテガ・イ・ガセット　佐々木孝訳

《自然科学》〔青〕

- 科学と仮説　ポアンカレ　河野伊三郎訳
- エネルギー　オストヴァルト　山県春次訳
- 光学　ニュートン　島尾永康訳
- 大陸と海洋の起源 ―大陸移動説 全二冊　ヴェーゲナー　都城秋穂・紫藤文子訳
- ロウソクの科学　ファラデー　竹内敬人訳
- 種の起原 全二冊　ダーウィン　八杉龍一訳
- 完訳 ファーブル昆虫記 全十冊　山田吉彦・林達夫訳
- 確率の哲学的試論　ラプラス　内井惣七訳
- 史的に見たる科学的宇宙観の変遷　アーレニウス　寺田寅彦訳
- 科学談義　T・H・ハックスリ　小泉丹訳
- アインシュタイン 相対性理論　内山龍雄訳・解説
- 相対論の意味　アインシュタイン　矢野健太郎訳
- 自然美と其驚異　ジョン・ラバック　板倉勝忠訳
- ダーウィニズム論集　八杉龍一編訳
- 近世数学史談　高木貞治
- ハッブル 銀河の世界　戎崎俊一訳

パロマーの巨人望遠鏡 全二冊　D・O・ウッドベリー　関正雄・湯澤博・成相恭二 訳

生物から見た世界　ユクスキュル・クリサート　日高敏隆・羽田節子 訳

ゲーデル 不完全性定理　林晋・八杉満利子 訳

日本の酒　坂口謹一郎

生命とは何か ―物理的にみた生細胞　シュレーディンガー　岡小天・鎮目恭夫 訳

ウィーナー サイバネティックス ―動物と機械における制御と通信　池原止戈夫・彌永昌吉・室賀三郎・戸田巌 訳

熱輻射論講義　マックス・プランク　西尾成子 訳

コレラの感染様式について　ジョン・スノウ　山本太郎 訳

岩波文庫の最新刊

カール・ポパー著／小河原誠訳

開かれた社会とその敵

第一巻　プラトンの呪縛(上)

ポパーは亡命先で、左右の全体主義と思想的に対決する大著を執筆した。第一巻では、プラトンを徹底的に弾劾、民主主義の基礎を解明していく。(全四冊)　〔青N六〇七-一〕　定価一五〇七円

シェイクスピア作／桒山智成訳

冬物語

妻の密通という〈物語〉にふと心とらわれたシチリア王は、猛烈な嫉妬を抱き……。シェイクスピア晩年の傑作を、豊かなリズムを伝える清新な翻訳で味わう。　〔赤二〇五-一一〕　定価九三五円

持田叙子編

安岡章太郎短篇集

安岡章太郎(一九二〇-二〇一三)は、戦後日本文学を代表する短篇小説の名手。戦時下での青春の挫折、軍隊での体験、父母への想いをテーマにした十四篇を収録。　〔緑二二八-一〕　定価一一〇〇円

今月の重版再開

宮崎安貞編録／貝原楽軒刪補／土屋喬雄校訂

農業全書

定価一一六六円　〔青三三-一〕

エラスムス著／箕輪三郎訳

平和の訴え

定価七九二円　〔青六一二-一〕

定価は消費税10％込です　2023.2